FVA

Antonia Bontscheva

Die Schönheit von Baltschik ist keine heitere

Roman

FRANKFURTER VERLAGSANSTALT

1
Die kurzen Haare

Ich will etwas in meinem Leben verändern. Also gehe ich, wie immer in solchen Fällen, als Erstes zum Friseur. Und zwar zu einem neuen. An meine Friseure hege ich einen Haufen überdrehter und sich selbst ausschließender Erwartungen, wie etwa, tief verborgene, mir selbst noch unbekannte Aspekte meiner Persönlichkeit zum Vorschein zu bringen und mich gleichzeitig in ein überzeugendes Double von Audrey Hepburn zu verwandeln. Da diese Mischung bis jetzt noch keinem einzigen noch so virtuosen Maestro gelungen ist, wechsle ich ständig. Und ständig mache ich die gleiche Erfahrung: Friseure schneiden gerne das, was sie selbst tragen, oder sie schneiden das, was gerade angesagt ist.

Momentan trage ich die angesagte Variante, einen Pagenkopf. Das heißt, ich trage den kläglichen Versuch eines Pagenkopfs. Denn kein noch so überteuerter Coiffeur hat es jemals geschafft, meine widerspenstige balkanische Mähne zu einem glatten westeuropäischen Bob zu zähmen. Die hartnäckigen Versuche in diese Richtung haben mich bisher mindestens einen Kleinwagen gekostet.

Diese Problematik schildere ich, auf einem neuen Friseurstuhl sitzend, der blonden glatthaarigen Schönheit hinter mir. Sie greift in meinen nach allen Himmelsrichtungen wuchernden Haarschopf, wirft einen betroffenen Blick in den Spiegel, sagt dann: »Wenn wir Ihre Haare nicht frisieren können, dann schneiden wir sie eben ab.«

Der Satz trifft mich wie ein kurzer, entschlossener Faust-
hieb in den Magen. Ein alter, wohlbekannter Schmerz
ergießt sich in mein Inneres und tröpfelt in meine Glieder. Schwer und dickflüssig wie Ahornsirup hindert er
mich daran, aufzuspringen und den Salon fluchtartig
zu verlassen.
»Dann schneiden Sie«, höre ich meine eigene, fremde
Stimme und schließe die Augen.

Eine glasklare Erinnerung taucht auf. Ich sehe mich
als sechsjähriges Mädchen im Schlafzimmer meiner
Eltern. Sonnenlicht dringt durch die lindgrünen Gardinen und taucht den Raum in ein heimeliges, orga-
nisches Grün. Das Licht im Paradies übrigens stelle
ich mir nie goldfarben vor, das Licht im Mutterleib
nie rötlich-orange. Wenn ich an einen besonders woh-
ligen Ort denke, schimmern meine Phantasien immer
grünlich. Das Schlafzimmer meiner Eltern war für eine
bestimmte Zeit meiner Kindheit der Inbegriff eines woh-
ligen Ortes. Als Baby hielt ich einen triumphalen, laut-
starken Einzug dorthin, vertrieb meinen Vater auf die
Wohnzimmercouch und besetzte den Platz neben meiner Mutter für ganze sechs Jahre. Dann allerdings kam
ein kleiner Bruder auf die Welt und bereitete diesem
paradiesischen Zustand ein abruptes Ende.
Kurz vor seiner Geburt spielte ich im Schlafzimmer
meiner Eltern. Mein Blick fiel auf den großen Schrankspiegel, und ich sah uns beide: meine Mutter mit ihrem
schwangeren Bauch, mich selbst mit frischgeschnittenen,
sehr kurzen Haaren. Da spürte ich ihn zum ersten Mal,
den Schmerz, mittlerweile vertraut und unausweichlich
wie ein alter, verschrobener Nachbar, mit dessen Macken

man sich aus Mangel an Alternativen längst abgefunden hat.

Warum mich der Schmerz ausgerechnet in jenem Augenblick traf, weiß ich nicht. Der Blick im Spiegel verriet nichts Neues. Dass die Kugel im Bauch meiner Mutter ein Baby ist, wusste ich bereits. Im Unterschied zu meinen Puppen konnte dieses Baby spürbar treten. Diese eigenartige Fremdheit aber, diese diffuse Bedrohung, die vom Bauch meiner Mutter ausging, spürte ich an jenem Nachmittag im Schlafzimmer meiner Eltern zum ersten Mal.

Zum ersten Mal spürte ich auch den Verlust meiner Haare. Am Vormittag waren meine Mutter und ich beim Friseur. In Wahrheit waren wir in der verdreckten und verrauchten Küche einer Krankenschwester, die das ganze Personal des Krankenhauses, in dem meine Eltern arbeiteten, frisierte. Auch die Kinder des Personals. Mit ihnen allerdings gab sie sich keine besondere Mühe. Meine schulterlangen dunklen Locken zum Beispiel schnitt sie ab, ohne den Zopf zu lösen, der mitten auf meinem Kopf thronte und von einer riesigen rosafarbenen Schleife festgehalten wurde.

Die Schleife war ein Kunstwerk meiner Mutter. Sie hatte etliche Meter Seidenband mit Bügelstärke gehärtet, daraus eine überdimensionierte Blume gefaltet und sie mit unzähligen Haarklammern auf meinem Kopf befestigt. Ein entschlossener »Schnipp« mit der Schere beförderte Schleife und Locken auf den Boden. Die Haarklammern folgten. Auf dem gefliesten Fußboden angekommen, klirrten sie wie winzige Glassplitter, sprangen dann hoch und flogen in alle Himmelsrichtungen.

»Herzlichen Glückwunsch«, trompetete die Krankenschwester selbstgefällig. Bulgarische Friseure pflegen ihre Kunden nach einem gelungenen Eingriff zu beglückwünschen. Dass dieser Eingriff alles andere als gelungen war, ahnte ich nicht. In der Küche der Krankenschwester gab es jede Menge dreckiges Geschirr, aber keinen Spiegel.

Die Tragödie offenbarte sich etwas später, im Schlafzimmer meiner Eltern. Im großen Schrankspiegel sah ich uns beide: meine Mutter mit ihrem schwangeren Bauch, mich selbst mit frischgeschnittenen, sehr kurzen Haaren. Die kümmerlichen Reste meiner Locken strebten gen Himmel, als würden sie die rosa Schleife, die sie festgehalten hatte, vermissen. Ich war keine langhaarige Prinzessin mehr. Ich war nicht mal mehr ein Mädchen. Ich war ein verstümmeltes, hässliches, unbedeutendes Nichts. Neben mir wiederum, im Bauch meiner Mutter, wölbte sich ein unbekanntes, sehr bedrohliches Etwas. »Warum hast du das getan?«, schrie ich und hämmerte mit kleinen, verzweifelten Fäusten gegen den Bauch meiner Mutter. Sie versuchte nicht, ihn zu schützen, sagte nur: »Du bist ein großes Mädchen. Bald gehst du in die Schule und bekommst einen kleinen Bruder. Mama hat keine Zeit mehr, lange Haare zu kämmen und Schleifen zu binden.«

Ich öffne die Augen. Dieser Friseurspiegel offenbart keine Tragödie. Im Gegenteil. Ich muss mich schwer zusammenreißen, um der kühlen, blonden Schönheit nicht um den Hals zu fliegen. Die balkanische Krause liegt zu ihren Füßen. Mein Gesicht umspielen kleine, freche Locken, die ein zartes Kinn und braune Augen in Szene setzen. Ungläubig starre ich in den Spiegel. Die

Frau, die mich dort anguckt, ist eine Fremde. Eine, die ich kennenlernen möchte.

Die blonde Schönheit gibt ein paar Pflegetipps. Ich gebe ein fürstliches Trinkgeld. Dann gibt es einen hanseatisch-distanzierten Händedruck.

Zu Hause gibt es verschiedene Reaktionen.

»Du bist nicht meine Mutter«, sagt meine vierjährige Tochter.

»Du hast einen schmalen Nacken«, sagt mein Mann.

»Du siehst aus wie ich«, sagt meine Mutter, die gerade zu Besuch ist. »Deinem Vater hätte die Frisur auch gefallen.«

Mein Vater ist seit drei Monaten tot und der Grund, warum sich mein Leben ändern soll.

2
Die Beerdigung

Vater lebte und starb in Baltschik, einer kleinen, verträumten Stadt an der nördlichen bulgarischen Schwarzmeerküste.

Im Augenblick seines Todes stand ich auf der riesigen Terrasse meines Elternhauses. Vor mir lag das Meer. Die Augustsonne schüttete flüssiges Silber auf die Bucht. Auf der Wasseroberfläche zerfiel das Sonnenlicht in winzige, leuchtende Spuren, die an die Spitze der Wellen kletterten und mit ihnen der Strömung folgten. Eine Möwe stürzte ins Wasser, ein weißes Fischerboot kreuzte die Bucht. Sein Motor ratterte, der Fischer fluchte und ich wusste, Vater ist tot.

Er war Chirurg. Ein paar spektakuläre, lebensrettende Aktionen hatten ihm den Ruf eingebracht, übernatürliche Fähigkeiten zu besitzen. So rettete er zum Beispiel das Leben eines Bauarbeiters, der stockbetrunken auf ein hohes Baugerüst geklettert war, um – wie er später behauptete – von dort aus die Sterne etwas Wichtiges zu fragen. Doch bevor ihm die Sterne antworten konnten, stürzte der Bauarbeiter vier Stockwerke hinunter und fiel auf eine spitze Eisenstange, die aus dem Boden ragte und sämtliche inneren Organe aufspießte. Augenblicklich verlor er das Bewusstsein und jede Menge Blut. Die Sterne jedoch, ihm noch eine Antwort schuldig, meinten es gut mit ihm. Am nächsten Morgen fand man ihn noch atmend.

Vater, damals ein junger, enthusiastischer Arzt, operierte

ihn. Wie durch ein Wunder überlebte der Bauarbeiter, küsste die Hände seines Retters und schlachtete für ihn sein bestes Lamm. Die Geschichte erzählte er dann einer Journalistin von der lokalen Zeitung *Schwarzmeerbrise*. Auch die vom übergewichtigen Elektriker, der auf der Straße einen Herzinfarkt bekam. Zufällig kam mein junger Vater vorbei. Er durchwühlte die Arbeitstasche des Elektrikers, kramte ein Taschenmesser und einen selbstgebastelten Wassererhitzer heraus. Mit dem Taschenmesser schlitzte Vater den Brustkorb auf. Mit dem batteriegesteuerten Wassererhitzer verpasste er dem toten Herzen einen Stromschlag. Das Herz schlug wieder.

Der Schock und die Erschöpfung trafen Vater erst, als der Elektriker im Krankenwagen war. Ein anderer Krankenwagen fuhr ihn nach Hause. Dort übergab er sich und weinte auf dem Schoß meiner Mutter bis tief in die Nacht hinein.

Der übergewichtige Elektriker lebt bis heute noch. Jedes Jahr, am Tag seiner Rettung, sucht er die kleine, dunkle Kirche von Baltschik auf, zündet dort eine gelbliche Kerze an, schlägt ein Kreuz und betrinkt sich anschließend bis zur Ohnmacht. Meinem Vater zu Ehren, erklärt er am nächsten Morgen seiner verzweifelten Ehefrau.

Meinem Vater zu Ehren betrank sich der Elektriker auch, als dieser starb. Er torkelte zu uns nach Hause und verlangte, den Doktor zu sehen.

»Er ist tot. Was willst du von ihm?«, fauchte Oma Denka ihn an. Meiner Großmutter mütterlicherseits waren die merkwürdigen Freunde und Schützlinge meines Vaters schon immer ein Dorn im Auge. Der Elektriker zuckte zusammen. Wie alle merkwürdigen Freunde und Schützlinge meines Vaters hatte auch er Angst vor Oma Denka.

»Ich will mit dem Doktor einen Letzten trinken, Gosposha Denka«, winselte er. »Haben Sie Erbarmen mit den Toten und den Lebenden. Lassen Sie mich zu ihm.«

»Ihr Säufer seid wie Schmeißfliegen. Nicht mal die Toten lasst ihr in Ruhe«, zeterte Oma, winkte ihn aber herein.

Der Elektriker taumelte ins Wohnzimmer. Vor dem offenen Sarg meines Vaters blieb er stehen, nahm seine speckige Schirmmütze ab und schlug ein Kreuz. Aus seiner Arbeitstasche, dieselbe, in der das Taschenmesser und der Wassererhitzer steckten, mit denen Vater ihn gerettet hatte, holte er jetzt seine tägliche Rettung heraus: eine halbvolle Flasche Traubenschnaps. Andächtig füllte er die klare Flüssigkeit in zwei winzige Gläschen, die ihm Oma Denka verdrossen vor die Nase hielt.

»Zum Wohl, Doktor Atanassov, nasdrave«, lallte er, kippte das eine Gläschen, schüttete das andere schwungvoll auf den Boden und schielte ängstlich zu Oma: »Nicht böse sein, Gosposha Denka. Der Schnaps auf dem Boden ist für die Toten.«

»Papperlapapp«, schnaubte sie. »Die Toten brauchen keinen Schnaps. Meinen Alten habe ich komplett alkoholfrei unter die Erde gebracht. Die Sauferei habe ich ihm schon zu Lebzeiten ausgetrieben. Seine Seele hat auch nichts abgekriegt. Seelen mit Alkoholfahne mag der Allmächtige ganz sicher nicht.«

»Niemand ist vom Jenseits zurückgekehrt, Gosposha Denka«, lallte der Elektriker weiter. »Niemand weiß, wie es da zugeht. Und niemand trinkt, weil er glücklich ist.

Der Allmächtige wird das wissen. Schließlich hat er es selbst so angelegt.«

Oma Denka zog die Augenbrauen zusammen, legte ihre Hände an die breiten Hüften und holte tief Luft. Doch bevor sie loslegen konnte, klingelte es Sturm. Die Tür ging auf, ein ohrenbetäubender Schrei erfüllte das Haus. »Dooooooktor Atanassov, Doktor Atanassoooooooov«, klagte eine schrille, weibliche Stimme. »Was sollen wir ohne dich machen? Wer rettet jetzt unsere Kinderchen?« Im Wohnzimmer erschien, tief gebückt und von meiner Mutter gestützt, Fikrie, eine kleine, runzelige Türkin mit schmalen Schlitzaugen, ausgemergeltem Gesicht, aus dessen Mitte eine riesige Hakennase hervorsprang.

Fikrie war lange Jahre Vaters OP-Schwester gewesen, rechte Hand und ergebener Mutterersatz. Ihren Doktor Atanassov liebte sie über alles. Mehr als die eigenen Taugenichtse von Söhnen, schwor sie. Insbesondere seit die Taugenichtse von Söhnen zwei Kobraschlangen von Schwiegertöchtern ins Haus geschleppt hatten. Andere Kobraschlangen um sich herum duldete Fikrie nicht. Vor ihrem giftzüngigen Klatschmaul zitterte die ganze Stadt.

Hatte Fikrie jemanden auf dem Kieker, war er verloren. Ihre blühende Phantasie produzierte unermüdlich Gerüchte, die sie so lange in die Welt streute, bis der Ruf ihres Opfers komplett ruiniert war. Fikries Verleumdungskampagnen hatten immer Erfolg. Die Leute glaubten ihr, wohl wissend, dass sie log. Ich habe mich oft gefragt, woran das lag. War es ihre unverfrorene, lustvolle Boshaftigkeit? Eine Boshaftigkeit, die vor Leben sprühte und die strenge balkanische Moral, die auf allen Beziehungen lastete, außer Kraft setzte? Wohl nicht nur das: Fikrie war, wie jede begabte Klatschbase in Bulgarien, Künstlerin und auch Hexe. Sie war mit fesselndem Erzähltalent und blühender Phantasie gesegnet, wie auch mit der Gabe, tief in die Seelen zu schauen. Dort sah sie, was den meisten Menschen verborgen blieb. Diese Gabe verlieh Fikries Gerüchten die tiefe Wahrhaftigkeit eines gelungenen Romans.

Und die Leute glaubten ihr aufs Wort.

Auch in Vaters Seele konnte Fikrie schauen. Sie wusste, dass er Tag für Tag seinen Dämonen die Stirn bot. Er wollte sein Schicksal selbst bestimmen, also zog er mutig in den Kampf. Diesen Kampf jedoch konnte er nur verlieren. Auch das wusste Fikrie. Sie spürte Vaters Drama und sorgte für ihn mit der blinden Liebe eines Muttertiers: Sie kochte ihm starken orientalischen Mokka, leerte seine Aschenbecher, wienerte seine Schuhe und verscheuchte hartnäckige Patienten, während er in seinem Arbeitszimmer sein Mittagsschläfchen hielt.

Nachdem Vater gestorben war, hatte Fikrie zusammen mit Oma Denka seinen kalten Körper gewaschen. Dabei schien sie vor Kummer den Verstand zu verlieren.

»Ahaaaaaa«, klagte die alte Frau, warf sich auf den offenen Sarg, bedeckte Vaters totes Gesicht mit hastigen Küssen, schlug sich mit Fäusten auf die Brust, lief rot an und rang nach Luft.

Auf der Stelle wurde der dicke Elektriker stocknüchtern. Er hob die dürre Fikrie hoch, setzte sie auf einen Stuhl, verpasste ihr zwei klangvolle Ohrfeigen und hielt ihr die offene Schnapsflasche unter die Hakennase. Das half. Nach einem kräftigen Schluck aus der Flasche kehrten Fikries Lebensgeister zurück. Sie bekam wieder Luft und fing an zu weinen, verzweifelt und nun ganz leise. Unter Tränen stimmte sie ein Lied an. Ein Lied von der Liebe, der Jugend, dem Abschied und dem Tod. Und vom Schwarzen Meer, das all dies überdauert. Der Elektriker schüttelte seine vielen Pfunde und schluchzte laut und ergeben wie ein Kind. Ich umarmte meine schwarzgekleidete Mutter und weinte auch.

Auf der schattigen Terrasse unseres Hauses ließ sich die Verwandtschaft nieder, aß, trank und wartete auf den Popen, der die Totenmesse halten sollte.

Tante Mira, die zentnerschwere und immer hungrige Schwester meiner Großmutter, schob sich ein riesiges Stück Torte in den Mund, spülte es mit Pfefferminzlikör hinunter, verdrehte die Glupschaugen gen Himmel und fragte in die Runde, wann Vater wohl seine Mutter da oben wiedertreffen würde – jetzt schon oder erst in vierzig Tagen.

»Das kannst du gleich an Ort und Stelle klären, wenn du nicht aufhörst zu fressen«, warf ihre Tochter ein. »Bei deinem Diabetes ist so viel Zucker tödlich.«

»Du bist nur neidisch, weil du selbst nach Herzenslust futtern willst«, wetterte Tante Mira zurück. »Du traust dich nur nicht. Sonst platzt dein Fummel, der dir viel zu eng ist. Nicht mal zu einer Beerdigung ziehst du ein Kleid an, das dir wirklich passt.«

»Das Kleid habe ich mir in Paris gekauft«, protestierte die Tochter. »Ein Supersonderangebot von Chanel. Hätte ich es dalassen sollen, nur weil es ein bisschen kneift?«

»Deine Sonderangebote treiben mich noch in den Ruin«, seufzte ihr Mann und wischte sich die Schweißperlen von der Stirn.

»So leicht kann man dich nicht in den Ruin treiben«,

winkte Tante Miras Tochter ab und hatte damit vollkommen Recht. Ihr Mann, ein überzeugter Kommunist und ehemaliger Chef der landwirtschaftlichen Produktionsgenossenschaft seines Dorfes, wurde zwei Jahre nach der Wende kometenartig mehrfacher Millionär.

Nachts hielten wir Totenwache. Zuerst meine Mutter und die dicke Tante Mira. Dann Oma Denka und ich. Oma pickte die Krümel von Tante Miras nächtlicher Stärkung vom Boden, schimpfte ein paar Mal über den nie aufhörenden Appetit ihrer dicken Schwester, ließ sich dann in einen tiefen Sessel fallen und zog vom Leder. Ob die braune Farbe von Vaters Anzug zum roten Sargfutter auch wirklich passe, warf sie anklagend in den Raum. Hundert Mal habe sie meiner Mutter gesagt, sie solle lieber den grauen Anzug nehmen. Aber meine Mutter höre ja nie auf sie. Sie habe sich auch geweigert, Weizenkörner für die Beerdigung zu kochen. Weizenkörner aber, gekochte, in Zimt und Zucker gewälzte Weizenkörner, seien auf bulgarischen Beerdigungen unentbehrlich. Morgen würden die Leute darauf warten. Und Mutter würde mit leeren Händen dastehen. Aber so sei sie, Mutter. Ein Dickschädel. Sie habe sich auch komplett in Schwarz gekleidet. Als wäre sie keine Ärztin, sondern eine Bäuerin. Trauer jedoch finde im Herzen statt, erhob Oma Stimme und Zeigefinger. Eine Frau brauche sie nicht durch Kleider zur Schau zu stellen. Sie selbst habe ihren Mann ganz in Creme beerdigt.
Verzweifelt zerbrach ich mir den Kopf, wie ich Omas Mundwerk stopfen könnte. Plötzlich jedoch fiel sie mitten im Satz in Tiefschlaf. Es wurde still. Ich schaute auf Vaters wächsernes Gesicht, das in einem friedlichen

Halblächeln erstarrt war. Wie auf einem gut gelungenen Passfoto, schoss es mir durch den Kopf. Wobei mein
Vater auf den wenigen, eher misslungenen Fotos, die es
von ihm gab, nie friedlich lächelte, sondern düster und
verzweifelt guckte. Friedlich lächeln war einfach nicht
Vaters Sache. Auch das hatte der Tod verändert.
Wut schoss in mir hoch und versengte mein Inneres.
Liebend gerne hätte ich in Vaters totes Gesicht geschlagen. Zum Teufel mit dir, Papa, tobte ich. Zum Teufel
mit deinem friedlichen Lächeln, mit deinem leblosen
Körper. Zum Teufel mit deinen heroischen Taten. Du
verschwindest aus meinem Leben und lässt mich allein.
Mich, deine große, klein gebliebene Tochter, die an dir
hängt, wie ein Säugling an der Brust seiner Mutter. Nur
zu gut weiß ich, wie es war, in der Nähe deines Körpers
zu sein, als er noch atmete, dampfte und roch: Rasierwasser, Zigarettenrauch, Desinfektionsmittel, Bier. In
diesem Körper lebtest du gerne. In aller Herrgottsfrühe
standst du auf und gingst joggen: am Meer entlang und
in den Sonnenaufgang hinein. Dann kamst du zurück,
voller Zuversicht und Tatendrang und wecktest uns,
immer mit demselben Kinderlied: »Ich bin ein großer
Zauberer. Ja, ja. Ich weiß alles und kann alles. Ja, ja. Dieses kleine Kinderzimmer kann ich in ein Schloss verwandeln. Und dein ganzes Leben in ein Paradies. Ja, ja.« Auf
das Schloss und das Paradies warte ich bis heute noch,
Papa. Eltern sollten sich besser überlegen, was sie ihren
Kindern vorsingen.
Während wir Kinder unmutig den Schlaf abschüttel-
ten, begabst du dich auf Toilette und verrichtetest deinen täglichen Stuhlgang. Jeden Morgen, Punkt halb
sieben: »Eine geregelte Darmtätigkeit erleichtert das

Leben«, sagtest du dann. Auf dem Klo rauchtest du die erste Zigarette des Tages, überflogst die Titelseite der Tageszeitung und schimpftest zum ersten Mal über die Scheißkommunisten und ihre verlogene Scheißpropaganda. Dann landete das zerknüllte Parteiorgan in einer Ecke. Du gingst unter die Dusche, sangst aus vollem Hals Verdis *La donna è mobile* und brülltest anschließend eine Ballade von Petrarca in die Welt.

Eines Morgens klingelte der Nachbar von unten an der Tür und bat um eine andere Ballade. Diese höre er jeden Morgen beim Rasieren, behauptete er. Dabei müsse er immer weinen. Jetzt aber kenne er sie auswendig und seine Tränen würden nicht mehr fließen. Er habe sich aber an seine Tränen morgens gewöhnt. Ob du ihm nicht helfen könntest? Mit einer anderen, genauso traurigen Ballade. Eine andere Ballade von Petrarca kanntest du jedoch nicht.

Dann frühstückten wir zusammen: hartgekochte Eier, dicke Scheiben gerösteten Weißbrots, Oliven, Tomaten, Schafskäse. Du warst bester Dinge. Während wir Kinder, noch schlaftrunken und missmutig, kaum etwas hinunterbekamen, verschlangst du Unmengen und hieltest Vorträge über die kräftigende Wirkung eines ausgewogenen Frühstücks. Dann riefst du im Krankenhaus an und bestelltest einen Krankenwagen. Er sollte dich und Mutter ins Krankenhaus, meinen Bruder und mich zur Schule fahren. Unsere Wege dorthin waren lang und die Kopfsteinstraßen von Baltschik steil. Mutter schämte sich für dein herrschaftliches Gehabe. Ihre Standardbemerkung konnte sie sich kein einziges Mal verkneifen: »Krankenwagen sind für Notfälle da«, sagte sie immer. »Krankenwagen sind nicht für gesunde Ärzte und deren Kinder gedacht, die zum Laufen zu faul sind«, fügte sie hinzu.

Das traf dich jedes Mal direkt ins Herz. Kritik traf dich grundsätzlich direkt ins Herz.

Als wir im Krankenwagen saßen, kam deine obligatorische Rechtfertigungstirade. Tag und Nacht seiest du nur für deine Patienten da, sagtest du mit bebender Stimme. Tag und Nacht leistetest du hochqualifizierte Schwerstarbeit. Aber im sozialistischen System sei die Arbeit von Ärzten nichts wert. Jeder Klempner verdiene in Bulgarien doppelt so viel wie ein Arzt. Und mit welchem Recht, bitte schön?, ereifertest du dich. Wie viele Jahre habe der Klempner studieren müssen? Und was habe er, bitte schön, zu verantworten? Menschenleben etwa? Kurz vor der Schule erreichte deine Rede ihren Höhepunkt: Wenn man dermaßen schwer arbeite und von diesem idiotischen System so abgewertet werde, dann sei es nur recht und gut, wenn man sich wenigstens den beschwerlichen Weg zur Arbeit ein bisschen erleichtere. Indem man eben einen Krankenwagen bestelle. Wenn es einen Notfall gegeben hätte, stünde der Krankenwagen sowieso nicht zur Verfügung, oder etwa nicht? Aber selbst diese kleine Erleichterung gönne dir Mutter nicht. Weil sie kleingeistig sei und nicht in der Lage, die tieferen Wahrheiten des Lebens zu erfassen.

Bei unserer Schule angelangt, stiegen mein Bruder und ich aus. Ich schämte mich in Grund und Boden: vor meinen Schulkameraden dafür, dass sie die steilen Straßen von Baltschik erklommen hatten und wir nicht. Vor dem Krankenwagenfahrer dafür, dass er nun wusste, dass Mutter kleingeistig war und für die tieferen Wahrheiten des Lebens verschlossen.

Ich ergriff Partei für meine so gedemütigte Mutter. Mit Haut und Haaren. Meine Liebe für dich, Papa, verbannte ich in die dunkelste Ecke meines Herzens. Und ich wünschte dich tot.

Am nächsten Tag wurde Vater beerdigt.
Es war August und bereits frühmorgens höllisch heiß. Über Vaters Sarg schwebte ein fauliger Geruch.
»So schnell geht das«, stellte Oma Denka sachlich fest und sprühte Rosenwasser auf Vaters Kopf. »Auf seiner Beerdigung soll er nicht stinken. Was sollen die Leute denken?«
»Die Leute, die Leute, immer nur die Leute«, brauste meine sonst zurückhaltende Mutter auf. »Immer nur die Leute habt ihr im Kopf gehabt. Du und er! Du hast dich abgestrampelt, damit sie nichts Schlechtes über uns denken. Er, damit sie am Leben bleiben. Aber jetzt ist er selbst tot. Und er stinkt! Sollen doch die Leute denken, was sie wollen. Er ist nicht der Allmächtige, auch wenn er so getan hat. Auch er ist aus Fleisch und Blut. Auch ihn werden die Würmer fressen. Aber was ist mit mir? Was wird aus mir? Ohne ihn?«
Mutters Augen wurden zu Schlitzen, ihre Mundwinkel fielen herab, ihr Kinn zitterte. Salzige Rinnsale flossen unzählige kleine Falten hinunter. Mutters Falten bemerkte ich zum ersten Mal. Dagegen hatte sie immer teure Cremes eingesetzt. Für die Leute, nehme ich an. Nun durften die Falten sein. Auch das hatte der Tod verändert.
Am Vormittag las der junge Pope von Baltschik meinem Vater die Totenmesse. Mal sprach er, mal sang er, mal pendelte er seine Petroleumleuchte. Was er genau sagte,

verstand ich nicht. Bulgarische Popen halten ihre Messen auf Altslawisch. Dennoch lauschte ich gern seiner Stimme. Mal floss sie wie ein gemächlicher Strom durch den Raum und hüllte ihn, als wolle sie ihn trösten, in einen Vorhang aus schwerem Samt. Mal flog sie leicht und silbern in den Himmel und tanzte dort mit einem Sonnenstrahl. Nach einer Weile ließ der Strahl sie fallen. Die Stimme stürzte in die Tiefe, schwoll an vor dunkler Leidenschaft, wand sich und bebte und zitterte und starb dann langsam und klagend ab. Die Messe war zu Ende.

Zum Schluss sprach der Pope allgemeinverständliches Bulgarisch. In den letzten Monaten seiner tückischen Krankheit habe der stolze Doktor Atanassov Demut gelernt, sagte er, pendelte zum letzten Mal seine Petroleumleuchte über Vaters Kopf und klappte den Sargdeckel zu.

»Es ist so weit. Er ist bereit«, verkündete er und guckte zu meinem Bruder Boris. »Bis jetzt hat dich dein Vater durchs Leben getragen, mein Junge. Jetzt bist du dran. Jetzt musst du deinen Vater auf seinem letzten Weg tragen.«

Boris trat an den Sarg. »Papa, ich kann das nicht«, flüsterte er. »Ich bin nicht so stark wie du. Ich brauche dich noch.«

Boris' bester Freund trat an seine Seite. Der dicke Elektriker kam hinzu. Schulter an Schulter, zusammen mit dem Krankenwagenfahrer, dem Nachbarn mit der poetischen Ader, dem Bauarbeiter, der vom Dach gefallen war, trugen sie Vaters Sarg hinaus.

Vor ihnen schritt der Pope, schwarz wie ein Rabe, pendelte seine Petroleumleuchte und stimmte kraftvoll und dramatisch einen griechisch-orthodoxen Gesang an: Gospodi Pomiluj, Gott vergebe.

Ich löste mich auf, ich floss, getragen und getröstet von den ungehemmten Tränen der anderen und von diesem sehnsüchtigen und verzweifelten, hoffnungsvollen und vergeblichen Gospodi Pomiluj, Gott vergebe.

Ein Krankenwagen fuhr den Sarg meines Vaters in den großen Saal des »Tschitalischte«, ein altes slawisches Wort, das »Ort des Lesens« bedeutet. Das Tschitalischte befindet sich im Zentrum von Baltschik und beherbergt tatsächlich eine große Bibliothek. Es gibt hier eine Bühne, wo Konzerte und Theateraufführungen stattfinden. Außerdem probt hier zweimal in der Woche der städtische Chor Schwarzmeertöne. Ansonsten ist das Tschitalischte ein Ort, an dem man in Baltschik Leute trifft. Hier durften die Einwohner von Baltschik Abschied von Vater nehmen.

Als Erste kam meine ehemalige Kunstlehrerin, Gosposha Zwetkowa, Hand in Hand mit ihrer jungen Lebensgefährtin. Für eine kleine balkanische Stadt wie Baltschik war eine lesbische Beziehung etwas, was es eigentlich nicht gab. Aber Frau Zwetkowa lebte in einer solchen Beziehung. Sie versteckte sich nicht, denn sie scherte sich nicht um das Gerede anderer.

Frau Zwetkowa war früher verheiratet. Eines Tages fand sie heraus, dass ihr Mann, ein Marineoffizier, seine häufigen Nachtdienste in den Armen einer jungen Geliebten verbrachte. Frau Zwetkowas balkanisches Blut kochte über. Mit ihrem größten Küchenmesser bewaffnet suchte sie die Geliebte ihres Mannes auf, um – wie sie

später selbst berichtete – ihr Schlangenherz herauszu-
reißen. Zum Glück verfehlte sie das Herz, stach stattdessen mehrmals in den Bauch der jungen Frau, schrie,
raufte sich die Haare, wickelte ihrem blutenden Opfer
ein Bettlaken um den Bauch und rief einen Krankenwagen an, der die beiden ins Krankenhaus brachte.

Mein Vater nähte den verletzten Bauch, hielt der blut-
jungen Frau eine moralische Predigt über Ehre, Treue
und die Unantastbarkeit der Familie, bestellte dann
den Marineoffizier ins Krankenhaus. Er kam, ohrfeigte
seine Frau und behauptete, seine Geliebte nicht zu kennen.

»Halt deine Dienstwaffe fest«, rief Vater in böser Vorahnung, seine Sorge jedoch war umsonst. Die nun geteilte Wut der beiden Frauen war nicht blind und schäumend, sondern kalt und berechnend.

Schnurstracks gingen sie gemeinsam zur Polizei. Die
Geliebte gab zu Protokoll, der Marineoffizier habe auf
sie eingestochen. Aus Eifersucht. Die Ehefrau beschei-
nigte ihrem Mann Alkoholabhängigkeit und einen
jähzornigen Charakter. Der Offizier landete in Untersuchungshaft.

Als Vater davon hörte, stieß er ein paar blumige Flüche
über die Verschlagenheit des weiblichen Geschlechts
aus und marschierte selbst zum Polizeichef. Anstatt
ihm aber die wahre Geschichte zu erzählen, erinnerte
er ihn an das geplatzte Magengeschwür seiner Mutter,
die er neulich operiert hatte. Dafür verlangte Vater eine
Gegenleistung. Der Polizeichef sollte den Marineoffizier
entlassen und für seine sofortige Versetzung in eine
andere Stadt sorgen. Weil Bulgarien damals kein Rechts-
staat, sondern eine sozialistische Diktatur war, konnte

es so geschehen, wie es eben geschah: Der Marineoffizier kam tatsächlich aus der Untersuchungshaft und verließ kurz darauf die Stadt. Die beiden Frauen wiederum entdeckten ihre Liebe für das gleiche Geschlecht. Die junge Geliebte verliebte sich in die leidenschaftliche Ehefrau und zog in das halbverwaiste Ehebett. Beide schworen sich ewige Treue. Meinem toten Vater brachten sie Jasmin und weiße Rosen.

Der ehemalige Parteisekretär des Krankenhauses brachte rote Nelken ins Tschitalischte.

»Ich dachte, kommunistische Blumen werden in Bulgarien nicht mehr verkauft«, schmetterte Oma Denka und starrte den Mann angriffslustig an.

»Schicken Sie den Schweinehund weg, Gosposha Denka«, flüsterte ihr der übergewichtige Elektriker zu, der Parteifunktionäre genauso verabscheute wie Menschen, die nur Mineralwasser tranken.

»Niemand, der von meinem Mann Abschied nehmen will, wird hier weggeschickt«, entschied meine Mutter und gab dem Parteisekretär die Hand. Unschlüssig nahm er sie entgegen, murmelte dann: »Die größten Feinde sind tief im Herzen verbunden, Doktor Atanassova, nicht wahr?«

Der Parteisekretär war Vaters Erzfeind. Anfang der achtziger Jahre hatte er dafür gesorgt, dass Vater für zwei Jahre ein Berufsverbot bekam.

Es sah aus, als wären alle zwanzigtausend Einwohner von Baltschik gekommen, um Abschied von Vater zu nehmen: die Polizisten und die Taxifahrer, die Feuerwehrleute und die Kindergärtnerinnen.

Die Fischer und die Verkäuferinnen im neuen Supermarkt. Die Roma aus dem Roma-Viertel, die Türken aus dem Türken-Viertel, die Angestellten der örtlichen Sparkasse. Alle.

Umarmungen und Blumen. Eine Woge aus Liebe und geteilter Trauer. Ein Ozean aus Tränen. Dann wieder ein Krankenwagen, der mit ohrenbetäubender Sirene zum Friedhof fuhr.

Auf dem Friedhof gab es ein Problem. Zum Familiengrab meines Vaters führte kein Weg. Genauer gesagt, es gab hier überhaupt keine Wege. Auch keine Friedhofsverwaltung. Hier schien jeder seine Toten zu begraben, wo er gerade Platz fand. Die Gräber lagen kreuz und quer. Ihre Pflege war ausschließlich den Hinterbliebenen überlassen. Sie wiederum überließen sich dabei ausschließlich ihren unsteten Gefühlen. Dementsprechend sahen die Gräber aus. Manche waren sorgfältig bepflanzt und liebevoll gewässert, andere mit einer praktischen Betonschicht übergossen worden. Die meisten jedoch waren komplett verwahrlost. Hier wucherten hüfthohe Disteln, in der gleißenden Augustsonne völlig ausgetrocknet. Ratlos standen wir neben Vaters Sarg und starrten auf das undurchdringliche Gestrüpp.

Oma Denka, die Hitze und Hilflosigkeit gleichermaßen verabscheute, verlor die Nerven. Und wie immer in solchen Fällen suchte sie nach einem Schuldigen. »Was sollen wir jetzt machen?«, keifte sie Mutter an. »Sollen wir uns versündigen und über die Gräber trampeln? Sollen wir einen Schlangenbeschwörer rufen? Das Gestrüpp wimmelt sicher vor Schlangen. Schön hast du dich um die Beerdigung deines Mannes gekümmert.«

»Was hätte ich denn machen sollen?«, keifte Mutter zurück. »Hätte ich selbst die Dornen herausreißen und die Schlangen verscheuchen sollen? Was kann ich, bitte schön, dafür, dass in diesem desolaten Staat selbst das Sterben ein Problem ist! Außerdem wusste ich nicht, wie es hier aussieht. Ich bin schon ewig nicht mehr hier gewesen. Friedhöfe mag ich eben nicht.«

»Gut habe ich dich erzogen«, gab Oma zurück. »Sich nur die Rosinen im Leben herauspicken und vor den Schwierigkeiten kneifen.«

Nun mischte sich der Pope ein, der in seinem schwarzen Gewand kochte und das Ganze möglichst schnell hinter sich bringen wollte. »Wir gehen quer über die Gräber«, befahl er. »Der Allmächtige wird uns schon vergeben. Er sieht doch, wir können nicht anders.«

Und so geschah es auch. In einer langen Prozession zogen wir über den verwilderten Friedhof von Baltschik. An der Spitze schritt unerschrocken der Pope. Er pendelte seine Weihrauchleuchte und sang, nun etwas ermattet, sein griechisch-orthodoxes »Gospodi Pomiluj«. Der Weihrauch und seine Stimme schienen die Schlangen zu vertreiben. Jedenfalls sahen wir keine einzige. Mutter, Oma Denka und ich liefen hinter dem Sarg. Erst jetzt fiel mir der riesige Korb in Omas Arm auf.

»Was ist da drin?«, wollte ich wissen.

»Weizenkörner«, flüsterte mir Oma zu und schielte verstohlen zu meiner Mutter. »Gestern Nacht habe ich heimlich Weizenkörner gekocht, sie dann in Zimt und Zucker gewälzt. Deine Mutter meint, das ist abergläubisches Zeug. Sie hat keine Ahnung. Außerdem hat dein Vater süßen Weizen sehr gemocht.«

»Als er noch am Leben war, hast du ihm nichts Süßes

gegönnt«, bemerkte ich spitz. »Du fandest ihn immer zu dick.«

Oma verdrehte ihre Augen zum Himmel und bat den Allmächtigen, mein freches Mundwerk zu verzeihen.

An manchen Grabsteinen leuchteten rote Sterne. »Kommunisten«, zischelte die dicke Tante Mira, die direkt hinter uns lief. »Schmoren bestimmt in der Hölle.«

Aus anderen Gräbern ragten schwarze Holzkreuze. Hier ließ Oma möglichst unauffällig Weizenkörner fallen. »Ob Kommunisten oder nicht«, flüsterte sie. »Wer weiß, ob sie da oben etwas Süßes bekommen. Der Allmächtige hat bestimmt andere Dinge im Kopf.«

Nach etwa einer halben Stunde erreichten wir keuchend und schwitzend Vaters Familiengrab. Hier klaffte bereits ein großes Loch. Ein paar junge Roma hockten daneben und rauchten. Ihre nackten Oberkörper glänzten in der Sonne. Auf ihren Köpfen thronten Mützen aus Zeitungspapier. Oma Denka verlor wieder die Fassung.

»Was machen diese dreckigen Zigeuner hier?«

»Siehst du doch, sie haben das Grab geschaufelt«, antwortete Mutter kühl.

»So tief sind wir gesunken«, zeterte Oma weiter. »Ungläubige Zigeuner schaufeln unsere Gräber.«

»Hättest du lieber selbst geschaufelt?«, erkundigte sich Mutter. »Die Jungs sind Angestellte des staatlichen Bestattungsinstituts.«

»Grabschänder seid ihr und keine Angestellten«, schrie Oma, griff nach einem Spaten und schwenkte ihn zu den Roma. »Verschwindet hier! Sonst versohle ich euch die Hintern.«

»Hier habe ich das Kommando, Gosposha Denka«, schaltete sich der schwitzende Pope wieder ein. »Lassen

Sie die Jungs in Ruhe. Vor dem Allmächtigen sind wir alle gleich. Außerdem: Doktor Atanassov hat den Roma immer geholfen.«

»Allen hat er geholfen«, setzte Oma weinerlich an. »Sogar diesem Abschaum. Aber ihm, ihm konnte keiner helfen.«

»Jungs, zieht euch etwas an und nehmt diese Mützen ab«, herrschte nun der dicke Elektriker die Roma an. »Und wehe, ich erwische euch noch einmal mit einer kommunistischen Zeitung auf dem Kopf. Damit wischt ihr eure Hintern ab. Für die Köpfe nehmt ihr gefälligst die *Demokrazia*.«

»Demokratie mögen wir nicht, Bruder«, warf einer der Jungs schüchtern ein. »Uns hat sie nur Hunger gebracht.«

»Dein Bruder bin ich nicht«, antwortete der Elektriker schroff. »Und Hunger habt ihr, weil ihr faul seid. Auch das Loch habt ihr nicht tief genug gegraben. Los, an die Arbeit! Ab ins Grab mit euch.«

»Ins Grab steigen wir nicht, Bruder«, winselte der Junge. »Wir haben Angst. Wir sind nur arme Roma. Wir sind nicht mutig.«

»Der Teufel soll euch holen, ihr Taugenichtse«, schimpfte der Elektriker und guckte sich unschlüssig um.

Alle schauten betreten zu Boden. Die lesbische Kunstlehrerin Gosposha Zwetkowa trat aus der Menge.

»Dass ihr euch nicht schämt, ihr Männer«, spuckte sie verächtlich auf den Boden. »Wie viele von euch hat er aus dem Grab geholt? Jetzt traut sich keiner, ihm das Grab zu schaufeln. Waschlappen seid ihr.«

Frau Zwetkowa griff nach dem Spaten und machte sich daran, ins Grab zu steigen.

»Blöde Lesbe«, rief Boris, riss ihr den Spaten aus der Hand und wollte selbst hinein.

»Nein«, heulte meine Mutter wie ein verwundetes Tier auf, fiel auf die Knie und umklammerte Boris' Beine. »Mein einziger Junge steigt nicht ins Grab.«

Der dicke Elektriker half ihr hoch, holte seinen Schnaps aus der Tasche, nahm einen kräftigen Schluck und guckte Onkel Peter an, den älteren Bruder meines Vaters. Onkel Peter hatte ein krankes Herz, das er vor Trauer, Angst und sonstigen unangenehmen Gefühlen sorgfältig schützte. Vater hatte ihm alles abgenommen, was Mut, Kraft und einen Sinn für das Praktische erforderte. Insgeheim hoffte Onkel Peter, dass es auch jetzt ähnlich laufen würde.

»Das Loch ist tief genug«, murmelte er. »Für meinen Bruder reicht es so. Und lasst uns schnell machen. Die Sonne bringt uns alle um.«

Der Elektriker schnaubte verächtlich und guckte meinen Mann an. Sergej hielt seinem Blick stand.

»Nimm endlich den Spaten, verdammt«, flehte ich meinen Mann wortlos an. Sergej blieb für meine inneren Appelle wie so oft verschlossen.

Der Elektriker verstand. Er warf mir einen betroffenen Blick zu und reichte die Schnapsflasche meinem anderen Onkel, dem blitzartig reich gewordenen Millionär.

»Hier Bruder, trink und lass uns Männer sein. Ins Grab müssen wir alle irgendwann.«

Der Onkel, rot wie ein Puter, schob die Flasche weg.

»Dafür brauche ich keinen Schnaps«, brummte er, guckte sich noch einmal hilfesuchend um und rutschte langsam ins halbgeschaufelte Grab. Einige Schnapsschlucke später folgte ihm der dicke Elektriker. Beide schaufelten Vaters Grab zu Ende. Die Roma hievten den Sarg hinein. Die ersten Brocken Erde fielen: einer von meiner Mutter, einer von mir, einer von meinem Bruder, einer von Oma Denka, einer von der hakennasigen Fikrie, einer von Onkel Peter mit dem schwachen Herzen. Die anderen Trauergäste taten es uns gleich. Manche murmelten etwas vor sich hin. Worte des Abschieds, nahm ich an, und ich fragte mich, welche ich wohl wählen würde.

Zuerst suchte ich in der deutschen Sprache, in der ich mich inzwischen heimisch fühlte. »Auf Wiedersehen« passte nicht. Ein Wiedersehen mit meinem Vater würde es nicht mehr geben. »Tschüss« war alltäglich, bar jeder Würde und Endgültigkeit. »Tschüss« war eine moderne Trennung light. Kurzweilig, sachlich, schmerzlos. Eine Trennung, die nicht vollzogen wurde. »Leb wohl« war würdevoll und beinhaltete kein Wiedersehen, dafür aber ein weiteres irdisches Leben. »Leb wohl, Papa«, konnte ich meinem toten Vater schlecht sagen. Auf Deutsch fiel mir nichts mehr ein.

Meine Muttersprache Bulgarisch sprach ich damals nicht gern. Wegen ihres mütterlichen Ursprungs, nehme ich an. Jetzt aber, da ich meinen toten Vater verabschieden musste, griff ich auf meine Muttersprache zurück. »Do Vischdane«, sagen die Bulgaren beim Abschied und das bedeutet wortwörtlich »Auf Wiedersehen«. Darüber hinaus gibt es das unbeschwerte italienische »Ciao« und auch noch den Ausdruck »Sbogom«. »Sbogom« ist ein slawisches Wort, so alt, dass seine einzelnen Bestandteile ihre Bedeutung verloren haben. Wenn man diese jedoch mehrmals ausspricht, blitzen sie auf wie die Scherben einer antiken Vase, die man inmitten des Staubs vergangener Jahrhunderte ausgegraben und lange gescheuert hat. »Sbogom« bedeutet so etwas wie

»Gott mit dir« oder »Gott mit uns«. Eigentlich unspek-
takulär und auch auf Deutsch bekannt. In der deutschen Fassung allerdings ist der Allmächtige viel zu prä-
sent. Er beherrscht den ganzen Ausdruck und mildert
den Abschied ab. Im deutschen »Gott mit dir« flackert
nämlich die tröstliche Hoffnung, dass Gott da sein wird.
Dieser Hoffnung konnte ich nie etwas Tröstliches ab-
gewinnen. Es gefiel mir deshalb ganz gut, dass im alten
slawischen »Sbogom« der Allmächtige in den Hintergrund geraten war. Die vielen Jahrhunderte haben ihn
verdrängt und Platz für das Wesentliche geschaffen. Für
den nackten Abschied.

Ein Abschied für immer, der nichts Tröstliches hat und
keine Spur von Neuanfang. Das unwiderrufliche Ende
und die kalte Angst vor dem, was danach kommt. Davor,
dass danach nichts kommt.

Nichts. Ein Loch. Ein Fehlen für immer.

Sbogom, Papa.

3
Mein kaltes Deutschland

Bremen, August 1994

Neun Tage nach Vaters Beerdigung flog ich wieder nach Deutschland. Mutter und Boris kamen nach.

»Ich will nirgendwohin«, hatte Mutter ursprünglich verkündet. »Dein Vater ist noch nicht im Himmel. Die alten Menschen sagen, in den ersten vierzig Tagen bleibt die Seele zu Hause.«

»Wie kannst du einen solchen Schund glauben, Mama«, rief ich. »Du bist eine Ärztin, eine gebildete Frau. Papa wird nie mehr zu Hause sein. Vielleicht begreifst du es in Deutschland besser.«

Es war mittags und das Thermometer auf unserer Terrasse zeigte zweiundvierzig Grad. Trotz der Hitze trug Mutter einen schwarzen Rock und eine langärmelige schwarze Bluse, die sie bis zum Kinn zuknöpfte. Dennoch fror sie ständig.

»Was soll ich in deinem kalten Deutschland«, beharrte sie, willigte jedoch irgendwann ein. Vermutlich, weil sie spürte, dass ich sie brauchte. Und ich brauchte sie dringender als sie mich. Denn sie hatte ja Vater, der angeblich noch nicht im Himmel war. Sie hatte auch Boris mit seiner feinfühligen, heiteren Art.

Ich liebte es, in Boris' Nähe zu sein. Er fiel nie besonders auf, man spürte ihn aber, wie eine gut platzierte Lichtquelle, die den Raum in ein dezentes, wärmendes Licht taucht. Ein bisschen davon wollte ich mitnehmen in mein kaltes Deutschland, wo ich das Alleinsein mit meinem Kummer so sehr fürchtete. Mit meinem Mann schien ich innerlich nicht zu rechnen. Meine Mutter wiederum schien das zu spüren. Sie kaufte eine Winterjacke für Boris, eine zweite schwarze Bluse für sich, und die beiden folgten mir nach Deutschland.

Wir lebten in Bremen – Sergej, unsere kleine Tochter und ich. Wir hatten eine Wohnung gemietet in einer, wie sich später herausstellte, sehr kleinbürgerlichen Gegend. Sergej und ich hatten bisher im Osten Berlins gelebt. Von der sozialen Zusammensetzung westdeutscher Stadtteile wussten wir nichts. Wir ahnten auch nicht, dass Bremen eine Stadt war, in der es nur wenige Wohnungen gab. Die meisten Bremer lebten in Häusern, in sogenannten Doppelhaushälften, oder in engen, mehrstöckigen, aneinandergeklebten Reihenhäusern. Diese Art von Häusern mochte ich nicht. Ihre Räume waren mir zu schlauchig, ihre Wendeltreppen zu steil. Damals gefielen mir die klaren, großzügigen und wohlig beheizten Räume einer Neubauwohnung – die bulgarische Vorstellung vom schönen Wohnen.

In den sozialistischen Großstädten meiner Heimat waren Neubauwohnungen sehr begehrt. Häuser gab es ausschließlich in den Dörfern. Diese Häuser waren freistehend, meistens recht groß, dafür aber unverputzt. Auf der rissigen Erde ihrer Gärten pflanzten meine Landsleute Tomaten und Paprikaschoten, Minze und Petersilie. Zwischen den Gemüsebeeten scharrten Hühner. Manchmal gesellten sich Puten dazu, wenn sie nicht gerade mit ihren tiefsitzenden Hintern den Staub der einzigen Dorfstraße aufwirbelten.

In den bulgarischen Großstädten gab es, zu sozialistischen Zeiten und auch heute, hauptsächlich Wohnungen: dunkle, feuchte und miefige alte – oder behagliche, helle und zentral beheizte neue.

Nach einer solchen Neubauwohnung hielten mein Mann und ich in Bremen Ausschau. Hier allerdings lagen solche Wohnungen meistens in Gegenden, die uns Angst einflößten. Dort gab es winzige, übelriechende Lebensmittelgeschäfte, die gelblichen Schafskäse und fliegenumschwirrtes Hammelfleisch verkauften. Nebenan konnte man russische Romane und Brautkleider erwerben. Scharen aggressiver Jugendlicher lungerten auf der Straße. Den wenigen etwas älteren Deutschen, die man auf der Straße sah, fehlten etliche Zähne, und ihrem Körpergeruch nach zu urteilen, auch die Gewohnheit zu duschen. Sie waren unrasiert und bereits mittags betrunken.
Die Neubauwohnung, die wir schließlich mieteten, lag in einer Gegend, die hauptsächlich von Deutschen bevölkert wurde. Die Männer auf der Straße waren glattrasiert und nie betrunken. Ihre Zähne – einwandfrei. Die Frauen in unserem adretten Mehrfamilienhaus liebten Ordnung, Lockenwickler und wohlriechende Seifenlaugen. So wischten sie zum Beispiel Morgen für Morgen in aller Herrgottsfrühe das Treppenhaus. Mit Begeisterung und einer Lauge, die nach Zitronen roch. Dabei trugen sie geblümte Organza-Kopftücher, unter denen sich Lockenwickler abzeichneten und die ihren Köpfen ein hügeliges Relief bescherten. Der frische Geruch der Seifenlauge stimmte mich irgendwie optimistisch. Gleich nach dem Aufstehen machte ich die Tür einen Spalt auf, steckte meine Nase hinaus, atmete tief durch und hüllte mich in das Gefühl, die ganze Welt sei frisch-

geputzt und irgendwie in Ordnung. Ein Gefühl, was mir sonst äußerst selten vergönnt war.

Nach dem Treppenhaus nahmen sich meine Nachbarinnen den Bürgersteig vor. Den wiederum saugten sie. Als ich das zum ersten Mal sah, rannte ich zum Telefon, um meiner Mutter zu berichten, die deutschen Bürgersteige seien genauso staub- und keimfrei wie die deutschen Wohnzimmer. Erst später begriff ich, etwas enttäuscht, dass die Nachbarinnen nicht den Staub, sondern das Herbstlaub saugten, dessen Feuer und modrigen Geruch ich liebte. Am Nachmittag, bevor die Müllabfuhr kam, wuchteten die Frauen – jetzt mit adretten Fönfrisuren – ihre Mülltonnen auf die Straße: die braunen mit dem Bio-Müll, die grauen mit dem gemischten.

Auf dem Bürgersteig angelangt, bildeten die blankgeputzten Mülltonnen immer eine gerade Reihe, in der niemals zwei Exemplare der gleichen Farbe nebeneinanderstanden: eine graue Mülltonne, dann eine braune, dann wieder eine graue, dann wieder eine braune und so weiter.

Da ich meine Mülltonnen erst beim Anblick des Müllwagens hinausschleppte, das Treppenhaus erst gegen Mittag wischte, aufgrund meiner eigenen Locken nie Lockenwickler trug und unentwegt versuchte, ein bisschen Laub vom gefräßigen Maul des Laubsaugers zu retten, wurde ich im Haus mit Misstrauen beäugt. Dies äußerte sich in einem sparsam gemurmelten »Moin« oder »Mahlzeit«, das – wenn ich Glück hatte – mit einem säuerlich-schmallippigen Lächeln angereichert war. Etwas später gesellten sich anonyme Zettel hinzu, die an unserer Tür klebten und Befehle erteilten:

»Das Treppenhaus *morgens* reinigen!«

»Die Mülltonnen *rechtzeitig* herausholen!«

»Den Bürgersteig *sorgfältig* entlauben!«

Vier Wochen später flehte ich meinen Mann an, wieder auszuziehen. Er riet mir, die Nachbarinnen nicht zu beachten und mich auf das Wesentliche im Leben zu konzentrieren.

Für wesentlich hielt er seinen Job.

Ich – die Beziehung zu unserer Tochter Sophie.

Die Tage mit Sophie verliefen gleichmäßig. Wir schliefen bis in den späten Vormittag, frühstückten und begaben uns anschließend auf einen der umliegenden Spielplätze. Die Mütter, die ich dort traf, befremdeten mich zutiefst. Die Inbrunst, mit der sie über Frühkarotten sprachen, war mir genauso unbegreiflich wie ihre Art, sich zurechtzumachen, beziehungsweise sich kein bisschen zurechtzumachen. Das Aussehen dieser Mütter ließ keinesfalls den Verdacht aufkommen, sie würden Wert darauf legen, dass man ihr Geschlecht erkannte, geschweige denn wohlwollend zur Kenntnis nahm: kurze Haare, nackte, wimpernlose Augen, blutlose, kaum vorhandene Lippen, unförmige Jeans, flache Mokassins, deren Größe den Eindruck erweckte, die Dame sei morgens aus Versehen in das Schuhwerk ihres Gatten geschlüpft. Der Verzicht auf alles, was auch nur im Entferntesten als weiblich durchgehen könnte, schien mir ein fester Bestandteil der mütterlichen Daseinsform hierzulande zu sein. Ich hingegen erstrahlte auf dem Spielplatz in einer für Bulgarien damals typischen Aufmachung – sehr kurzer Rock, sehr knappes Oberteil, sehr hohe Absätze, alarmroter Lippenstift, lange, ebenfalls alarmrote Fingernägel. Man könnte nicht ohne gewisse Berechtigung auch

»Balkan-Nutten-Look« dazu sagen, bloß würde dies die Sache nicht ganz treffen. In dieser Aufmachung gingen in Bulgarien keinesfalls nur die postkommunistischen, mir durchaus sympathischen Nutten mit akademischer Laufbahn und ausgeprägtem Sinn für Verantwortung auf die Straße. Etliche dieser Frauen hatten so etwas wie Pädagogik oder Kernphysik studiert, sahen sich dennoch genötigt, auf den Strich zu gehen, aus durchaus verständlichen Gründen: Ihre Familien brauchten etwas zu essen und das monatliche Lehrergehalt in Bulgarien betrug kurz nach der Wende exakt 37 D-Mark.

Dieses aufreizende Outfit trugen in Bulgarien nicht nur diese hochqualifizierten, familienorientierten Nutten, sondern fast alle junge Frauen – die Verheirateten, die Mütter und auch solche, die den Mann fürs Leben suchten. In den seltensten Fällen war es allerdings so, dass diese dermaßen aufreizend gekleideten Frauen auf sexuelle Abenteuer aus waren. Im Gegenteil. Die meisten von ihnen waren recht verklemmt, etliche sogar noch Jungfrauen, die versuchten, einem schwierigen inneren Thema wie der Sexualität durch ein äußeres Spektakel zu begegnen.

Auf den Bremer Spielplätzen knallte also mein Balkan-Nutten-Look auf die deutsche, damals sehr extreme äußere Abkehr vom Weiblichen, die, wie ich später erfuhr, ein Produkt der Frauenbewegung war. Eine besondere Wertschätzung des Weiblichen sollte manifestiert werden, ausgerechnet indem sich die Frau wie ihr Feindbild Mann kleidete und auch benahm. Diese Spielplatzmütter standen breitbeinig da, sprachen mit tiefer Stimme und burschikoser Entschiedenheit, ihre Hände steckten lässig in den Hosentaschen. Dieses männliche Getue provozierte mich gleichermaßen wie mein Balkan-Outfit die besagten Mütter. Auf den Bremer Spielplätzen schloss ich deshalb keine einzige Bekanntschaft, die über ein paar unterkühlte Begrüßungsfloskeln hinausging.

Mittags, wenn die Deutschen um Punkt zwölf das Feld räumten, trafen die Türkinnen ein, meistens mit Mutter, Schwiegermutter und mindestens einer Schwägerin im Schlepptau. Ihrer mütterlichen Rolle schienen sie nur in zahlreicher weiblicher Begleitung gerecht werden zu können. Und ihr Konzept ging auf: Brauchte ihr Kind ein Pflaster, griff eine der anwesenden Großmütter in ihre Tasche und holte eines hervor. Hatte das Kind Hunger, holte eine andere Großmutter einen Apfel, den sie aufschnitt und an alle Kinder verteilte. Die jungen Schwägerinnen, die vermutlich zwecks Vorbereitung auf die spätere Mutterrolle und ganz offensichtlich gegen ihren Willen mitgeschleppt wurden, schauten ihren weiblichen Vorbildern gähnend zu, wie sie ihre Sprösslinge in nahtlosem Wechsel stürmisch abküssten, anschrien, ohrfeigten und dann wieder stürmisch abküssten.

Mit diesen türkischen Spielplatzbesucherinnen teilte ich wohlwollendes Lächeln und etliche Apfelstücke, ins Gespräch allerdings kamen wir nie. Die Großmütter sprachen kein Deutsch, an einem weiteren Mutter-Vorbild zeigten die Schwägerinnen nicht das geringste Interesse, und den Müttern selbst schien der türkische familiäre Nukleus vollkommen zu genügen. Jedenfalls signalisierten sie keinen Bedarf an auswärtigen Kontakten.

Ähnlich gleichmäßig verliefen die Abende: Wenn Sergej

nach Hause kam, aßen wir schweigend das von mir vorbereitete Abendbrot, dann legte er sich auf die Wohnzimmercouch und guckte fern. Sophie und ich wiederum legten uns erstmal in die Badewanne, dann in das große Ehebett. Wenn Sophie dann schlief, schaltete ich meine Nachttischlampe ein und bedeckte sie mit einer Stoffwindel, um das Licht zu dimmen. Mit dem heißen Atem meiner Tochter im Nacken las ich bis tief in die Nacht hinein.

Am nächsten Morgen fing alles wieder von vorne an: unser einsames, ritualisiertes, symbiotisches Mutter-Tochter-Leben am Rande der Gesellschaft.

Wir warteten am Flughafen auf Mutter und Boris.

Für meine Mutter hatte Sergej rote Rosen gekauft. Nicht weil er meine Mutter mochte, sondern weil er solche Gesten mochte. Und er hatte etliche auf Lager. Wir waren bereits seit einigen Jahren verheiratet, dennoch half er mir nach wie vor in den Mantel und zog danach meine Locken aus dem Mantelkragen. Er schob die schweren Türen vor mir auf und sprang als Erster aus dem Auto, um mir auch die Beifahrertür zu öffnen.

Am Anfang unserer Beziehung liebte ich das. Ich liebte es, wenn mir jemand die schweren Türen im Leben öffnete. Mittlerweile machten mich solche Gesten aggressiv.

»Meine Mutter mag keine roten Rosen«, zischelte ich und bekam unverzüglich Schuldgefühle. »Rote Rosen sind das Einfallsloseste überhaupt«, fügte ich dennoch hinzu. Sergej schwieg und starrte düster vor sich hin.

Ich fühlte mich erschöpft und aufgekratzt. So fühlte ich mich immer, wenn ich Besuch aus Bulgarien erwartete. Erschöpft war ich, weil ich in solchen Fällen bis tief in die Nacht die Wohnung auf Hochglanz polierte. Aufgekratzt war ich, weil mich bulgarische Besucher überforderten. Zu gut kannte ich die bulgarischen Phantasien vom perfekten Leben im Westen. Einem Leben, in dem es keine Mängel gab. Bei mir allerdings wimmelte es geradezu vor Mängeln, und ich mochte es nicht, wenn andere Bulgaren das sahen. Außerdem fand ich es äußerst anstrengend, bulgarische Gastgeberin zu sein. Eine bulgarische Gastgeberin hatte dafür zu sorgen, dass es ihren Gästen an nichts fehlte. Mehr noch. Sie hatte die Gäste nach Strich und Faden zu verwöhnen, Luxus und Überschwang zu bieten, ganz unabhängig davon, in welchen Lebensumständen sie tatsächlich steckte. Nun waren die Bulgaren in Deutschland auch noch ganz besondere Gäste. Sie kamen für mehrere Wochen, sprachen die landesübliche Sprache nicht, konnten die landesüblichen Preise nicht zahlen und legten wenig Eifer an den Tag, den Westen auf eigene Faust zu entdecken. Sie erwarteten, dass man ihnen den Westen *zeigte*, sprich, mit ihnen exotisch essen ging, Stadtrundfahrten und Städtereisen unternahm, kulturelle Veranstaltungen besuchte und einen günstigen Gebrauchtwagen ausfindig machte.

Dieses Mal war alles ein bisschen anders. Dieses Mal kamen meine Mutter und Boris zu Besuch, um mit mir die Trauer zu teilen. Das befreite mich ein bisschen vom Druck, die perfekte bulgarische Gastgeberin zu spielen. Allerdings empfand ich einen ganz anderen Druck: Ich zerbrach mir den Kopf, wie ich die Risse in meiner Ehe vor dem Röntgenblick meiner Mutter verbergen sollte.

Mit Boris und meiner Mutter stimmte etwas nicht. Es war schon eine Weile her, dass der letzte Passagier seinen Koffer aus der Gepäckhalle geschleppt hatte. Lange Zeit danach geschah nichts. Dann ging die Tür wieder auf und zwei fröhlich zwitschernde Stewardessen stöckelten heraus. In diesem kurzen Augenblick sah ich sie durch den Türspalt: meine von Kopf bis Fuß schwarzgekleidete Mutter und Boris mit ängstlich hochgezogenen Schultern. Die beiden steckten inmitten einer Schar Polizisten. Ich stürmte in die Halle. Ein Zöllner ergriff meinen Arm und hielt mich fest.

»Das sind meine Mutter und mein Bruder«, schrie ich und versuchte, mich loszureißen. »Sie sind unschuldig. Warum hat man sie verhaftet?«

Die Finger um meinen Arm schlossen sich fester. »Warum man sie verhaftet hat, weiß ich nicht. Was ich jedoch mit Sicherheit weiß, ist, dass Sie hier nicht hineindürfen. Die Gepäckhalle ist für Außenstehende verboten. Vorschrift ist Vorschrift«, sagte dieser Beamte mit einer tief aus dem Bauch steigenden Überzeugung, die mich in Deutschland immer wieder aufs Neue verblüfft. Einem bulgarischen Zöllner könnte ein solcher Satz nie über die Lippen gehen. Ein bulgarischer Zöllner würde schikanieren, einschüchtern, es möglicherweise auf eine Bestechung anlegen. »Vorschrift ist Vorschrift« jedoch könnte er mit dieser tiefverwurzelten Inbrunst niemals sagen. Vorschriften sind in balkanischen Bäuchen eben nicht drin.

»Verlassen Sie die Gepäckhalle und warten Sie hinter der roten Linie«, befahl der Zöllner.

Hinter der roten Linie hielt sich mein Mann auf und beobachtete die Szene aus vorschriftsmäßiger Entfernung. Mit Vorschriften hatte Sergej – im Unterschied zu den meisten Bulgaren – nicht das geringste Problem. Dem deutschen Beamten war das auf Anhieb klar. Er zerrte mich zu meinem Mann. Die beiden tauschten die Blicke zweier Gesunder, die sich wortlos über eine Geisteskranke verständigen.

Sergej umklammerte meinen Arm. »Hör auf, dich wie eine Wahnsinnige aufzuführen«, zischte er mir ins Ohr. »Deinen Verwandten ist damit nicht geholfen.«

»Meine Verwandten sind übrigens auch deine«, zischte ich zurück. »Oder hast du vergessen, dass du mit mir verheiratet bist?«

Die Tür zur Gepäckhalle riss wieder ihr Maul auf und spie meine Mutter und Boris aus, in Begleitung eines Polizisten, der die Größe und die Breite eines Wandschranks hatte. Meine Mutter hielt er am Mantelkragen fest, ohne seine Hand dafür zu heben.

»Danke, dass Sie sich um unsere Verwandten gekümmert haben«, sülzte ihn Sergej dermaßen unverfroren an, dass der Riese rot wurde.

»Na ja, was heißt hier gekümmert«, murmelte er verlegen. »Dass es tatsächlich Ihre Verwandten sind, müssen Sie erstmal beweisen. Sonst können sie nicht in die Bundesrepublik einreisen.«

»Sie haben doch ein Visum für Ihre verdammte Bundesrepublik bekommen«, schrie ich und fuchtelte mit meinem freien Arm. »Von der deutschen Botschaft in Sofia. Und das war weiß Gott nicht einfach. Dafür musste mein Mann eine Einladung vorlegen, seinen Arbeitsvertrag, seinen aktuellen Kontostand, seine Steuererklärung und eine Schufa-Auskunft. Und das alles reicht Ihnen nicht?«

»Wie gesagt«, räusperte sich der zu groß geratene Polizist, »wir brauchen einen Beweis, dass die Herrschaften hier wirklich mit Ihnen verwandt sind.«

»Kein Problem«, gab Sergej diensteifrig von sich. Mit einer geschickten Bewegung seiner linken Hand – die mich nicht festhielt – holte er seinen Ausweis heraus. Ich würde wetten, dass er das sogar mit gefesselten Händen geschafft hätte. Sergejs Ausweis steckte immer in der gleichen, in allen Lebenslagen gut erreichbaren Innentasche sämtlicher Jacketts.

Das fix gefundene Papier aber half nicht weiter. Sergejs Nachname war mit dem von Mutter und Boris nicht identisch.

»Hat Ihre Frau vielleicht ihren Ausweis mit?«, wandte sich dieser Beamte auch an Sergej, als sei ich unmündig oder der Landessprache nicht mächtig. »Vielleicht steht ihr Mädchenname drin.«

»Ihren Ausweis hat meine Frau aus Prinzip nie dabei«, sagte Sergej und warf mir einen vernichtenden Blick zu. Der Beamte bückte sich zu meiner Mutter.

»Sie haben ein Touristenvisum für Deutschland und behaupten, Sie wollen Ihre Tochter besuchen. Wie lautet die genaue Adresse Ihrer Tochter?«

Mutter schwieg und starrte ihn feindselig an.

»Das meine Schwester«, brachte Boris sein kümmerliches Schuldeutsch zum Einsatz und richtete seinen Zeigefinger auf mich. »Wir Adresse Schwester nix weißen.«

»Jetzt verstehe ich gar nichts mehr«, sagte der Beamte, dessen Auffassungsgabe und Körpergröße in einem merkwürdigen Kontrast standen. »Sie wollen Ihre Schwester besuchen und wissen ihre Adresse nicht?«

»Warum sollten sie meine Adresse auswendig wissen, Himmel?«, schrie ich. »Wissen *Sie* etwa die Adresse Ihrer Schwester auswendig? Was mein Bruder weiß, ist, dass ich ihn abhole. Und das würde ich auch tun, wenn Sie mich lassen würden.«

»Mein Herr«, schaltete sich Sergej mit sonorer Stimme ein. »Schenken Sie uns Ihr wertes Vertrauen. Glauben Sie uns einfach, dass es sich hier um unsere Verwandten handelt. Und außerdem: Ihre Rückflugtickets haben Sie ja gesehen. Unsere Verwandten wollen also zurück.«

»Rückflugtickets haben viele«, gab der Beamte zu bedenken. »Und fliegen trotzdem nicht zurück.«

»Hören Sie«, sagte ich, einer spontanen Eingebung folgend. »Meine Mutter und mein Bruder *werden* zurückfliegen. Unbedingt. Mein Bruder *kann* meine Mutter nicht allein zurückfliegen lassen. Unter keinen Umständen. Denn das würde sie nicht überleben. Bulgarische Mütter brauchen ihre Söhne wie die Luft zum Atmen. Und meine Mutter wiederum *muss* zurück – zu ihren Patienten und zu ihren Chorproben. Sie ist nämlich Ärztin. Außerdem singt sie im städtischen Chor Schwarzmeertöne. Eine unverzichtbare Mezzosopran-Stimme.«

»Hör mit dem peinlichen Zeug auf«, zischte Sergej wieder. Ich allerdings war nicht mehr zu halten.

»Meine Mutter hat in Bulgarien alles, was sie braucht«, sprudelte ich weiter. »Außer natürlich mich. Ich allerdings ertrage sie nicht allzu lange. In spätestens zwei Wochen setze ich sie höchstpersönlich wieder in den Flieger. Aus purem Selbsterhaltungstrieb. Das verstehen Sie doch. Oder wollen Sie Ihre eigene Mutter ständig bei sich zu Hause haben?«

Letzteres schien dem Polizisten einzuleuchten. Er ließ den Kragen meiner Mutter los und winkte ab.

Schweigend fuhren wir nach Hause. Sergej saß mit eiserner Miene hinter dem Steuer. Diesen Gesichtsausdruck kannte ich gut. Mein Mann kochte vor Wut. Meinetwegen, nahm ich an. Ich hatte Sergej wieder mal blamiert: Ich hatte die Contenance verloren, und das verabscheute er. Die Contenance war für ihn das, was zivilisierte Menschen von den unterentwickelten unterscheidet – die Intellektuellen von den schlichten Gemütern, die Westeuropäer von den Balkanesen. Mein Mann war stets bemüht, in jeder Lebenslage die Contenance zu bewahren, den kühlen Kopf, die Zurückhaltung und gutbürgerliche Manieren. Dasselbe erwartete er von mir. Und ich enttäuschte ihn immer wieder.

»Ich denke nicht, dass du ein Rüpel bist«, hatte er gleich bei unserem zweiten Date gesagt. »Ich denke, du bist ein ungeschliffener Diamant. Wir beide könnten an dir arbeiten.«

Ich gab mir Mühe, den Rüpel auszublenden und mich auf den Diamanten zu konzentrieren. Tief in meinem Herzen gab ich Sergej Recht. Ich selbst hielt mich für akut verbesserungsbedürftig und war dankbar, dass sich jemand fand, der an mir arbeiten wollte.

»Oh ja«, sagte ich bereitwillig, erwies mich jedoch als eine miserable Schülerin. Es gelang mir einfach nicht, ein wohltemperierter, vorhersehbarer, effizienter, sparsamer und stets wohlerzogener Mensch zu werden. Ich blieb, wie ich eben war: launisch, weltfremd, verschwenderisch, gefühlsgesteuert. Das alles hatte ich Sergej am Flughafen wieder vor Augen geführt, und er war stocksauer. Denn er wurde nicht müde, sich eine Frau zu wünschen, die seinen Idealen entsprach.

Ich verspürte den Trieb, mich zu rechtfertigen. Gleichzeitig packte mich die blanke Wut. Denn ich hatte es satt, mich wegen irgendwelchen Idealen abzustrampeln. Also drehte ich den Spieß um: »Du hast dich am Flughafen mit den Bullen verbündet. Gegen deine eigene Frau. Du hast mich wie eine Wahnsinnige behandelt.«

»Du hast dich wie eine Wahnsinnige benommen«, antwortete Sergej, und seine Gesichtszüge entspannten sich. Meine Gefühlsausbrüche hielt er in der Regel für einen Grund, sich überlegen zu fühlen.

»Und warum habe ich mich so benommen?«, schrie ich. »Was glaubst du, wie es für mich war, meine Mutter, die noch Trauer trägt, inmitten einer Horde von Polizisten zu sehen?«

»Du kennst doch die Gesetze dieses Landes«, zuckte Sergej die Schultern. »Wozu die ganze Aufregung?«

»Was sind das für Gesetze«, schäumte ich, »die jemanden aufgrund seiner Herkunft zum Verbrecher machen?«

»Die deutschen Gesetze sind dafür da, um die Deutschen zu schützen«, erläuterte Sergej. »Die Deutschen haben sich ihren Wohlstand mühsam erarbeitet. Nun kommen die ganzen Ausländer und wollen etwas abhaben. Mit welchem Recht, bitte schön?«

»Warum werden meine Verwandten so gedemütigt?«, schäumte ich weiter. »Was haben sie verbrochen? Sie wollen uns nur besuchen.«

»Gesetze kümmern sich nicht um Befindlichkeiten.«

»Du bist nicht der Staatsanwalt, verdammt«, schrie ich. »Du bist mein Mann. Ich will nicht, dass du mir die Gesetze erklärst, sondern meine Gefühle verstehst!«

»Es gibt verschiedene Arten, Gefühle zu äußern«, er-widerte Sergej. »Und deine lädt nicht gerade dazu ein, sie zu verstehen. Du benimmst dich wie ein trotziges Kind. Werde endlich erwachsen.«

»Ich habe keine Ahnung, wovon ihr sprecht«, mischte sich meine Mutter ein. »Aber Streit ist das Letzte, was ich im Moment gebrauchen kann.«

»Entschuldige, Mutter«, sagte Sergej beflissen. »Ich habe nicht angefangen.«

Bulgarien, achtziger Jahre

Sergej, den großen Bruder meiner Mitschülerin Sveto-mira, kannte ich flüchtig aus der Schulzeit. Er war ein Außenseiter, der mathematische Olympiaden gewann, im städtischen Knabenchor sang, nie etwas anderes als Schuluniform trug, nie auf Partys ging und auf unse-rem Abi-Ball ausschließlich mit der eigenen Schwester tanzte.

Als ich ihn jedoch Jahre später samt Schwester und Eltern in Sofia wiedertraf, erlebte ich eine Überraschung: Sergejs schwerfälliger Gang war geschmeidiger geworden, seine verkrampfte Körperhaltung lässiger. In seinem Blick schimmerte jene Mischung aus Weltschmerz und Arro-ganz, die ich damals an Männern unwiderstehlich fand. Zu allem Überfluss nahm dieser so vorteilhaft verwan-delte Sergej überhaupt keine Notiz von mir. Umso leb-hafter jedoch schien ich seine Mutter zu interessieren. Sie fragte mich nach meinen Lebenszielen aus, erkundigte sich nach dem Befinden meiner Eltern, fragte, wie viele

Häuser wir insgesamt besitzen, und lud mich anschließend ein, mit der ganzen Familie zu Abend zu essen. Sergej hatte mir desinteressiert die Hand gegeben und war
uns schweigend in ein Tanzlokal gefolgt.

Dort angekommen, suchte ich sofort eine Toilette auf
und schaute prüfend in den Spiegel. Mein Lippenstift
war nicht verschmiert, meine Haare gut in Form, zwischen meinen Zähnen steckte keine Petersilie. Mit meinem Äußeren stimmte also alles. Dennoch: Dieser Mann
reagierte nicht auf meine Reize, und das machte ihn
auf der Stelle interessant. Diesem Mann wollte ich unbedingt gefallen.

Seltsamerweise schien seine Mutter ein ähnliches Ziel
zu verfolgen. Sie überschüttete mich mit Liebenswürdig-
keiten, lobte in höchsten Tönen mein Aussehen, warf
ihrem hartnäckig schweigenden Sohn böse Blicke zu,
machte auf dieses oder jenes langsame Musikstück
aufmerksam, flüsterte Sergej etwas ins Ohr. Als all das
nicht half, schlug sie mit der Faust auf den Tisch und
fragte, wie lange ihr holzköpfiger Sohn beabsichtige, dieser Schlampe von einer Polin nachzutrauern und alle
anständigen bulgarischen Mädchen an sich vorbeizie-
hen zu lassen. Sergej wurde purpurrot, seine Schwester
verschluckte sich am Wein, der Vater sprang auf und
zerrte mich in Richtung Tanzfläche.

In den nächsten Tagen kreisten meine Gedanken ausschließlich um Sergej. In meiner Phantasie dichtete ich
ihm all die Eigenschaften an, die meinen anderen männlichen Bekanntschaften fehlten: Nachdenklichkeit, Tiefe,
Bodenständigkeit, Verlässlichkeit. Dieser Mann sollte
sich in mich verlieben.

Ich lud ihn ein, mich in Baltschik zu besuchen. Zögerlich willigte er ein und fragte, ob er seine Schwester mitbringen dürfe.

Am Abend bevor die beiden in Baltschik eintreffen sollten, klingelte das Telefon. Sergejs Schwester war dran und überbrachte die verwirrende Nachricht, ihr Bruder und sie würden samt Eltern kommen. Eine Erklärung dafür gab es nicht. Zu Hause fielen die Reaktionen unterschiedlich aus.

Ich war perplex. Oma Denka strahlte über beide Ohren. Sie war sich nämlich sicher, dass der Besuch der Eltern auf eine baldige Hochzeit hindeutete. Und eine Hochzeit erhöhte aus ihrer Sicht meinen Wert als Frau und damit ihren eigenen.

Meine Mutter zeigte kein eindeutiges Gefühl. »Wenn die Eltern kommen, muss ich wohl auch dabei sein«, gab sie lediglich säuerlich von sich.

Mein Vater wiederum war bester Dinge, und die neue Entwicklung trübte seine Laune nicht im Geringsten. »Die Sache gefällt mir nicht«, gab er unbekümmert von sich. »Ich habe niemanden eingeladen und werde auch niemanden empfangen.«

»Und was willst du stattdessen machen?«, erkundigte sich Oma Denka.

»Mittagsschlaf. Wie immer um diese Zeit.«

Omas Augenbrauen zogen sich zu einer Gewitterwolke zusammen. »Statt an deinen Mittagsschlaf solltest du an die Zukunft deiner Tochter denken«, donnerte sie. »Schließlich muss sie bald unter die Haube: Sie ist bereits sechsundzwanzig und hat nicht mal einen Freund. Das sollte dir zu denken geben. Irgendwann ist der Zug abgefahren.«

Vater ging auf die Terrasse und rauchte.

Oma Denka schüttelte missbilligend den Kopf und verkündete, die Sache am nächsten Morgen selbst in die Hand zu nehmen. »Wenn ein Zaubervogel auf deiner Schulter landet«, sagte sie, »musst du danach greifen. Ein zweites Mal kommt er nicht.«

Oma Denka hatte viele Weisheiten dieser Art auf Lager. Für jede Lebenslage eine.

Am nächsten Morgen in aller Herrgottsfrühe marschierte Oma in mein Zimmer und riss die Decke von meinem warmen, noch schlafenden Körper.

»Aufstehen«, trompetete sie. »Der heutige Tag ist wichtig. Am heutigen Tag wendet sich womöglich dein Schicksal.«

Ich zog die Decke über meinen Kopf. Tage, die versprachen, mein Schicksal zu wenden, wollte ich lieber vom Kalender streichen. Oma riss mir die Decke wieder vom Leib, raffte sie an sich und stampfte von dannen. Das wirkte. Ich erhob mich und taumelte in die Küche, um mir einen Kaffee zu machen. Oma allerdings hatte den kompletten Raum in Beschlag genommen. In einer Backform schichtete sie Blätterteigplatten und streute zerdrückten Schafskäse darüber. Hin und wieder rüttelte sie am Stiel einer Kasserolle, in der Butter schmolz und zischte, bückte sich dann zum Backofen, wo sich ein Kuchen aufplusterte und den Duft nach Vanille verströmte. Die Dinge im Backofen schienen in Omas Sinne zu laufen, denn ihr Gesicht erhellte sich. Sonst blickte Oma Denka mürrisch drein, wenn sie in der Küche hantierte. Als Kind schüchterte mich ihr mürrisches Gesicht ein. Später staunte ich darüber, denn ich entdeckte, wie gerne Oma eigentlich kochte. Ihre Freude allerdings behielt sie für sich. Uns, ihren Nächsten, zeigte sie ihr mürrisches Gesicht – die Last der Pflicht, den Zeitdruck, die Müdigkeit, den Widerwillen. Warum versteckte sie aber die Freude? Befürchtete sie etwa, uns würde ihr Essen weniger schmecken, wenn wir wüssten, dass sie nicht nur aus Pflicht und Nächstenliebe kochte, sondern auch mit Lust? Oder folgte Oma dem Gebot einer Jahrtausende alten Moral, die weibliche Lust, welcher Art auch immer, verteufelte? Vielleicht war das mürrische Gesicht meiner Oma eine Spur ihrer Vergangenheit. Die Erinnerung an das erschöpfte Gesicht ihrer eigenen Mutter, einer Bäuerin, die nach einem Tag Knochenarbeit auf dem Acker auch noch Brot backte und weiße Bohnen kochte? Vielleicht waren die Wolken in Omas Gesicht die Erinnerung an ihre eigene Überforderung, als sie ihrer Mutter im Alter von acht Jahren die Last des Kochens abnahm und auf ihre eigenen, noch kindlichen Schultern bürdete. Oma Denka wird schon ihre Gründe haben, beim Kochen mürrisch dreinzublicken. Nach diesen Gründen jedoch fragte keiner. Wir, ihre Nächsten, zuckten gleichgültig die Schulter, wir schüttelten missbilligend den Kopf, wir urteilten, wir lehnten ab. Schweigend hofften wir auf ein anderes Gesicht. Denn auch der mürrischste Mensch hat bekanntlich mehrere Gesichter. Oma natürlich auch. Für Sergejs Eltern zum Beispiel hatte sie ihr serviles Fremde-Leute-Gesicht aufgesetzt. Meine Mutter, die, erschöpft aus dem Krankenhaus zurückgekehrt, nun stellvertretend für Oma mürrisch war, wurde aufgefordert, ebenfalls ein Fremde-Leute-Gesicht aufzusetzen. Denn wer möchte, bitte schön, das wahre Gesicht von jemand Fremdem sehen? Normalerweise wollen Menschen Angenehmes sehen. Dafür sind Fremde-Leute-Gesichter ja da.

Vater guckte unaufgefordert freundlich. Er tat sich auch keinen Zwang an. Nach dem Mittagessen wünschte er uns grinsend viel Spaß und verschwand mit einer Zeitung unter dem Arm ins Schlafzimmer. Drei Minuten später schnarchte er so laut, dass die Wände zitterten. Wir legten klassische Musik auf. Schostakowitsch.

Bremen, September 1994

Die erste Woche in Bremen verbrachten wir in der Wohnung, die sich meine Mutter Stück für Stück erobert hatte. Am ersten Tag bügelte sie Sergejs zahlreiche Hemden. Am zweiten Tag räumte sie den kompletten Inhalt sämtlicher Kleiderschränke aus, lüftete die Kleider, faltete sie neu, sortierte sie nach Besitzer, Zweck, Größe und Farbe, räumte sie wieder ein und beschriftete die einzelnen Regale. Am dritten Tag wollte sie den Bürgersteig entlauben und zertrümmerte dabei den hauseigenen Laubsauger. Reuevoll rührte sie dann einen süßen Teig.

»Für Kekse«, erläuterte sie und schob ein Blech in den Ofen.

»Wie lange sollen sie drinbleiben?«, fragte ich.

»Kommt auf den Strom an«, antwortete sie.

»Ist der Strom in Bulgarien etwa immer anders?«, erkundigte ich mich.

»Natürlich. Der Strom in Bulgarien ist unberechenbar wie die Menschen und die öffentlichen Verkehrsmittel«, sagte meine Mutter und lachte seit dem Tod meines Vaters zum ersten Mal. Ich lachte auch und dankte dem Himmel, dass ich in Deutschland lebte, wo man sich auf Strom, Bus und Mensch verlassen konnte.

Auf die fertigen Kekse goss meine Mutter einen dickflüssigen Zuckersirup und forderte mich auf, sie an die Nachbarinnen im Haus zu verteilen – eine Entschuldigung für den kaputten Laubsauger.

»Ich mag meine Nachbarinnen nicht«, sagte ich.

»Kennst du deine Nachbarinnen denn?«, erkundigte sich Mutter.

»Nein«, gab ich zu.

»Dann kannst du nicht wissen, ob du sie magst«, stellte sie trocken fest und meinte, nichts bringe Menschen erfolgreicher zusammen als gutes Essen. Also gingen wir mit dem Blech durchs Haus.

»Ich habe Diabetes und esse nichts Süßes«, sagte die erste Nachbarin.

»Sind das türkische Kekse?«, argwöhnte die zweite. »Türkische Kekse sind mir zu süß.«

Aus welchem Land wir kommen, wollte die dritte wissen und erkundigte sich höflich nach dem Wetter in Bukarest.

Die vierte Nachbarin lud uns zum Kaffee ein. Sie wusste zwar, dass die bulgarische Hauptstadt nicht Bukarest, sondern Sofia heißt, ging aber fest davon aus, dass die meisten Bulgaren muslimischen Glaubens seien.

»Die Deutschen sind aber selbstbewusst«, sagte Mutter beeindruckt. »Sie verstecken weder ihren seltsamen Geschmack noch ihre mangelnde Bildung.«

Ihre Bulgarien-Kenntnisse schöpfte diese Nachbarin aus ihren Sommerurlauben am Schwarzen Meer. Seit sechs

Jahren fuhr sie mit ihrem Mann an den Goldstrand, was offenbar nicht bedeutete, dass sie Land, Leute oder gar die offizielle Religion des Landes kannte. Wäre mein Vater dabei gewesen, hätten wir uns an dieser Stelle einen Vortrag anhören müssen zum Thema »Die blutdurchtränkte Christianisierung der Bulgaren im neunten Jahrhundert nach Christi«. Viele bulgarische Männer pflegen mit solchen Vorträgen ganze Abende zu füllen, völlig ungeachtet dessen, ob sich ihre Zuhörer für bulgarische Geschichte interessieren oder nicht. Mit dieser Art bulgarischer Kommunikation kann ich herzlich wenig anfangen. Ich wette, meine deutsche Nachbarin auch nicht. Also verzichtete ich darauf, ihren Irrtum in puncto bulgarische Religion zu korrigieren. Und ich fühlte mich unwohl dabei.

Zwischen Vaters Tiraden und Mutters Schweigen fand ich keinen eigenen Weg.

Während meine Mutter putzte, kochte und im Haus Besuche abstattete, hing mein Bruder vor dem Fernseher. Um seine Deutschkenntnisse zu vervollkommnen, erläuterte er. Drei Tage später hielt er sein Deutsch für vollkommen genug, um die Wohnung zu verlassen.

»Lass uns mitgehen«, schlug ich meiner Mutter vor. Nein, kam wie aus der Pistole geschossen. Draußen sei es nass, kalt und dunkel. Außerdem sei sie traurig und für Bremen nicht elegant genug, fügte sie hinzu.

»In Bremen ist niemand elegant, Mama«, lachte ich. »Du bist doch nicht gekommen, um in der Stube zu hocken.«

»Ich bin deinetwegen gekommen«, sagte meine Mutter spitz. »Und ich habe gesehen, was es zu sehen gibt: Du liebst deinen Mann nicht.«

»Liebt er mich denn?«, schmetterte ich sofort zurück.

»Ich spreche über *dich*, denn ich bin *deine* Mutter. Sergej hat ja seine eigene.«

»Oh ja, und was für eine«, nahm ich das Thema dankbar auf. »Du glaubst nicht, was sie sich am Telefon wieder geleistet hat.«

»Du liebst deinen Mann nicht«, ließ meine Mutter nicht locker. »Eine Frau, die liebt, verhält sich anders.«

»Er mag mich nicht so, wie ich bin«, wehrte ich wieder ab. »Er will eine andere Frau: organisierter, praktischer, sparsamer, beherrschter.«

»Ein bisschen Struktur und Sparsamkeit würden dir in der Tat nicht schaden«, warf Mutter trocken ein. »Und außerdem: Magst du dich selbst, wie du bist? Wenn du das tätest, würden es andere auch tun.«

»Er mag nur seine Mutter«, beharrte ich. »Die Nabelschnur zu ihr ist dicker als ein Segelseil. Eine andere Frau hat da keine Chance.«

»Auf die Beziehung zu seiner Mutter hast du keinen Einfluss«, sagte Mutter schroff. »Finde dich damit ab. Sergej ist noch jung, und Männer brauchen eben Zeit, um sich von ihrer Mutter zu lösen. So einfach ist diese Sache nicht.«

»Meine Worte«, grinste Boris und schickte sich an, Bremen auf eigene Faust zu erkunden.

Drei Stunden später kam er zurück und war, was die Ablösung von Mutter betraf, ein gutes Stück weitergekommen. Auch wenn er dafür einen seltsamen Weg gewählt hatte: Er brachte ein Werbeplakat von H&M mit. Beim Anblick des abgebildeten Models wurde meine Mutter, die am Bügelbrett stand, blass um die Nase. Sie fing hektisch an, Boris' Socken zu bügeln.

»Spar dir die Mühe«, giftete ich. »Auch mit gebügelten Socken wird dein Sohn eines Tages heiraten. Dann spielst du die zweite Geige. Finde dich damit ab.«

»Ein Poster bedeutet noch keine Heirat«, versuchte Boris zu beschwichtigen, allerdings nur halbherzig. Denn er wusste gut, was Mutter zur Weißglut trieb.

Mit Boris' zahlreichen dekorativen Kurzzeit-Freundinnen hatte die Frau auf dem Poster nichts gemeinsam. Sie hatte Charakter. Ihr Blick verriet, dass sie aus ihrem Gefühl heraus lebte und ihren Instinkten folgte. Sie war eine, in die sich Boris wirklich verlieben könnte. Und das waren neue Verhältnisse, wenn auch nur auf Papier.

»Wo hast du die Frau her?«, fragte ich.

»Von einer Bushaltestelle.«

»Werbung an Bushaltestellen steckt normalerweise hinter Glas. Sag bloß, du hast das Glas zertrümmert.«

»Was denkst du von mir?«, grinste Boris. »Denkst du, dein Bruder ist ein unzivilisierter Balkanese, der seiner Schwester hier im Westen Schande bereitet? Oh nein. Dein Bruder ist ein Europäer und ein Glückspilz. Als ich vor dem Plakat stand und überlegte, wie ich die Frau rausholen und das Glas heil lassen könnte, eilte mir das Schicksal zu Hilfe. Ein Mann kam und wollte die Werbung austauschen. Ich schwatzte ihm die Frau ab.«

»Und in welcher Sprache?«

»Auf Bulgarisch«, antwortete Boris. »Er hat verstanden.«

Daran zweifelte ich nicht. Man brauchte keine Worte, um zu verstehen, wie ernst die Sache war. Mit Hilfe eines Plakats von H&M hatte mein kleiner Bruder begonnen, sich von Mutter zu lösen.

Eine Woche später erklärte sich Mutter bereit, in die Stadt zu gehen. Ich bot ihr an, einen Mantel von mir anzuziehen. Einen, der nicht schwarz war.

»Ich bin in Trauer«, sagte Mutter. »Schämst du dich etwa meinetwegen?«

»Ich möchte nicht, dass du abfällig angeguckt wirst. Hierzulande ist es nicht üblich, dass sich Frauen von Kopf bis Fuß schwarz anziehen.«

»Was ziehen deutsche Frauen an, die ihren Mann verloren haben?«, erkundigte sich Mutter.

»Nichts Besonderes«, zuckte ich mit den Schultern.

»Warum braucht die ganze Stadt zu wissen, dass sie ihren Mann verloren haben?«

»Um Rücksicht zu nehmen«, antwortete Mutter. »Witwen sind sehr empfindlich. Sie brauchen Schutz. Die deutschen Witwen etwa nicht?«

Darauf wusste ich keine Antwort, aber ich verstand Mutter. Ich selbst hätte auch gerne Trauer getragen, um gewisse Situationen zu vermeiden. Etwa solche:

»Hallo, wie geht's«, winkt eine Nachbarin von der anderen Straßenseite.

»Danke, gut«, antworte ich und hoffe, möglichst schnell weitergehen zu können.

»Danach sieht es aber nicht aus«, bemerkt die Nachbarin scharfsinnig und wechselt die Straßenseite. »Was ist los?«

»Mir geht es nicht besonders gut«, gebe ich zu, denn was ich fühle, steht mir offenbar im Gesicht geschrieben.

»Warum?«, bohrt die Nachbarin.

»Ich habe meinen Vater verloren«, sage ich dann steif.

»Oh«, gibt die Nachbarin von sich und guckt betreten zu Boden.

»Nicht so schlimm, wird wieder«, winke ich ab und verabschiede mich voller Abscheu für die Frau und mich selbst.

Mit Trauerkleidung ließe sich das alles vermeiden. Niemand käme auf die Idee zu fragen, warum trägst du Schwarz? Jeder würde wissen, sie trägt Schwarz, weil sie einen Verlust erlitten hat, und die Gefühle, die dazugehören, möchte sie nur mit Menschen teilen, die ihr nahestehen.

Ich ließ meiner Mutter ihren schwarzen Mantel, und wir gingen in die Stadt. Vor einem Schaufenster blieben wir stehen. Lauter Swarovski-Steine funkelten darin. Meine Mutter riss die Augen auf, packte mich am Ärmel und zerrte mich in den Laden.

»Das ist Modeschmuck aus Glas, Mama. Nichts für dich«, flüsterte ich und versuchte sie wieder nach draußen zu ziehen. Vergeblich. Mutter starrte wie gebannt auf eine rotglitzernde Halskette.

Eine unsympathische Verkäuferin gesellte sich zu uns. »Kann ich helfen?«

»Nein, nein«, wehrte ich ab. »Wir schauen nur.«

In diesem Moment löste sich Mutter von ihrer Starre und schritt zur Tat: Sie ergriff den Ärmel der Verkäuferin, zupfte daran, richtete ihren Zeigefinger erst auf die Kette, dann auf ihren Hals. Ein Gefühl dringender Übelkeit überkam mich.

»Meine Mutter möchte die Kette anprobieren«, sagte ich und spürte, wie mein komplettes, noch unverdautes Frühstück meine Speiseröhre emporkletterte.

»Sie sollten wissen, unser Modeschmuck ist sehr teuer«, sagte das arrogante Miststück von Verkäuferin, und das Unheil nahm seinen Lauf: Ich drehte mich um und über-

gab mich. Der schwungvoll erbrochene Brei aus Spiegel-
eiern, Marmeladentoast und Orangensaft landete auf
dem weißgefliesten Fußboden, spritzte wieder hoch und
floss malerisch die blankpolierten Glasvitrinen hinunter, in denen Ketten, Ohrringe und Armreifen funkelten.
Die Verkäuferin stieß einen spitzen Schrei aus. Mutter
und ich ergriffen die Flucht.

»Wahrscheinlich eine Magen-Darm-Grippe«, murmelte
ich draußen und wischte mir den Mund ab.

»Wohl kaum«, meinte Mutter und guckte mich eindringlich an.

Ich begriff, dass sie begriffen hatte: Ich war schwanger.
Und zwar nicht von meinem Mann.

4
Der russische Liebhaber

Bremen, 1994

Michail küsste die Finger meiner linken Hand. Bei jedem einzelnen verweilten seine Lippen ein bisschen und schenkten ihm zärtliche, ungeteilte Aufmerksamkeit. Dabei schaute er mich kein einziges Mal an. Und dafür war ich ihm dankbar. Denn jede Berührung seiner Lippen brachte eine Welle aus Lust und Schmerz hervor. Eine Welle von ungestümer Kraft.

Hätte mich Michail dabei beobachtet, hätte er das verhindert. Zum Glück war er mit einem natürlichen Taktgefühl gesegnet und auch mit der kindlichen Gabe, in einer Beschäftigung völlig zu versinken. So war ich mit ihm zusammen und auch allein mit den Wellen, die mich in Richtung unbekannter Ufer spülten. Nur waren Michails ausgedehnte Küsse doch zu kurz, und die Angst, mich völlig auszuliefern, war doch zu groß. Immer wieder schnappte sie zu und holte mich zurück auf den Boden der Realität. Sprich zurück auf die Jeansjacke meines russischen Liebhabers, die auf einer Wiese im Park ausgebreitet lag. Darauf lag ich. Daneben hockte Michail und küsste meine Finger.

In Michails Armen, oder genauer gesagt, auf seiner Jacke im Park, landete ich exakt einen Monat nachdem ich angefangen hatte, Deutschkurse zu geben. Michail war einer meiner erwachsenen Schüler. Er kam aus Russland und sprach kaum Deutsch. Ich wiederum sprach nur ein paar Brocken Russisch. Am Anfang also sprachen wir wenig miteinander. Was unserer Liebe keineswegs schadete. Im Gegenteil. Der Mangel an gemeinsamer Sprache machte die Liebe erst recht möglich.

Ich hatte mich in Michails Augen verliebt. Von der ersten Unterrichtsstunde an heftete er diese mal grauen, mal blauen, mal grünen Augen auf mich und überschüttete mich mit einer sehnsüchtigen und feurigen Bewunderung, die ich von meinem Ehemann nicht kannte. Sergej wollte an meiner Vervollkommnung arbeiten. Michail faszinierte ich so unvollkommen wie ich eben war: unordentlich frisiert, eine Spur zu bunt angezogen, von Kopf bis Fuß mit Kreide verschmiert, ständig meine Brille suchend, inbrünstig deutsche Verben deklinierend. In der Pause rauchten wir zusammen und guckten uns an. Anfangs waren auch andere Schüler dabei, nach einer Weile jedoch rauchten sie woanders. In Michails Augen verlor ich mich und flüchtete vor den Unbilden des Lebens im Allgemeinen und vor der Realität meiner Ehe im Konkreten. Ich wurde zur Tagträumerin. Dauerte mir zum Beispiel eine rote Ampel zu lang, schloss ich sofort die Augen und gab mich dem aufregenden Prickeln hin, das Michails Blick in mir auslöste.

War ich verzweifelt, weil mein Mann und ich aneinander vorbeiredeten, schloss ich wieder die Augen. Die einsame Kälte in meinem Inneren wich dem warmen, lebendigen Strom, der unweigerlich floss, wenn Michail mich anschaute. Ich war verliebt, ohne zu wissen, in wen. Ich kannte nur seine Augen. Das reichte. Ich fühlte mich gerettet. Rettungen dieser Art waren in gewisser Weise meine Spezialität. In den Schluchten meiner Pubertät hatte ich gelernt, mich in eine Phantasiewelt zu flüchten. Dort kreierte ich mir einen eigenen Retter: ein männliches Wesen mit weiblichen Charakterzügen. Eine Mischung aus väterlicher Kraft und mütterlicher Zärtlichkeit. Einer, der auf jede schwierige Frage eine Antwort wusste. Einer, der nie forderte. Einer, der immer verstand, tröstete und liebte. Einer, der blaue Augen hatte und mich zu unbekannten Ufern trug. Ufer, die ich nie erreichte. Denn so viel Kraft hatte meine Phantasie nun auch wieder nicht.

Den Mann meiner Phantasien wollte ich heiraten. Ich wollte so lange warten, bis ich ihn, genau ihn, gefunden hatte.

»Da kannst du aber lange warten«, zischelte tief in mir die Angst. »Er ist viel zu perfekt. Im echten Leben gibt es keine Perfektion. Hör auf zu träumen, und nimm das, was du bekommen kannst. Und vor allem, was dich auf Dauer glücklich macht: einen Mann, auf den du dich verlassen kannst. Einen Mann, der dir ein Haus baut und deine Kinder ernährt. Setz dich dann in deinen hübschen Garten, lackiere dir die Fingernägel, höre deinen Kindern beim Flöten zu und mach nur das, was dir Spaß macht.«

Hätte ich die Stimme meiner Angst gehört, hätte ich ihr wahrscheinlich das Maul gestopft: »Spinnst du?«, hätte ich geschrien. »Ich will kein gemachtes Nest, keine Sicherheit. Ich habe genug Lebenskraft, um den Weg meines Herzens zu gehen. Ich will die Wellen spüren, die große Liebe!«

Meiner Angst jedoch wollte ich nicht zuhören, denn ich lehnte sie ab. Ich sperrte sie ein ins Dunkel meines Unbewussten, von dort aus zeichnete sie eine Zeit lang meinen Lebensweg. Wortlos und unerbittlich schob sie mich zu Sergej, der keine große Liebe versprach, dafür aber ein sicheres und behagliches Leben. Die Angst gab Ruhe. Ich wiederum gab ihr Namen, die ihre Fratze erträglicher machten: »Die Beziehung zu Sergej steht für meinen Reifungsprozess«, redete ich mir ein. »Ich bin jetzt bereit, meine Phantasiewelt zu verlassen und den Sprung ins wahre Leben zu wagen.«

»Selbstbetrug«, schrie eine andere Stimme in mir. Die Romantikerin, nehme ich an. Sie aber schickte ich für lange Zeit in die Wüste. Erst Michails Augen holten sie wieder zurück.

Zwei Wochen lang guckten Michail und ich uns nur an. Wäre es nach mir gegangen, hätten wir endlos so weitergemacht. In meiner Phantasiewelt gab es Liebe ohne Risiko.

Eines Tages jedoch schritt Michail zur Tat. Statt nach Hause zu gehen, blieb er nach Unterrichtsschluss im Klassenraum. Ich war die Einzige, die davon ein wenig überrascht war. Vielsagend und wohlwollend in unsere Richtung blickend, beeilten sich die anderen Schüler zu gehen. Der Rest geschah wie im Traum. Wortlos packte Michail meine Hand und steuerte den nächstgelegenen Park an. Wortlos folgte ich. Eine tiefe und feste Entschlossenheit ging von ihm aus, als sei das, was wir taten, das einzig Denkbare. Ich fügte mich, als hätte ich keine andere Wahl.

Im Park angekommen, küsste mich Michail.

Die Zeit blieb stehen. Die Welt löste sich auf. Ein Sonnenstrahl streifte meine Lider. Ein Entenpaar watschelte gackernd vorbei und plumpste in den Teich. Ich hatte keine Wünsche und keine Hoffnungen, keine Vergangenheit und keine Zukunft.

Zu Hause machte ich Abendbrot: Salat und gebratenen Fisch. Derweil weinte ich ein bisschen. Meine kleine Tochter saß am Küchentisch und weinte mit.

»Es riecht gut«, rief mein Mann vom Wohnzimmersofa aus. Seine Stimme war voller Unschuld. In ihr klang der Alltag. Unser Alltag, den wir bis jetzt hatten und den wir nicht mehr haben würden. Von nun an sollte es ein Doppelleben geben. Ein Leben voller Glück, Schuld und Lügen.

In dieser Nacht kehrte mein Mann in unser Ehebett zurück. Statt wie gewohnt auf der Couch vor dem Fernseher einzuschlafen, kam er ins Schlafzimmer und trug die schlafende Sophie in ihr Bettchen. Dann hob er mein Nachthemd an und drang in mich ein. Seit Monaten unser erster Sex: brutal und besitzergreifend. Ich sollte wieder wissen, wo mein Platz ist. Den Platz nahm ich nicht an. Ich schrie und wand mich. Ein Orgasmus entfaltete sich, unerwartet, unerwünscht und gewaltig. Keuchend ließ Sergej von mir ab und kehrte mir den Rücken.

Ich dachte an Michail. Welchen der beiden Männer hatte ich gerade verraten?

Ohne sich umzudrehen, ergriff Sergej meine Hand: »Willst du mit mir neu anfangen?«

Ich schwieg.

»Willst du mit mir neu anfangen?«, ließ Sergej nicht locker. Mein Mann glaubte, er habe Anspruch auf eine Antwort. Mein Mann glaubte immer, er habe Anspruch auf irgendetwas. »Ich weiß es nicht«, sagte ich wahrheitsgetreu. Sergejs Frage rührte mich, und das wiederum machte mich wütend. Ich wollte nicht gerührt sein. Nicht jetzt, und nicht von meinem Mann.

In meiner Phantasie war die Liebe ein Idealzustand. Den Mann meiner Träume liebte ich leidenschaftlich und zärtlich, harmonisch und verständnisvoll. Keine Konflikte, keine Enttäuschungen, auch kein körperlicher Hunger nach sexueller Befriedigung. Das heißt, ich malte mir natürlich aus, dass ich mit dem Mann meiner Träume schlief. Es war aber kein körperlicher Akt. Es war eine seelische Transaktion, ein Geben und Nehmen von Liebe, ein Tauchen ins Sonnenlicht.

Mit Michail wurden meine Träume für kurze Zeit wahr. Wir trafen uns jeden Tag im Park. Wir sprachen nicht miteinander. Keine Konflikte und keine Enttäuschungen. Wir küssten uns nur. Ich erlebte die Liebe meiner Phantasien, einen Idealzustand. In der Dunkelheit der Nacht erlebte ich etwas anderes. Ich erlebte Gewalt, den Willen, zu beherrschen, den Kampf der Geschlechter, den Triumph fleischlicher Gelüste. Ich erlebte bisher unbekannten körperlichen Hunger und seine Befriedigung. Danach lag ich wach und hatte Schuldgefühle. Gedankenfetzen, winzige, spitze Glassplitter flogen durch meinen Kopf, drangen in mein Inneres, stachen, blieben stecken und schmerzten.

»Du bist ein Stück Dreck. Du hast einen Mann, der für dich und dein Kind sorgt, und du betrügst ihn. Du bist eine billige Nutte.«

»Du bist eine Verräterin. An dir selbst und an der Liebe. Du liebst Michail und schläfst mit deinem Mann. Und es macht dir auch noch Spaß. Zum Kotzen.«

»Du bist eine Rabenmutter. Eine unreife Egoistin. Du machst deine Ehe kaputt und nimmst deinem Kind den Vater. Warum tust du das? Wegen des bisschen Glücks? Wer bist du überhaupt, dass du Glück beanspruchst?«

Ich fühlte mich ohnmächtig wie ein Kind. Ich zitterte vor Angst: Angst vor der Zukunft, Angst vor einer Entscheidung, Angst davor, etwas zu verlieren: entweder meine Familie oder meine Chance auf Liebe und Glück. Ich wollte beides. War beides zu viel verlangt?

Bei Tageslicht spielten die Nächte mit meinem Mann keine Rolle. Wir lebten wie vorher: Wir kommunizierten nicht oder wir stritten – über Politik, über die Übergriffigkeiten seiner Eltern, über meine zahlreichen Macken, an denen sich nichts änderte.

Trost fand ich bei unserer kleinen Tochter. Sophie war bereits drei Jahre alt, dennoch hatten wir beide noch nicht begriffen, dass sie geboren, sprich von mir körperlich getrennt war. Immer wieder versuchten wir, den paradiesischen Zustand im Mutterbauch wieder herzustellen – ein Zustand, in dem ich erfüllt und sie geschützt war. Abends badeten wir stundenlang in Melissenöl, dann schlief sie in unserem Ehebett ein. Tagsüber hing Sophie an meinem Rockzipfel. Oft bekam ich stürmische Anwandlungen von Mutterliebe: Ich packte das Kind, wirbelte es hoch, küsste die himmlischen Wangen und erstickte es fast in meinen Armen. Das Kind lachte und weinte, denn eine solche Mutterliebe macht selig und schmerzt. Dann holte ich Eis aus der Tiefkühltruhe. Eis liebte das Kind über alles. An verregneten Sonntagnachmittagen suchten wir eine Eisdiele auf. Sergej kam mit, beäugte erstaunt und etwas traurig die undurchdringliche Mutter-Tochter-Kugel, kam sich überflüssig vor, träumte womöglich von einer anderen Frau, die er besser verstand, schlürfte heiße Schokolade mit doppelter Portion Sahne und schwieg.

Baltschik, achtziger Jahre

Am Nachmittag trafen Sergej und seine Familie in Baltschik ein.

Die Eltern hatten ihre Fremde-Leute-Gesichter aufgesetzt, Sergej seine Sonnenbrille. So blieb es im Dunkeln, welches Gesicht er gerade trug. Um seinen Mund jedoch hatte sich die Säure niedergelassen, die ich von Mutter kannte, wenn sie etwas tat, was ihr gegen den Strich ging. Sergejs Schwester befand sich in ihrem Normalzustand: nicht ganz frisch riechend, an ihrer Unterlippe kauend, mürrisch dreinblickend. Wir ließen uns auf die Terrasse nieder. Vor uns plätscherte das Meer. Mein Blick streifte die Bucht – ein Versuch, der befangenen Stimmung zu entfliehen, die Fremde-Leute-Gesichter in der Regel mit sich bringen. Es war Anfang September. Die Sonne schüttete ihr Silber aufs Wasser. Ein noch sommerliches, üppiges, verschwenderisches Silber, ein grünes, einladendes Wasser. Dennoch lag ein hauchdünner Schmerz überall. Der Sommer schickte sich an, Abschied zu nehmen. Er hatte den Glanz der flimmernden Luft getrübt, um die Schultern der Kalksteinhügel einen Grauschleier gelegt, auf den betagten Steinleib der Mole den Staub der Melancholie gestreut. Die Schönheit von Baltschik ist keine heitere. Die Schönheit von Baltschik ist weise und irgendwie dramatisch. Die Schönheit von Baltschik bricht einem das Herz. Der Leuchtturm am Ende der Mole blinkte. Man hatte vergessen, ihn auszuschalten.

Oma Denka zupfte an meinem Rock. Es war höchste Zeit, mein Fremde-Leute-Gesicht wieder aufzusetzen. Dem Meer zeige ich immer mein wahres Gesicht. Das Meer duldet keine Lügen.

Oma bot türkischen Mokka an.

»Meine Kinder mögen keinen Mokka«, verkündete Sergejs Mutter.

»Was mögt ihr dann?«, sprach Oma zu den Kindern.

»Kakaomilch«, antwortete wieder ihre Mutter. »Von klein auf schlürfen sie immer nur süße Kakaomilch. Aber bitte nicht zu heiß!«

Oma marschierte gen Küche.

Ich guckte zu Sergej, dessen Herz ich erobern wollte. Er strich über seine angehende Glatze, rückte mit undurchdringlicher Miene seine Ray-Ban-Brille zurecht, guckte in Richtung Küche und wartete auf die von seiner Mutter bestellte lauwarme Kakaomilch. Die Nadel der ersten Enttäuschung stach in mein Herz: lauwarmen Kakao schlürfende Helden gab es in meiner Phantasiewelt nicht. Als würde er meine Gedanken lesen, meldete sich Sergej selbst zu Wort. An diesem Nachmittag zum ersten Mal.

»Ihr Ärzte bekommt ja oft Geschenke von euren Patienten«, wandte er sich an meine Mutter. »Von manchen womöglich Nescafé aus dem Westen. Wenn du bereit bist, ein wenig davon zu opfern, würde ich statt Kakao Nescafé in meine Milch tun.«

Die zweite Nadel der Enttäuschung stach zu. Sergejs ungehobeltes »Du« meiner Mutter gegenüber missfiel mir.

Mutter errötete, sprang auf, um den Nescafé zu holen. Oma Denka brachte die nun kakaolose lauwarme Milch. Beim Anblick des Kaffees löste sich Sergejs Schwester von ihrer mürrischen Starre. Lebhaft schüttete sie einen Löffel Kaffeepulver in ihre Tasse, fügte Zucker und eine winzige Menge Wasser hinzu, guckte dann zu ihrem Bruder, wartete andächtig, bis Kaffeepulver, Zucker und

Wasser auch in seiner Tasse gelandet waren, um dann ein altes, gut eingespieltes Ritual in Gang zu setzten: Die beiden ergriffen ihre Löffel und fingen an, in ihren Tassen zu rühren – synchron, rhythmisch und lautstark. Alle anderen verstummten und beobachteten die Geschwister, die wie besessen ihre Tassen traktierten.

Die Enttäuschung schien nun nicht allein in mein Herz zu stechen. Selbst Oma Denka, die sich von diesem Nachmittag eine durchaus erfreuliche Schicksalswendung versprach, missfiel der Vorgang offensichtlich.

»Wollt ihr den Kaffee zu Butter schlagen?«, gab sie säuerlich von sich.

Die Löffel klackerten unbeirrt weiter.

»Nicht zu Butter«, meldete sich die Mutter heiter zu Wort. »Sie wollen den Nescafé zu Schaum schlagen. Das machen meine Kinder immer so.«

An jenem Nachmittag machten es ihre Kinder noch eine Weile so. Noch eine Weile blieben wir anderen stumm und lauschten dem rhythmischen Klappern der Löffel, in dessen Hintergrund Schostakowitsch mit Vaters Schnarchen rang. Als die Flüssigkeit in den Tassen zu einem dicken, hellbraunen Schaum aufgeschlagen war, hörten die beiden endlich auf und schüttelten zufrieden ihre erschöpften Handgelenke.

Sein Fremde-Leute-Gesicht hatte Sergej samt Sonnenbrille abgelegt. In seinem erhitzten Antlitz spiegelten sich die Innigkeit, der Wetteifer und die Verspieltheit einer kindlichen Geschwisterbeziehung. Liebend gern hätte er diesen Nachmittag am Strand verbracht, an triefenden Eiskugeln geleckt und seine Schwester mit kalten Wasserspritzern geärgert, so sah es aus. Stattdessen saß er auf unserer Terrasse und sein Herz wusste nicht so recht, warum. Umso mehr wusste es das Herz seiner Mutter.

Während wir Oma Denkas Kuchen aßen, schilderte sie detailgetreu, welches Prachtstück von einem Sohn sie der Welt geschenkt hatte. Er konnte nicht nur lösliches Kaffeepulver in eine einwandfreie Schaumschicht verwandeln und diverse Prüfungen im Fach Informatik und in deutscher Sprache mit Bravour bestehen. Nein. Er konnte weitaus mehr. Er war zum Beispiel in der Lage, wenn Not am Mann, sprich unerwartete Gäste im Anmarsch waren, eine anständige Crème Caramel zuzubereiten oder aber auch bei Bedarf mehrere Stunden im Innenhof Teppiche zu klopfen. Außerdem verfügte er über einen Führerschein der Klasse B und hatte in diesem Sommer als Barkeeper so viel Geld verdient, dass er seinen Eltern eine neue Couchgarnitur schenken konnte. Dunkelblau mit weißen Streifen. Die weißen Streifen standen für Frische, eröffnete uns seine Mutter, der dunkelblaue Hintergrund war praktisch bei Schmutz.

Wir schwiegen betreten. Ich vermied es tunlichst darüber nachzudenken, wie ich diese Geschichten fand, in deren Mitte Sergej leuchtete, als eine seltene und äußerst kostbare Kreuzung aus moralisch einwandfreiem Helden und praktisch veranlagtem Pfiffikus. Solche seltsamen, wenn auch lebenstüchtigen Mischungen gab es in meiner Phantasiewelt ebenfalls nicht.

Erschöpft, enttäuscht und förmlich lächelnd gaben wir uns irgendwann die Hand und gingen getrennte Wege. Für immer, dachte ich an jenem Abend, als ich die Decke über meinen Kopf zog und mich dem Frust hingab, der die Entthronung eines Helden üblicherweise begleitete. »Andere Mütter haben auch hübsche Söhne«, sagte Oma

Denka und versuchte, mir einen Gute-Nacht-Kuss auf die Wange zu drücken.

»Lass mich in Ruhe«, brummte ich und versank noch tiefer unter die Decke. Dort zusammengerollt, mich selbst umschlingend, Wunden leckend und Kräfte sammelnd, dort im Dunkeln, im Warmen und sehr bei mir selbst, erkannte ich, dass es doch ein bisschen tröstlich war, eine mürrische Großmutter zu haben, die lauter überflüssige Sprüche auf Lager hatte, jedoch untrüglich wusste, wann es an der Zeit war, einen eben nicht in Ruhe zu lassen.

Die hübschen Söhne anderer Mütter wollte mir das Schicksal erstmal vorenthalten. Am nächsten Tag rief Sergej an und fragte, ob ich mit ihm zu Abend essen wollte.

»Nein«, kam wie aus der Pistole geschossen.

»Warum nicht?«, schoss er zurück.

In seiner Stimme schwang zum ersten Mal so etwas wie Interesse.

»Ich will heute meine Wäsche waschen. Ich fahre in ein paar Tagen wieder nach Sofia.«

»Und eine Waschmaschine habt ihr nicht?«, ließ Sergej nicht locker.

»Meine schönen Sachen wasche ich mit der Hand«, antwortete ich kalt und badete im Triumph meiner Überlegenheit.

»Deine Handwäsche ziehst du also einem Abend mit mir vor«, fasste Sergej zusammen.

»Gestern hatte ich den ganzen Nachmittag mit dir«, giftete ich. »Hast du ihn etwa nicht genossen?«

»Es hat dir also auch nicht gefallen, wie es gestern gelaufen ist«, sagte Sergej. »Waren wohl zu viele Eltern da.«

Es war nicht mein Mist, auf dem die Eltern gewachsen waren, lag mir auf der Zunge, ich verkniff es mir jedoch. Eine Weile schwiegen wir.

»Ich kenne ein sehr gutes Restaurant in Varna«, sagte Sergej dann, und seine Stimme klang so, als hätte er gerade kein Fremde-Leute-Gesicht an. Auch kein kindliches. In diesem Moment sprach Sergej so, wie er wirklich war. »Ich bitte dich, heute Abend mit mir dort zu essen.«

»Vielleicht ein anderes Mal«, sagte ich etwas milder und lauschte dem silbrigen Trompetenklang in meinem Inneren.

»Übermorgen?«, machte Sergej sofort Nägel mit Köpfen. »Oder musst du dann deine Wäsche bügeln?«

»Übermorgen komme ich ungebügelt«, lachte ich.

»Ich bin gespannt«, lachte auch Sergej und legte auf.

An diesem Übermorgen traf meine Mutter Vorbereitungen, um meine Beine zu wachsen: in einer für diesen Zweck speziell angeschafften Kasserolle ließ sie etliche Suppenlöffel Zucker schmelzen, fügte den Saft einer Zitrone hinzu, rührte kräftig, bis sich der Zucker in der Pfanne verflüssigte und Blasen schlug. Dann nahm sie die Pfanne aus dem Feuer und fragte, ob ich bereit sei.

Es lief mir kalt über den Rücken. Zu gut kannte ich die in meiner Familie »orientalisch« genannte Enthaarungsmethode. Meinem Gefühl nach entstammte sie nicht dem Orient, sondern einer mittelalterlichen Folterkammer.

Drei Minuten später, als die klebrige Pampe eine Temperatur erreicht hatte, die zwar Verbrennungen, aber nur solche ersten Grades hinterließ, legte meine Mutter los. Sie steckte ihren Zeigefinger in die Pfanne, schrie kurz auf, sammelte sich jedoch in kürzester Zeit und formte die dicke, glühende Flüssigkeit zu einem Klumpen. Anschließend knetete sie den Klumpen ein paar Mal kräftig durch, stöhnte und pustete, drückte ihn dann auf mein Bein, strich ihn zu einer dünnen großflächigen Schicht, ließ sie kurz antrocknen, ergriff dann ein Zipfelchen davon, sagte »Achtung« und zog ruckartig.

Ich brüllte.

Zwischen Mutters Daumen und Zeigefinger hing nun ein Lappen, an dem einzelne Haarstoppeln klebten, den ersten Keimen eines frischgesäten Rasens ähnlich. Mutter schwenkte mir das keimende Stück Rasen vor die Nase. »Guck«, triumphierte sie. »Alle Haarwurzeln sind raus. Nun wachsen die Haare viel langsamer. Das ist der Trick dabei. In den nächsten Wochen hast du dann deine Ruhe.«

»Die nächsten Wochen muss ich erstmal überleben«, winselte ich.

»Du weißt doch, nur der Anfang tut weh«, log Mutter beschwichtigend, knetete den Lappen durch und wiederholte schnell und entschlossen den Vorgang.

Derweil tauchte Oma Denka auf, die sich das Bein-Enthaarungsspektakel nicht entgehen lassen wollte.

»Wer schön sein will, muss leiden«, gab sie von sich, ohne jegliches Mitgefühl, viel mehr mit jener Sorte Genugtuung, die das weibliche Älterwerden auf dem Balkan ab einem gewissen Moment begleitet: Man schließt Frieden mit dem Doppelkinn und den Dellen an den Oberarmen. Man guckt sich die jüngeren Frauen an und genießt die Erinnerung vergangener Qualen, die zusammen mit der ganzen Schönheit längst passé sind. »Gott sei Dank«, sagte in jenem Augenblick das Gesicht meiner Großmutter.

»Frausein bedeutet eben Schmerz«, fügte sie hämisch hinzu.

»Geh zum Teufel mit deinen Sprüchen«, fluchte ich.

»Na, na.« Sie tätschelte meine Wange. »Wehleidig soll eine Frau nicht sein. Wer soll denn deine Kinder gebären? Etwa die Nachbarin?«

»Ich will keine Frau sein und Kinder will ich auch nicht«, schrie ich.

»Aber glatte Beine heute Abend willst du schon, oder?«, fragte Mutter.

Das Einzige, was ich in diesem Moment wollte, war eine Vollnarkose, aber solche vergeblichen Wünsche zu äußern kostete zu viel Energie. Also hielt ich den Mund, biss ich die Zähne zusammen und harrte aus.

»Wie frauenfeindlich!«, entrüsteten sich etliche Jahre später einige deutsche Freundinnen, denen ich diese Enthaarungsmethode detailgetreu schilderte. Einerseits waren diese Freundinnen von Kopf bis zu den Zehenspitzen blond, andererseits hatten sie jene beneidenswerte Stufe des weiblichen Selbstbewusstseins erreicht, auf der es ihnen vergönnt war, die gesamte, wenn auch blonde, Haarpracht ihrer Beine ohne Scham zur Schau zu stellen. So selbstbewusst werde ich niemals sein, also harre ich bis heute aus. Statt meiner bulgarischen Mutter hilft mir heute ein Epiliergerät, das sämtliche Haarwurzeln mit deutscher Gründlichkeit ausmerzt. Die Schmerzen dabei sind verschwindend gering.

Komplett verschwunden allerdings ist die brisante Widersprüchlichkeit dieses Rituals, der zweite Teil der

Enthaarungsgeschichte nämlich, den ich meinen deutschen Freundinnen in der Regel vorenthielt.

Nach ungefähr einer halben Stunde war meine Mutter fertig. Einträchtig saßen wir danach auf der Terrasse, tranken Kaffee und aßen Baklava, die vor Zuckersirup triefte.

Mutter und Oma Denka strichen hin und wieder über meine Beine, die zwar taub vor Schmerz, aber noch zarter waren als mein mit Joghurt gepeeltes Gesicht, schnalzten mit der Zunge, sagten Maschallah, schöne Beine, hübsches Mädchen, zogen dann abwechselnd an ihren Ohrläppchen, streuten mit einem koketten »Pfu« winzige Tröpfchen Spucke in die Welt und klopften ein paar Mal auf den Holztisch. Lauter Ablenkungsmanöver, die dem Teufel galten. Der Gehörnte sollte nicht neidisch werden. Auf unser Glück in jenem Augenblick.

Da saßen wir drei: Großmutter, Mutter und Enkelin. In die Sonne blinzelnd, den duftenden Mokka in kleinen Schlucken schlürfend, die himmlisch süße Baklava verschlingend, schmatzend, seufzend, tief in uns spürend: Wir sind weiblich, wir sind ähnlich, wir sind verbunden. Und nicht nur wir drei. Wir waren Zweige eines ganzen weiblichen Dickichts, in dem Mütter und Urgroßmütter, Tanten und Großtanten, Töchter, Schwestern, Nichten und Cousinen miteinander verflochten waren. Im Glück wie im Unglück. Und sogar im Schmerz, den wir meinten, uns gegenseitig zufügen zu müssen. Weiblich und verbunden.

Welch eine Bürde, welch ein Glück.

Ich begann als Dolmetscherin zu arbeiten. Nach dem Fall der Berliner Mauer strömten viele meiner Landsleute nach Deutschland und beantragten Asyl. Die deutschen Richter lehnten ihre Anträge ab. Mehrere Male im Monat fuhr ich zu den Gerichten nah gelegener Orte, um zu dolmetschen. Michail kam öfters mit.

Während ich in den Verhandlungen war, saß er auf einer Bank und rauchte. Verstört kam ich hinaus und warf mich in seine Arme. »Deutsche Richter sind Faschisten. Du kannst dir nicht vorstellen, wie demütigend eine solche Verhandlung ist.«

Michail küsste meine Augenlider. »Worum ging es?«

Ich genoss die Berührung seiner Lippen.

»Zwei bulgarische Roma hatten Asyl in Deutschland beantragt. Der Richter hat sie wie den letzten Dreck behandelt.«

Michail presste mich fester an sich.

»Zigeuner *sind* der letzte Dreck«, kam wie aus der Pistole geschossen. »Sie verdienen kein Asyl. Außerdem möchte ich mit dir schlafen.«

»Das ist nicht dein Ernst.« Ich versuchte mich aus seiner Umarmung zu lösen.

»Was ist nicht mein Ernst?« Er zog mich wieder an sich und ließ seine Zunge zwischen meine Lippen gleiten. »Ich will überall in dir sein.«

»Ja«, sagte ich und vergaß die Roma.

»So kann es nicht weitergehen«, verkündete ich eines Tages. »Das Doppelleben halte ich nicht länger aus. Ich kann nicht ständig in Lügen leben.«

Michail streichelte meine Haare. »Trenn dich von deinem Mann und heirate mich.«

»Ich habe Angst. Angst, dass unsere Liebe den Alltag nicht überlebt, all das Trennende zwischen uns.«

»Meine schon«, sagte Michail.

Ich schmiegte mich an ihn. Ich wünschte, ich könnte so sicher sein wie er.

Am Abend besuchte ich Michail zum ersten Mal bei ihm zu Hause. Im winzigen Wohnzimmer seiner Eltern erhob sich eine gewaltige Schrankwand, in deren Vitrinen Tiere aus Kristall und vergoldetem Porzellan funkelten. Eine Brautpuppe in Menschengröße thronte auf der geriffelten, rosafarbenen Couch. Ich verlor den Boden unter den Füßen. Meine Phantasien prallten auf eine äußerst befremdliche Realität. Michail spürte meine Verwirrung und bot mir den Halt seiner Hände. Ich schloss die Augen und machte sie in jener Nacht nicht mehr auf. In jener Nacht wurde ich schwanger.

»Lass uns heiraten«, sagte Michail eines Tages. Wir saßen in einer Dorfkneipe und aßen Bratkartoffeln. Ich sah ihn an. Der Blick auf meinen russischen Liebhaber hatte sich in letzter Zeit erweitert. Ich versank nicht mehr nur in seine Augen, sondern sah einiges mehr. Die Art, wie er aß, zum Beispiel. Er beugte sich tief über seinen Teller. Die Gabel hielt er in seiner Faust. Diese derbe Geste befremdete mich. Er spürte es sofort und senkte den Kopf noch tiefer.

»Du bist wohl eine, die Michail Gorbatschow mag, nicht?«, sagte er dann aus heiterem Himmel. Sein Deutsch wurde immer besser.

»Ja«, antwortete ich angriffslustig. »Gorbatschow ist mein Lieblingspolitiker. Deiner etwa nicht?«

»Ich finde, man sollte ihn lynchen. Er hat Armut und Chaos über unser Land gebracht. Seinetwegen mussten wir Russland verlassen.«

»Wolltest du deine Heimat etwa nicht verlassen?«, versuchte ich meiner Befremdung die Stirn zu bieten.

»Nein«, antwortete Michail. »Meine Eltern hatten deutsche Vorfahren und fühlten sich in Russland fremd. Ich aber fühle mich durch und durch russisch. Ich trinke viel Wodka und halte die Gabel so, wie du es nicht ausstehen kannst.«

Ich verging vor Scham.

»Wie du die Gabel hältst, ist mir völlig egal«, log ich und glaubte mir selbst. »Und deine politischen Ansichten auch.«

»Lass uns heiraten. Ich werde gut für dich und deine Tochter sorgen«, versicherte Michail mit dem Mund voller Bratkartoffeln.

5
Die Abtreibung

Bremen, 1994

»Du bist also in der zehnten Woche schwanger und hast
es nicht gemerkt?« Meine Mutter guckte mich eindringlich an. Wir verließen die Praxis meiner Frauenärztin
und steuerten das gegenüberliegende Café an.

»Meine Tage sind erst in diesem Monat ausgeblieben«,
stammelte ich. »Vorher habe ich sie gehabt. So etwas soll
es geben.«

»So etwas soll es geben?«, entrüstete sich Mutter. »Das
Kind unter ihrem Herzen spürt eine Frau doch.«

»Das Kind unter ihrem Herzen«, äffte ich sie nach.

»Gleich fängst du an, in Versen zu sprechen. Das blöde
balkanische Pathos geht mir auf die Nerven. Es ist noch
kein Kind und schon gar nicht unter meinem Herzen. Es
sind bloß ein paar Zellen in meiner Gebärmutter.«

»Und wer hat diese ... *Zellen* dahin befördert?«, fragte
Mutter spitz.

»Was für eine Frage«, rief ich mit gespielter Empörung.
»Mein Mann, natürlich.«

»Erzähl mir keine Ammenmärchen«, erwiderte Mutter kühl. »Die sogenannten *Zellen* in deiner Gebärmutter stammen nicht von deinem Mann. Das weißt du
genauso gut wie ich.«

»Und woher willst du es so genau wissen?«, wollte ich in
Richtung meiner Mutter schmettern, ließ es aber, denn
sie hatte Recht. Das kleine Wesen in mir stammte tatsächlich nicht von Sergej. Ich hatte zwar eine Zeitlang
mit ihm und Michail geschlafen, mein Mann jedoch

hatte mich dabei geschützt – in der Art, die er von seinem Vater kannte: Coitus interruptus. Egal wie wutentbrannt oder lustvoll Sergej war, er verlor nie die Kontrolle über das Geschehen. Kurz vor seinem Höhepunkt verließ er meinen Schoß und spritzte seinen Samen in ein Stofftaschentuch, das er zu diesem Zweck in der Tasche seines Schlafanzuges parat hielt. Den Anweisungen seines Vaters folgend, kaufte sich Sergej ausschließlich Schlafanzüge mit Taschen. In jeder linken davon steckte ein Stofftaschentuch, auf das seine Großmutter mit Goldfaden den Familiennamen gestickt hatte. Dass Sergej seinen Samen auf seinem goldgestickten Familiennamen hinterließ, fand ich anfangs zwar seltsam, gewöhnte mich aber daran. Denn die Sache war auch bequem: Ich musste mich um nichts kümmern, überließ mich meinem Mann und lernte schnell, dem Coitus interruptus zuvorzukommen. Noch bevor sich der vergeudete Samen auf den goldgestickten Familiennamen ergoss, kam ich zügig und abrupt zum Höhepunkt.

»Wer ist der Vater deines Kindes?«

Mutters Stimme stach in die Stille.

»Ein Russe«, hauchte ich.

»Ein Russe«, stöhnte sie. »Typisch meine verschrobene Tochter. Sie kommt nach Deutschland und lässt sich ausgerechnet von einem Russen schwängern.«

»Würde ein Deutscher die Sache einfacher machen?«, erkundigte ich mich.

»Ein Deutscher wäre irgendwie normaler. Aber was rede ich da. Was ist an dir schon normal? Wo hast du hier in Deutschland überhaupt einen Russen aufgetrieben?«

An Mutters Vorstellung, dass in Deutschland ausschließlich Deutsche lebten, wollte ich nicht ausgerechnet in diesem Moment rütteln.

»Er war einer meiner erwachsenen Schüler.«

»Wie in der Pubertät«, posaunte Mutter. »Wenn man hauptsächlich aus hormonellen Gründen zur Schule geht. Ich dachte, dieser Phase bist du entwachsen.«

Ich schwieg.

»Liebst du ihn denn?«, fragte sie leise.

Ich schwieg.

Meine Gefühle für Michail hatten sich in letzter Zeit verändert. Ich sehnte mich nicht mehr nach ihm. In meinem Bauch flatterte es nicht, wenn ich seine Stimme hörte. Von Heiraten sprachen wir nicht mehr. Ich wurde immer ungeduldiger und grausamer, er – immer schweigsamer und bedrückter.

»Nur primitive Menschen bewundern Stalin«, sagte ich zum Beispiel, ohne mit der Wimper zu zucken. »Eine Gabel hält man in der linken Hand, möglichst nicht in einer Faust. Es wäre außerdem besser, wenn das Essen zum Mund kommt und nicht umgekehrt.«

»Es reicht«, sagte Michail eines Tages, stand auf und ging. Ich sah ihn nie wieder. Die innere Stimme, die mir sagte, dass ich schwanger bin, ignorierte ich.

»Liebst du ihn?«, fragte Mutter aufs Neue.

»Nicht mehr«, sagte ich leise.

»Also hast du ihn geliebt. Und warum liebst du ihn jetzt nicht mehr?«

Ich zuckte die Schultern.

»Gefühle ändern sich halt«, murmelte Mutter dann zu sich selbst. »Auf Gefühle ist kein Verlass. Gefühle sollte man verhüten.«

Wir hüllten uns in Schweigen.

Gefühle verhüten?, dachte ich. Hatte sich meine Mutter versprochen oder hatte sie ein neues Sprachbild geschaffen? Bei genauem Hinsehen traf es zu, weil Mutter ihre Gefühle tatsächlich verhütete. Ihre unschönen Gefühle, versteht sich. So nahm sie zum Beispiel jeden Abend eine halbe Schlaftablette. Nicht weil sie Schlafstörungen hatte, sondern weil sie welche bekommen könnte. Am nächsten Morgen wiederum nahm sie eine Beruhigungstablette. Nicht weil sie unruhig war, sondern weil sie unruhig werden könnte. Für Unruhe und Schlafstörungen biete das Leben schließlich Grund genug, meinte Mutter. Warum solle man sich in eine unerfreuliche Lage bringen, wenn sich schon im Vorfeld etwas dagegen unternehmen ließe. Also unternahm sie etwas: eine halbe Tablette gegen eventuelle Folgen eventueller Gefühle.

»Das Kind muss weg.«

Mutters Stimme klang wie ein Weinglas, das auf einem gefliesten Boden zerschellt.

»Am besten noch, bevor ich wieder heimfahre.«

»Nicht so schnell, Mama. Wo ist dein balkanisches Pathos geblieben? Das Kind unter meinem Herzen und so weiter. Ruckzuck bist du ganz pragmatisch geworden. Vielleicht will ich das Kind ja behalten. Immerhin habe ich den Vater sehr geliebt.«

»Papperlapapp«, schnitt mir Mutter das Wort ab. »Deine großartige Liebe hat nicht mal die zehn Wochen Schwangerschaft überlebt. Und die Folgen davon willst du lebenslänglich behalten? Du wirst todunglücklich und dein Kind auch. Solchen Schwachsinn will ich nicht länger hören. Du treibst schnell ab, dann unterhalten wir uns darüber, was mit deiner Ehe nicht stimmt.«

»Mama«, rief ich. »Was bildest du dir eigentlich ein? Es ist mein Bauch, mein Kind, meine Ehe und mein Leben.«
»Und das alles betrifft mich, denn bin ich deine Mutter. Soll ich etwa tatenlos zusehen, wie meine Tochter eine falsche Entscheidung trifft?«
»Willst du auch falsche Entscheidungen verhüten, Mama?«
»Ich will dich nur schützen, meine Lebenserfahrung weitergeben. Was ist so schlimm daran?«
Ja, dachte ich. Was war so schlimm daran? Mütter, die bulgarischen insbesondere, versuchen doch immer, die Töchter zu schützen, indem sie die eigene Erfahrung weitergeben. Ich aber lehnte Mutters Erfahrung ab. Möglicherweise, weil mir ihre bulgarische Lebenserfahrung hier in Deutschland nicht viel nutzte. Möglicherweise, weil ich meine eigenen Fehler machen wollte. Möglicherweise aber – und diese Möglichkeit jagte mir einen gewaltigen Schrecken ein –, möglicherweise lehnte ich Mutters Erfahrung ab, weil ich meine Mutter ablehnte. Und wenn es so war, was bedeutete es für mich? War ich dann die schlechte Tochter einer schlechten Mutter?
Wir schwiegen.
»Ich selbst habe acht Abtreibungen hinter mir«, hörte ich meine Mutter aus heiterem Himmel sagen.
Die Kaffeetasse, die ich gerade zum Mund führte, fiel, traf die Untertasse, zerschellte und schleuderte ein Feuerwerk aus Scherben und dunklen Spritzern in die Gegend. Eine Kellnerin eilte herbei, blieb aber vor dem Tisch stehen. Sie zögerte, die Spuren des Missgeschicks zu beseitigen, als würde sie fürchten, die Feierlichkeit des Augenblicks zu zerstören. Aber was hatten wir bitte zu feiern? Die Brutalität von acht Abtreibungen etwa?

Oder das rege Sexualleben meiner Eltern, das zum ersten Mal in mein Bewusstsein drang?

»Acht Abtreibungen«, wiederholte ich. »Ist das die Lebenserfahrung, die du mir weitergeben willst?«

Mutter schwieg.

»Abtreibungen waren im kommunistischen Bulgarien gang und gäbe«, sagte sie nach einer Weile. »Sie gehörten zum Leben einer Frau. Wie, wie, wie ... der Gang zum Friseur. Na ja. Fast. Was sollte man als Frau auch tun? Verhütungsmittel gab es keine. Jedenfalls keine brauchbaren. Von den sogenannten Antibabypillen hat man sich die Eingeweide rausgekotzt. Die bulgarischen Kondome ließen sich, wenn überhaupt, nur mit roher Gewalt überstreifen. Und außerdem: Welcher bulgarische Mann benutzt schon ein Kondom? Die Weicheier. Und wer, bitte schön, will ein Weichei sein?«

»Warum erzählst du mir das erst jetzt?«, fragte ich.

»Warum hätte ich es dir früher erzählen sollen? Hättest du dann besser verhütet? «

»Vielleicht hätte ich dann gewusst, in wessen Fußstapfen ich trete.«

»Und was hätte das gebracht? Andere Fußstapfen stehen dir sowieso nicht zur Verfügung.«

Hatte meine Mutter Recht, fragte ich mich entsetzt. Standen mir allein ihre Fußstapfen zur Verfügung? Mutter lebte das balkanische Lebensmodell: nah an den Wurzeln bleiben, bewährte Wege gehen, nichts Neues riskieren, Fehler um jeden Preis vermeiden. Mutters Fußstapfen waren mir zu klein geworden. Ich wollte meine eigenen in die Welt setzen. Deswegen hatte ich meine Heimat verlassen. Jetzt allerdings stellte ich fest, dass ich, ohne es zu merken, doch in ihre Fußstapfen getreten war.

»Ich hätte gern mit dir über Sexualität gesprochen«, warf ich ein. »Ich glaube, das hätte mir geholfen.«

»Sexualität«, winkte Mutter ab. »Was gibt es da groß zu besprechen? Damit muss jeder seine eigenen Erfahrungen machen. Worte helfen dabei nicht. Und außerdem: Als du deine erste Regel bekommen hast, haben wir schon darüber gesprochen.«

An Mutters einzigen Versuch, mich in die Geheimnisse der Weiblichkeit einzuweihen, erinnerte ich mich noch gut.

Baltschik, siebziger Jahre

Wir waren am Strand. Die Augustsonne hatte die Sandkörner zum Glühen gebracht. Ich saß auf dem Sand, spürte aber die Gluthitze nicht, denn mein Hintern war dick gepolstert. Unter meinem Rock trug ich einen geblümten Riesenschlüpfer, dessen Bund weit über meinen Bauchnabel reichte. Allein der Gedanke an das hässliche Stück trieb mir die Röte ins Gesicht. Allerdings erfüllte der Schlüpfer einen wichtigen Zweck: Er hielt die dicke Stoffbinde fest, die zwischen meinen Beinen steckte und deren Innenseite wundscheuerte. Die Stoffbinde hatte Oma Denka genäht, als ich meine erste Regel bekam.

Ein paar stechende Krämpfe hatten meinen Unterleib durchzuckt, gefolgt von einem dünnen Rinnsal rostfarbenen Blutes. Ich stürmte ins Wohnzimmer, wo meine Eltern und Oma Denka Kaffee tranken.

»Guckt mal, ich blute«, posaunte ich, hob meinen Rock

hoch und entblößte stolz die blutbefleckten Beine. Oma Denka sprang auf, packte mich am Arm und zerrte mich ins Bad.

»Bist du von allen guten Geistern verlassen?«, schrie sie. »Wie alt bist du denn? Vor Männern spricht man über solche Sachen nicht. Hast du überhaupt kein Schamgefühl?«

Oma Denka verließ das Badezimmer und kam ein paar Minuten später mit einem riesigen Paket zurück, das mit weißem Seidenpapier umwickelt war.

»Für dich«, verkündete sie und überreichte mir feierlich das Paket. »Extra für diesen Tag vorbereitet.«

Ungeduldig riss ich das Papier auf. Der Karton enthielt einen roten Plastikeimer mit Deckel, eine ebenfalls rote Gießkanne und ein Dutzend kleine, längliche Kissen.

»Stoffbinden«, erläuterte Oma Denka. »Selbstgenäht. Wie es meine Großmutter für mich getan hat, als ich in deinem Alter war. Die Stoffbinden sind viel besser als das Plastikzeug aus der Apotheke.«

»Und warum sind sie besser?«, erkundigte ich mich.

»Die Binden sollen ja das Blut aufnehmen, das aus dir fließt. Der Stoff ist saugfähig und reizt die Haut nicht. Anschließend muss man die Binden auskochen. Das Regelblut ist nämlich schmutziges Blut.«

Um die Wichtigkeit dieser Botschaft hervorzuheben, legte Oma Denka eine Pause ein.

Gespannt wartete ich auf eine Fortsetzung, die mehr über das schmutzige Blut enthüllen würde. Enttäuschenderweise folgten lediglich praktische Hinweise: »Die Stoffbinden sollst du alle drei Stunden wechseln, in den Eimer tun, den Deckel zuklappen und dich anschließend mit der Gießkanne waschen.«

»Was genau soll ich waschen?«, hakte ich vorsichtig nach.
»Na die Stelle, aus der das schmutzige Blut fließt, was sonst?«, sagte Oma verdrossen.
»Welche Stelle genau meinst du?«, bohrte ich weiter.
»Gütiger Himmel«, schrie Oma. »So etwas weißt du nicht? Das soll dir deine Mutter erklären. Sie ist die Ärztin hier.«
Dabei hatte ich keinesfalls die Unwissende gespielt, um meiner Großmutter Wörter wie »Scheide« oder »Möse« zu entlocken. In Wirklichkeit hatte ich mit fünfzehn Jahren nicht den blassesten Schimmer, woher das Regelblut kam. Zwar ahnte ich diffus, dass es eine andere Quelle als die des Urins sein musste, Genaueres aber wusste ich nicht. Woher denn auch? Mit meiner Mutter hatte ich darüber nie gesprochen, eine große Schwester hatte ich nicht und in der Schule war Sexualität kein Thema. Kein Thema im Unterricht. In den Pausen schon, und zwar in der Form schlüpfriger Witze, die sich meine Mitschülerinnen mit geheimnisvollen, wohlwissenden Mienen zuflüsterten. Diese Witze handelten von Penissen, die riesig waren und hart und stets darauf bedacht, in weibliche Scheiden zu flutschen. Die Scheiden wiederum waren stets aufnahmebereit und zu diesem Zweck glitschig. Der Gedanke, dass ich ebenfalls eine stets aufnahmebereite, glitschige Scheide besaß, entsetzte mich zutiefst. Also verzichtete ich tunlichst darauf, mein Wissen über Sexualität zu erweitern. Mein weibliches Geschlechtsorgan ignorierte ich komplett.
Am Tag, nach dem ich meine erste Regel bekam, startete Mutter ein Aufklärungsgespräch. Wir saßen am Strand.
»Du hast also gestern deine erste Menstruation bekom-

men«, fing Mutter gewichtig an. »Das heißt, du bist eine richtige Frau geworden.«

Eine Klammer aus Spannung und Unruhe schloss sich in meinem Inneren. Ich guckte aufs Meer. Eine Brise kräuselte die Wasseroberfläche, die einem ausgebreiteten Seidentuch glich, an dessen Ende jemand gezogen hatte.

»Komm mit«, sagte Mutter. Wir gingen zu den Spuren der Wellen, die den Sand liebkost hatten.

»Schau mal!« Mutter grub ihren Zeigefinger in den feuchten Sand und zeichnete einen schmalen Hammelkopf mit zwei Hörnern, die sich nach unten bogen.

»Das hier ist deine Gebärmutter mit den beiden Eierstöcken.«

»Legen richtige Frauen etwa Eier?«, kicherte ich, um mein Unbehagen zu überspielen.

»Die Eierstöcke produzieren Eizellen«, fuhr Mutter verärgert fort. »Wird eine weibliche Eizelle von einer männlichen Zelle befruchtet, entsteht ein Kind.«

Ich kräuselte die Stirn.

»Produzieren Männer etwa auch Eizellen?«

»Nein«, seufzte Mutter. »Die Männer produzieren andere Zellen, die aber jetzt nicht wichtig sind.«

»Und was, bitte schön, ist jetzt wichtig?«

»Der Fall, in dem die weibliche Eizelle nicht von einer männlichen befruchtet wird. Sie platzt und blutet. So in etwa funktioniert die Menstruation.«

»Aha«, sagte ich. »Darf ich jetzt ein Eis?«

»Du bist ein Kindskopf«, resignierte Mutter und gab mir Geld.

Froh über die entstandene Pause, stapfte ich zum Eisstand und dachte angestrengt nach. Ich suchte nach einer Verbindung zwischen den schlüpfrigen Witzen meiner Mitschülerinnen, dem Hammelkopf meiner Mutter und der Menstruation, die Oma Denka schmutziges Blut genannt hatte. Eine Verbindung zwischen all dem entdeckte ich nicht und kehrte mit drei tropfenden Kugeln Eis zurück.

»Wo genau befindet sich der Hammelkopf?«, fragte ich lauernd und leckte an der Pfefferminzkugel.

Mutter guckte mich streng an.

»Ich meine doch diese, diese Gebärmutter«, fügte ich schnell hinzu.

»In deinem Unterleib.«

»Und wo genau liegt mein Unterleib?«

»Unter deinem Bauchnabel«, seufzte Mutter. »Was lernt ihr eigentlich im Biologieunterricht?«

»Den Körperbau des Karpfens«, sagte ich wahrheitsgetreu.

»Und der hat weder Gebärmutter noch Unterleib.«

»Also gut, jetzt weißt du, dass du als Frau beides hast.«

Hastig schlürfte ich das schmelzende Eis und wartete, dass Mutter auf weitere Attribute meines weiblichen Körpers zu sprechen kam. Auf die glitschige Scheide, zum Beispiel. Mutter jedoch hüllte sich in Schweigen.

»Wie genau gelangt das Blut aus dem Unterleib auf die Binde?«, arbeitete ich mich vorsichtig voran.

»Aus einer bestimmten Öffnung.«

»Und wie heißt diese Öffnung?« Ich hielt den Atem an.

»Vagina«, platzte es aus Mutter heraus.

Ein Stein fiel mir vom Herzen. Ich besaß also keine glitschige Scheide, sondern eine Vagina. Vagina klang feminin, ein bisschen poetisch sogar. Mit einer Vagina könnte man durchaus leben.

Dieses Problem schien erstmal vom Tisch. Ein paar Fragen jedoch blieben noch offen.

»Wie kommen die männlichen Zellen zu den weiblichen?«, fragte ich, nahm mit dem Zeigefinger zwei Tropfen Erdbeereis von meinem Rock ab und leckte sie vom Zeigefinger.

»Diese Frage besprechen wir ein anderes...«, setzte Mutter an, schrie auf und schoss wie von der Tarantel gestochen hoch.

Eine Welle, die deutlich mehr Kraft hatte als ihre sanftmütigen Schwestern, schmiss sich ans Ufer, schäumte auf, putzte den Gebärmutter-Hammelkopf weg, durchnässte meinen Rock, meinen Schlüpfer und Oma Denkas selbstgenähte Stoffbinde. Mutter fluchte, ich nahm eine frische Binde und marschierte in Richtung Strandklo.

Es gibt kaum etwas, was ein öffentliches bulgarisches, sozialistisches Klo an Ekelhaftigkeit übertreffen könnte. Wie alles Öffentliche im Sozialismus, von den Vorgärten der Parteihäuser abgesehen, waren auch die öffentlichen Klos ausschließlich dem Lauf des Schicksals überlassen. Dieses Klo zum Beispiel hatte irgendwann seine Tür eingebüßt. Ersetzt hatte sie natürlich keiner, was dazu führte, dass man den Gestank von weitem roch. An der Schwelle der fehlenden Tür saß eine ältere Roma, mit einer roten Pumphose und einem lila Kopftuch. Sie aß Sonnenblumenkerne und spuckte die Schalen in einem weiten Bogen aus. Bei meinem Anblick grinste sie und entblößte eine Reihe Zähne aus purem Gold. »Willst du?«, fragte sie liebenswürdig und streckte mir eine Handvoll Sonnenblumenkerne entgegen. »Ich verkauf sie ganz billig, weil du es bist.«

Ich schüttelte den Kopf.

»Was willst du dann?«, erkundigte sie sich weiterhin

freundlich. »Soll ich dir schnell aus der Hand lesen? Kostet auch nicht viel.«

»Nein. Ich will nur aufs Klo.«

»Jetzt?«, fragte sie entgeistert.

Ich nickte.

»Groß oder klein?«, wollte sie wissen.

»Klein«, erwiderte ich bescheiden.

»Warum kommst du hierher? Da ist doch das Meer.«

»Im Meer kann ich nicht pinkeln.«

»Ihr Grünschnäbel von heute seid zu verwöhnt«, schnaubte die Roma, schmiss die Sonnenblumenkerne auf den Boden, richtete sich keuchend auf, nahm ihr Tuch vom Kopf und band es an zwei rostige Nägel, die aus dem Rahmen der fehlenden Tür ragten.

»Fertig«, strahlte sie und zeigte stolz auf den selbstgebastelten Türersatz. »So kannst du pissen und keiner guckt zu.«

Das war beruhigend, löste aber nicht alle Probleme. Denn es handelte sich um ein Sitzklo, auf dem ich unmöglich sitzen konnte: Die Klobrille war schmierig und ein Teil davon fehlte. Die spitzen Reste drohten meinen Hintern zu zerkratzen. Darüber hinaus vermutete ich eine ganze Armee männlicher Zellen, die auf der Klobrille lauerten und nur darauf warteten, meine frisch entdeckte Vagina emporzuklettern und meine Eizellen zu befruchten. Die Technik des Pinkelns im Stehen beherrschte ich nicht. Also stand ich unschlüssig da.

Der lila Vorhang ging einen Spalt auf und ließ den Kopf der Roma durch.

»Brauchst du immer so lange zum Pissen?«, fragte sie misstrauisch.

»Es ist zu dreckig hier. Ich kann nicht sitzen.«

»Dann piss doch auf den Boden«, schlug sie sachlich vor. »Ich hole einen Eimer Wasser aus dem Meer und spüle es weg.«

Ich hockte mich auf den Boden, pinkelte, ersetzte die blutige Stoffbinde durch eine frische, stellte fest, dass ich nichts dabeihatte, worin ich die alte einwickeln und mitnehmen könnte, guckte mich dann nach einem Mülleimer um. Ein solcher war nicht in Sicht. Kurzerhand steckte ich die blutige Binde ins Klo, drückte auf die Spülung und rannte zu meiner Mutter.

Ich brannte darauf, zu erfahren, wie die männlichen Zellen in den weiblichen Körper gelangen. Musste man sich dafür etwa auf eine Klobrille setzen?

Doch bevor wir diese Frage klären konnten, tauchte die Alte auf. Mit großen Schritten marschierte sie auf uns zu und schwenkte drohend einen langen Haken. An seiner Spitze baumelte Oma Denkas selbstgenähte Binde.

»Du kleine Schlampe, du«, brüllte sie in meine Richtung. »Erst verstopfst du mir das Klo mit diesem Dreck hier, dann drückst du auch noch auf die Spülung. Das ganze Wasser ist übergelaufen. Überall schwimmt Scheiße. Was soll ich jetzt machen?«

Die Roma blieb vor uns stehen und schwenkte den Haken. Die Binde triefte. Ein Kreis Schaulustiger umschloss uns.

»Das Dreckszeug gehört der kleinen Schlampe da«, klärte die Frau das Publikum auf und richtete die Binde direkt auf mich. »Ihretwegen muss ich in der Scheiße wühlen. Wer bezahlt mir das, bitte schön?«

Meine Mutter sprang auf, holte einen Geldschein heraus und hielt ihn der Frau entgegen. Diese nahm ihn entgegen, setzte dann die Binde auf halbmast und starrte mit offenem Mund auf Mutters Gesicht.

»Doktor Atanassova, sind Sie das?«, brachte sie irgendwann heraus. »Hinter der Sonnenbrille habe ich Sie nicht erkannt. Und das muss wohl das Töchterchen sein. Hätte ich das gewusst, hätte ich die Binde mit bloßen Händen aus dem Klo gefischt.« Dann informierte sie die zahlreichen Gaffer: »Ihr Mann hat mein Enkelkind operiert. Sein Blinddarm war geplatzt. Wäre Doktor Atanassov nicht gewesen, hätte ich kein Enkelkind mehr«, schloss sie feierlich ab und versuchte, den Geldschein wieder in Mutters Hand zu stecken.

Mutter verschränkte die Arme.

Die Frau versuchte es erneut. Dabei rutschte ihr der Haken aus der Hand, schnellte in den Zuschauerhaufen und teilte ihn in zwei. Einige schrien auf, andere klatschten Beifall.

Die Roma hob den Haken auf, rief »Gott segne Sie, Ihre Tochter und Ihre ganze Sippe« in Richtung Mutter und zog samt blutiger Stoffbinde von dannen.

Die Frage, wie die männlichen Zellen in den weiblichen Körper gelangten, blieb erstmal ungeklärt.

Bremen, 1994

»Wie lange überlebt eine männliche Keimzelle im weiblichen Körper?«

Der Mann, der mir gegenübersaß, guckte mich siegessicher an.

»So vierundzwanzig Stunden ...«, gab ich zögerlich von mir.

»Falsch«, triumphierte der Mann. »Eine Woche. Eine ganze Woche lang kann ein Spermium auf eine Eizelle warten, um sie zu befruchten.«

Ich befand mich inmitten einer Pro-familia-Beratung, hierzulande die gesetzliche Voraussetzung für einen Schwangerschaftsabbruch. Ich hatte mich zu einem Abbruch durchgerungen. Das heißt, ich hatte mich durchgerungen, meinem eigenen Wunsch zu folgen, *obwohl* meine Mutter den gleichen Wunsch hatte. Normalerweise pflegte ich das Gegenteil von Mutter zu wünschen. Dieses Mal jedoch wünschten wir beide ausnahmsweise einträchtig eines: das möglichst schnelle Ende der unerwünschten Schwangerschaft. Sergej, der davon ausging, dass er der Vater sei, wünschte dasselbe.

Noch bevor ich den Raum betrat, war ich auf Krawall gebürstet. Die Entscheidung, ob ich ein Kind bekomme oder nicht, hielt ich für mein ureigenes weibliches Recht. Die gesetzliche Pflicht zu einer Beratung empfand ich als grobe Verletzung dieses Rechtes. Und das machte mich rasend, insbesondere, als ich einen Mann an der Tür sah.

»Also«, setzte ich angriffslustig an, »den Grund meines Besuches können Sie mir nicht ausreden. Ich möchte kein weiteres Kind und meine Entscheidung ist felsenfest. Kann ich bitte unterschreiben und gehen?«

»Ja«, gab der Mann zu meiner Verblüffung von sich und holte einen Fragebogen heraus. »Ich habe nicht vor, Ihnen irgendetwas auszureden. Nichtsdestotrotz müssen Sie sich ein paar Fragen gefallen lassen. Das will der Gesetzgeber so.«

»Was geht den Gesetzgeber meine Schwangerschaft an?«,

schoss ich sofort zurück. »Es ist mein Körper, mein Kind und mein Leben!«

»Natürlich«, bestätigte der Mann bereitwillig. »So sehe ich das auch.«

»Sie vollziehen aber etwas anderes«, beharrte ich.

»Weil ich hier arbeite«, erwiderte der Mann. »Und die Arbeit von pro familia umfasst weitaus mehr als diese Beratung. Zumal der Gesetzgeber damit die Stärkung der Frau bezweckt.«

»Das gilt nur für den Fall, dass die Frau einen Kinderwunsch hat und zu einer Abtreibung gedrängt wird«, konterte ich. »Ich habe aber keinen Kinderwunsch. Wo ist hier eine Stärkung vorgesehen?«

Der Mann lachte: »Auf den ersten Blick sieht es aus, als bräuchten Sie keine Stärkung. Wollen wir einen zweiten Blick riskieren oder lieber direkt zur Tat schreiten? Den Schwangerschaftsabbruch könnten wir bei uns durchführen, nebenan.«

»Dann legen Sie los. Ich muss in zwei Stunden meine Tochter vom Kindergarten abholen.«

»Ihnen kann es nicht schnell genug gehen, was?«, fragte der Mann.

»Klar. Ich bin bereits in der zehnten Woche und nehme ständig zu.«

»Wie konnte es passieren, dass Sie die Schwangerschaft erst jetzt bemerkt haben?«

»Das geht Sie nichts an.«

»Stimmt«, räumte der Mann ein, »ein Teil meiner Arbeit ist es jedoch, junge Frauen über Verhütungsmethoden aufzuklären.«

»Ich bin nicht mehr zwölf und über Verhütungsmethoden bestens aufgeklärt«, log ich tapfer. In Wirklichkeit wusste ich diffus, dass es die Pille gab. »In diesem Fall habe ich dummerweise nicht verhütet.«

»Wie verhüten Sie sonst?«

»Sonst verhütet eigentlich mein Ehemann. Durch eine natürliche Methode.«

Der Mann legte die Stirn in Falten. Von natürlichen Verhütungsmethoden schien er nicht viel zu halten.

»Sie meinen doch nicht die Zählerei, oder?«, fragte er.

»Nein«, rief ich voller Inbrunst und fragte mich, welche Zählerei er wohl meinen könnte. »Ich meine einen Samenerguss außerhalb der Vagina.«

Der Mann riss die Augen auf: »Coitus interruptus etwa? Das ist ja mittelalterlich. Und außerdem: Männliche Spermien können dabei trotzdem in die Vagina gelangen.«

»Meinetwegen«, erwiderte ich. »Ich habe mich in puncto Verhütung meinem Mann und dem Schicksal überlassen. Warum auch immer. Trotzdem möchte ich einen Schwangerschaftsabbruch, und zwar schnell.«

»Kriegen wir hin«, sagte der Mann und gab mir einen OP-Termin.

Ich atmete auf. Nein. Ich war kurz davor, ihm um den Hals zu fallen. Für sein bodenständiges, zupackendes und verlässliches »Kriegen wir hin« war ich ihm zutiefst dankbar. Dafür war ich allen Deutschen dankbar. Die Deutschen kriegten es hin. Sie hielten, was sie versprachen, oder sie versprachen nichts. Dafür liebte ich die Deutschen. In ihrer Verlässlichkeit meinte ich, einen Ersatz gefunden zu haben für die emotionale Instabilität meiner Kindheit.

Zu Hause wünschte ich mir eine Henkersmahlzeit: Brathähnchen, schwarze Oliven, Weißbrot, Schafskäse,

Tomaten. Meine Mutter bereitete das Essen zu. Ich lag auf dem Sofa und mampfte. Meine kleine Tochter mampfte mit. Ich hatte eine Mutter, die für mich sorgte. Ich hatte eine Tochter, die ich liebte. Ich hatte einen Mann, der da war. Ich ließ mich fallen.

Bulgarien, Schwarzmeerküste, achtziger Jahre

Sergej erhob die Hand und winkte mit dem Zeigefinger. Der betagte Kellner eilte herbei.
»Die Genossen wünschen?«
»Die Speisekarte«, befahl Sergej.
Der Kellner trabte davon, brachte eine Speisekarte, legte sie vor Sergej hin und strich unterwürfig die zerfledderten Ecken glatt. »Hier haben wir das Speisekärtchen«, sülzte er. »Ein bisschen kaputt ist's. Aber was soll's? Auch Speisekarten altern. So wie wir Menschen.«
»Wir sind zu zweit«, zischte Sergej.
Der Kellner wurde blass um die Nase, rannte wieder und brachte eine zweite zerfledderte Karte. An seiner Stirn perlte Schweiß. Mit einem kurzen Wink schickte ihn Sergej wieder weg.
»Muss dieses Theater sein?«, fragte ich. »Der arme Mann hat Angst vor dir.«
»Würde er seinen Job ordentlich machen, bräuchte er keine Angst zu haben. Bulgarische Kellner sind leider Vollidioten. Auch wenn sie alles, was sie sagen, so läppisch verkleinern, um ihre Blödheit zu kaschieren. Auf ihre Idiotien muss man als Kunde reagieren. Sonst ändert sich nichts in diesem Land.«

Sergej vertiefte sich in die Speisekarte und murmelte leise die einzelnen Gerichte: Schopska Salata, Russka Salata, Salat aus gegrillten Paprikaschoten, Auberginenmousse, überbackener Schafskäse mit Honig und Nüssen, gegrillte Mischplatte, Kalbsbraten mit Ofenkartoffeln.

»Wieso steht kein Fisch auf der Speisekarte?«, wandte er sich wieder an den Kellner, der sprungbereit in unserer Nähe lauerte.

»Fisch haben wir nicht regelmäßig, Genosse! Hängt davon ab, ob uns die Fischer morgens welchen fangen.«

Sergej verdrehte die Augen. »Typisch Bulgarien. Ein Restaurant an der Schwarzmeerküste bietet Fisch nur gelegentlich an.«

»Heute ist aber Fisch da, Genosse«, überschlug sich der Kellner. »Frischer Fisch. Heute Morgen gefangen. Karagöz – Schwarzmeerbrasse. Der Adel unter den Schwarzmeerfischen. Ah, was rede ich da, ich Narr. Ich meinte natürlich die Parteiführung unter den Schwarzmeerfischen. Soll ich den Karagöz geschwind aufs Grillchen schmeißen? Einen für Sie und einen für die reizende Genossin.«

»Dann schmeißen Sie. Aber dalli. Ich habe Hunger und die Genossin auch.«

Zehn Minuten später kam die Parteispitze unter den Schwarzmeerfischen an den Tisch, fachmännisch filetiert und gegrillt in Begleitung von zwei Gläsern Weißwein und zwei Portionen Pommes.

»Die Kartöffelchen und das Weinchen gehen aufs Haus«, sülzte der Kellner weiter, was Sergej nicht im Geringsten daran hinderte, ihn wieder in die Küche zu schicken: Die Pommes sollten gegen heißere, der Weißwein gegen einen kälteren ausgetauscht werden.

»Wird gemacht«, salutierte der Kellner und trabte davon.
Während wir das Fischchen und die neuen, nun glühenden Kartöffelchen verschlangen, schwiegen wir.
»Wie steht es mit der jungen bulgarischen Literatur?«, fragte Sergej und nippte an seinem Wein.
Wegen der Temperatur des Weins hatte er den kahlköpfigen Kellner bereits dreimal in die Küche geschickt. »Bulgaren haben eben keine Weinkultur«, hatte Sergej dann von sich gegeben. Da ich zu der Weinkultur im Allgemeinen und zu der mangelnden bulgarischen im Speziellen nichts Bedeutendes beizutragen hatte, ging Sergej zur jungen bulgarischen Literatur über. Aber auch auf diesem Gebiet hatten meine Landsleute wenig zu bieten.
Ende der achtziger Jahre wurden im sozialistischen Bulgarien gute Bücher entweder nicht geschrieben oder nicht verlegt. Auf dem Markt gab es bis auf wenige Ausnahmen hauptsächlich ideologischen Schrott. Zu den Ausnahmen zählten ein paar begabte Lyriker, deren Bilder und Gefühlsausbrüche von den Parteiwächtern zwar misstrauisch beäugt, aber dann doch durchgelassen wurden. Daneben gab es die Geschichtsflüchtigen, die der Vorliebe meiner Landsleute für Historisches Rechnung trugen und anhand zurückliegender Ereignisse menschliche Dramen auslotenten. Diese Autoren hatten Glück: Im zwölften Jahrhundert ließ sich beim besten Willen kein Kommunist aus der brüderlichen Sowjetunion einbauen, der einem verlorenen bulgarischen Sohn aus der seelischen Patsche half und ihm den einzig richtigen Weg wies, direkt in den rettenden Schoß der Mutter-Partei nämlich. Solange sie also im Mittelalter weilten, konnten die Helden dieser Romane schalten und walten, wie sie wollten, es sei denn, die Bezüge

zur Gegenwart wurden so deutlich, dass sie selbst den sozialistischen Lektoren aufleuchteten. Letzteres jedoch war recht selten der Fall, denn diese überzeugten eher mit ideologischer Treue als mit Scharfsinn.

»Gegenwärtige bulgarische Literatur, also«, setzte ich an, die Kälte von Sergejs Stimme noch in den Knochen, »gegenwärtige bulgarische Literatur gibt es eigentlich nicht. Zumindest keine lesenswerte.«

»Glaube ich nicht«, kam wie aus der Pistole geschossen zurück.

»Doch, doch«, beteuerte ich. »Was man momentan in Bulgarien kaufen kann, ist Schrott. Es sei denn, man interessiert sich für Geschichte. Oder für die Klassiker der Weltliteratur. Sie werden übersetzt und auch nicht zensiert. Bulgaren, die gern lesen, sind im Grunde auf die Werke vergangener Jahrhunderte angewiesen. Oder sie haben Zugang zu Schriften, die verboten sind.«

»Von verbotenen Schriften halte ich nichts«, sagte Sergej. »Bücher, die literarische Qualität haben, werden verlegt. Auch im Sozialismus. Bücher wiederum, die so viel Gesellschaftskritik enthalten, dass sie deswegen verboten werden, sind aus meiner Sicht nicht literarisch, sondern ebenfalls ideologischer Schrott.«

Ich verstummte. Sergejs Talent, für Schwachsinn geschickte Argumente zu finden, begegnete ich zum ersten Mal.

»Was liest du denn gern?«, wechselte ich das Thema.

»Krimis und Science-Fiction«, sagte Sergej. »Eine Bekannte bringt sie mir aus dem Westen mit. Zusammen mit Bananen und der Erkenntnis, dass es unseren sozialistischen Autoren viel besser geht als ihren Kollegen im Westen.«

»Und warum geht es den Autoren im Westen so schlecht?«, erkundigte ich mich.

»Sie müssen zusehen, wie sie ihr Brot verdienen. Sie sind völlig auf sich allein gestellt. Guck dir dagegen unsere Künstler an, mit ihren Stipendien, Gehältern und Künstlerhäusern. Der sozialistische Staat lässt seine Kulturschaffenden nicht am Hungertuch nagen.«

»Was der sozialistische Staat mit seinen Häusern, Gehältern und Stipendien will«, sagte ich verärgert, »ist Künstlern das Maul stopfen. Unter diesen Umständen kann keine Kunst entstehen.«

»Wenn man ständig für den Erhalt seiner Existenz ackert, auch nicht«, konterte Sergej. »Außerdem: Niemand zwingt unsere Schriftsteller, sich mit der Gesellschaft zu beschäftigen. Es gibt genug andere Themen.«

»Aha.«

»Glaub mir, ich weiß, wovon ich spreche«, ereiferte sich Sergej. »Ich kenne einen Schriftsteller in Ost-Berlin. Einen ausgesprochen unvernünftigen Schriftsteller. Er sollte eine Delegation nach Nordkorea begleiten und den brüderlich-sozialistischen Austausch künstlerisch festhalten. Er hätte lauter köstliche Geschichten schreiben können über die Unterschiede im nordkoreanischen und ostdeutschen Alltag – Essen, Kleidung, Alltagsrituale. Seine Geschichten wären erschienen. Die Leser hätten sich amüsiert und auch etwas über eine exotische Kultur erfahren. Was glaubst du aber, hat dieser Schriftsteller stattdessen getan? Er hat sich über das Elend des nordkoreanischen Volkes ausgelassen. Auch über das Desinteresse der Parteiführung am Schicksal der Menschen.«

»Dieser Schriftsteller hat seine Arbeit ernst genommen

und auch den Mut gehabt, ehrlich zu sein«, entgegnete ich.

»Was heißt hier ehrlich«, empörte sich Sergej. »Wären Geschichten über Kulturunterschiede etwa unehrlich gewesen? Gibt es diese Kulturunterschiede nicht?«

»Natürlich gibt es sie«, antwortete ich. »Aber sie sind nur die eine Seite der Realität.«

»Wo steht es, bitte schön, geschrieben, über welche Seite der Realität ein Autor zu schreiben hat? Und wieso ist es unehrlich, wenn er sich für eine bestimmte Seite entscheidet?«

»Himmel«, schrie ich. »Du kannst nicht allen Ernstes hungernden Menschen zusehen und Geschichten über Alltagsrituale schreiben. So etwas ist eine Verdrehung von wichtig und unwichtig und deshalb eine Lüge. Wahre Kunst bildet tiefere Realitäten ab und nicht die Oberfläche.«

»Siehst du?«, triumphierte Sergej. »Eigentlich bist du eine Gegnerin der freien Kunst. In deinem gelobten Westen dürfen Schriftsteller schreiben, was sie wollen. Und keiner wirft ihnen Oberflächlichkeit vor. Oder gar Verdrehung. Unsere Schriftsteller hingegen dürfen das aus deiner Sicht nicht. Sie sind verpflichtet, gesellschaftliche Missstände aufzudecken. Sonst schreiben sie Lügen. Was hat diesem Schriftsteller seine Ehrlichkeit bitte gebracht? Er ist aus der Partei geflogen, keiner hat seine Geschichten gelesen. Dem nordkoreanischen Volk hat er damit auch nicht geholfen.«

Ich schwieg und fasste den Entschluss, Sergej nie wieder zu sehen.

Riesige Strahler waren auf meinen Unterleib gerichtet, der breit geöffnet auf einer Art Präsentierteller lag. Mit weit gespreizten Beinen saß ich also auf einem gynäkologischen Stuhl, der mein Gesäß anhob. Meine Arme und Beine waren gefesselt. In dieser äußerst demütigenden Haltung wartete ich auf die Abtreibung meines Babys.

Tränen strömten über mein Gesicht.

»Na, na«, sagte die Schwester, die mich auf dem Stuhl in dieser Art drapiert hatte. »Wollen Sie sich die Sache doch anders überlegen?«

Ich schüttelte den Kopf.

In meinem Inneren braute sich Unheilvolles zusammen. Dunkle Gewitterwolken verhießen das Ende der Welt. Eine riesige Welle – schwarz und direkt der Hölle entsprungen – rollte heran, bäumte sich auf, öffnete ihren Schlund, sog mich in ihre Untiefen. Hier, in dieser ausgelieferten Stellung, auf den Tod meines ungeborenen Kindes wartend, begriff ich mit Haut und Haaren, dass auch ich sterben werde. Dass mein Leben unweigerlich und unbeirrbar wie ein Strom einem einzigen Punkt entgegenfloss: dem meines Todes.

Ich japste und rang nach Luft.

»Hey«, rief die Schwester und gab mir einen Klaps auf die Wange. »Sind Sie noch da? Gleich kriegen Sie Ihre Betäubung, dann legen wir los.«

Ein kurzer Piks, dann wieder Kälte, Dunkelheit und Angst.

Ein junger Arzt betrat schwungvollen Schrittes den Raum: volles dunkles Haar, gerade Nase, kräftiges Kinn.

»Ich bin Doktor Kiriakos«, informierte er mich und fletschte eine Reihe makelloser Zähne.

Mein Inneres zuckte in unguter Vorahnung. Ärzte sollten weder so jung noch so schön sein, schoss es mir durch den zermarterten Kopf. Beides fördert nicht unbedingt das Vertrauen ihrer Patienten.

»Ich werde den Schwangerschaftsabbruch durchführen«, fügte der Adonis im weißem Kittel hinzu und schritt unverzüglich zur Tat. Er steckte einen dünnen Schlauch in meine Gebärmutter und drückte auf einen Schalter. Der Schlauch heulte auf, ein bestialischer Schmerz raubte mir den Verstand. Es fühlte sich an, als würden mir bei lebendigem Leib die Eingeweide herausgerissen.

»Aufhören!«, brüllte ich und versuchte, vom Stuhl zu springen. Die Fesseln an meinen Gelenken hielten mich auf. Der Schlauch verstummte.

»Wenn Sie so zappeln, kann ich nicht arbeiten«, gab der Arzt von sich.

»Gott sei Dank«, keuchte ich. »Ihr Arbeiten überlebe ich nicht. Was machen Sie da eigentlich?«

»Ich sauge den Fötus von Ihrer Gebärmutter ab.«

»Gibt es denn keine sanfteren Methoden?«, winselte ich.

»Die lokale Betäubung wirkt bei Ihnen offenbar nicht«, gab der Arzt zum Besten. »Sie hätten eine Vollnarkose bekommen sollen. Hat Ihnen das keiner angeboten? Nun ja. Wir müssen weitermachen. In zehn Minuten ist die Nächste dran.«

Er drückte wieder auf den Knopf, der Schlauch erzitterte. Ich ballte die Fäuste zusammen und brüllte los.

»Sie gefühlloses Monster, Sie! Sie Unmensch! Sie Sadist!«

Der Staubsauger heulte weiter.

»Niemals sollen Sie eigene Kinder bekommen«, fluchte

ich. »Austrocknen sollen Sie, von innen verfaulen. Krepieren sollen Sie und niemand soll um Sie weinen!«

Ich spuckte in seine Richtung.

»Fertig«, sagte der Arzt irgendwann. »Sind Sie eigentlich immer so?«

»Immer wie?«, keuchte ich.

»So wehleidig, so aufbrausend, so unbeherrscht, so unzivilisiert. Diese Art kenne ich aus Griechenland. Wenn meine Großmutter wütend war, hat sie mir Geier an den Hals gewünscht, die aus meinen Augen bittere Galle trinken sollten.«

»Nicht schlecht«, gab ich zu. »Liebend gern hätte ich gesehen, wie Geier bittere Galle aus Ihren Augen trinken. Schade, dass die Flüche Ihrer Oma nicht genug Kraft hatten.«

»Der Mann, der Sie geschwängert hat, tut mir leid«, sagte der Arzt und begab sich zur Tür.

»Binden Sie mich sofort los«, schrie ich.

»Bin ich lebensmüde?«, grinste er. »Die Schwester bindet Sie los, wenn ich in Sicherheit bin.«

»Ihr Südländer übertreibt immer so«, sagte die Schwester, während sie mich von den Fesseln befreite. »Was haben Sie eigentlich erwartet? Eine Wellness-Behandlung?«

»Warum erzählt einem keiner, dass es so höllisch wehtut?«, jammerte ich.

»Und wenn wir es Ihnen erzählt hätten, hätten Sie dann auf die Abtreibung verzichtet?«

»Ich hätte auf eine Vollnarkose bestanden.«

»Eine Vollnarkose? So leicht kommen Sie nicht davon. Eine Abtreibung *soll* wehtun. Schließlich töten Sie einen winzigen Menschen. Und außerdem: Wenn der Körper wehtut, tut die Seele weniger weh. Seien Sie froh drum.«

»Froh wäre ich über ein paar Schmerztabletten«, winselte ich.

Die Schwester brachte die Tabletten und schob mich sanft durch die Tür. Ich schleppte mich zu meiner Mutter und Sergej. Auf der Fahrt nach Hause weinte ich.

»Und?«, grinste Boris an der Tür. »Bist du jetzt wieder Jungfrau?«

»Heilige Märtyrerin«, grinste ich unter Tränen zurück.

»Soll ich dir beibringen, wie man ein Kondom benutzt?«, wandte er sich nun an den mürrisch dreinblickenden Sergej. Auch er musste lachen.

Dann tranken wir Rotwein und schütteten einen Schluck auf den Boden – die bulgarische Art, der Toten zu gedenken. Heute vor vierzig Tagen war mein Vater gestorben.

Wir tranken auf meinen toten Vater. Wir tranken auf mein Baby, das gestorben war, bevor es geboren wurde. Wir tranken auf das Leben, das noch vor mir lag und wie das Meer zur frühen Stunde geheimnisvoll und vielversprechend vor sich hin plätscherte.

6
Krisen und Rettungen

Ich stand vor dem Spiegel und betrachtete den Spalt zwischen meinen Beinen oder wie ihn meine Mutter zu nennen pflegte – »das Loch«.

»Guck, du bist nicht dick, du hast ein Loch zwischen den Beinen«, sagte sie immer, wenn ich mich in der Pubertät zu dick fand. In der Pubertät fand ich mich eigentlich immer zu dick, und dieses Lebensgefühl begleitete mich in meine verfrühte Ehe hinein. In jeder freien Minute überprüfte ich mein Aussehen und suchte nach Zeichen sich anschleichender Fettleibigkeit. Zu diesem Zweck zog ich meinen Rock aus und inspizierte das besagte »Loch«: Ich stellte die Füße dicht nebeneinander, machte eine Faust und versuchte sie zwischen meine Beine zu quetschen. Passte die Faust quer hinein, war alles im grünen Bereich. Musste ich sie allerdings längst hineinzwängen, weil sie quer nicht mehr passte, war Alarm angesagt, sprich strenger Verzicht auf Kohlenhydrate, vom Tisch halbsatt aufstehen und ab achtzehn Uhr total hungern. Hatte sich, Gott behüte, der Umfang meiner Schenkel dermaßen vergrößert, dass das »Loch« gänzlich fehlte, bedeutete das nur eins: Ich war auf dem besten Weg, mich in eine zweite Tante Mira zu verwandeln.

Tante Mira, die zweitälteste Schwester von Oma Denka, brachte stolze 180 Kilo auf die Waage und wurde von Oma als Schreckensszenario benutzt, wenn es darum ging, meinen Appetit zu zügeln. Als Kind aß ich nämlich für mein Leben gern. »Du weißt nicht, wann du aufhören sollst!« In Omas Blick flackerte Panik auf. »Dir fehlt das innere Maß. Eines Tages wirst du dick wie Tante Mira.«

Als Kind war mir mein Körperumfang egal. In der Pubertät allerdings, als meine Hüften sich weiblich zu runden begannen, stieg Tante Miras Bild aus den Untiefen meines Unbewussten auf und vergällte mir für Jahrzehnte die Freude am Essen. Ein erbitterter Krieg fing an – ich gegen meine Weiblichkeit. Ich kämpfte gegen die verhassten Rundungen mit Sport und Diäten. Sie wehrten sich, indem sie kein Gramm Fett preisgaben. Mein Bauch hatte im Laufe der Zeit die Waffen gestreckt und wurde so, wie ich ihn haben wollte – hart und flach wie ein Brett. Sobald er jedoch diesen erstrebenswerten Zustand erreicht hatte, interessierte er mich nicht mehr. Ebenso wenig Beachtung schenkte ich meiner wespendünnen Taille. Ich konzentrierte mich ausschließlich auf die Mängel, zu denen ich Hüften und Oberschenkel zählte.

An jenem Tag vor dem Spiegel hatte ich ausreichend Zeit, um das besagte »Loch« genauestens zu inspizieren. Ich fühlte mich nicht sonderlich wohl und starrte in den Spiegel, in der Hoffnung, dort etwas Tröstliches zu entdecken. So etwas wie: das Loch zwischen meinen Beinen habe das Ausmaß einer mehrspurigen Autobahn angenommen. Das Gegenteil war leider der Fall. Die Spuren meiner zehnwöchigen Schwangerschaft waren deutlich zu sehen: der Spalt zwischen meinen Beinen war wesentlich schmaler geworden und wenn es ihn überhaupt gab, dann lag es nicht an der Schlankheit meiner Beine, sondern an der Breite meiner Hüften. Gellende Unzufriedenheit schoss in mir hoch und versengte mein Inneres. Panik, unerbittlich wie eine hungerleidende Raubkatze, peitschte mich voran: Nur unverzügliches, entschiedenes Handeln konnte die Metamorphose in Tante Mira verhindern.

Ich schickte mich an, joggen zu gehen. Es war Anfang Oktober und ungewöhnlich warm. Der Regen der letzten Tage war einer drückenden Schwüle gewichen. Ich hatte versucht, zwei Tage lang auf Zigaretten zu verzichten, was mir einen freier atmenden Brustkorb und einen matschigen Kopf beschert hatte. Die feuchte Wärme draußen machte die Sache keinesfalls besser. Ich schleppte mich in den nächstgelegenen Park, band meine Turnschuhe fester und setzte mich unwillig in Trab. Wangen, Oberschenkel und Hintern erzitterten. Ein weiteres Zeichen meiner Verfettung, dachte ich, spürte aber gleichzeitig die leise Vorahnung eines Triumphs – des Triumphs über die innere Tante Mira, jenes unersättliche, fettsüchtige Wesen in mir, das ich seit meiner Pubertät bekämpfte.

Jede weitere Runde im Park war ein Punkt für mich. Um einen soliden Vorsprung gegen die innere Tante Mira zu erlangen, waren mindestens fünfzehn Runden nötig. Acht Kilometer also. Acht Kilometer, um das Schicksal abzuwenden, dick wie Tante Mira zu werden. Acht Kilometer in Richtung eines selbstbestimmten Lebens, eines selbstbestimmten Gewichts. Zwischen Gewicht und Leben machte ich damals keinen Unterschied.

Ich keuchte und rang nach Luft. Die innere Tante Mira grinste höhnisch. Ich rannte weiter. Salzige Rinnsale liefen meine Stirn hinunter. Ich rieb mir die Augen und sah mich als Mädchen nach Luft ringend hinter meinem Vater herrennen.

Vater joggte jeden Morgen, für bulgarische Verhältnisse damals eine Sensation.

Außer einer Handvoll Berufssportler joggte im sozialistischen Bulgarien sonst niemand. Und schon gar nicht ein Mann im mittleren Alter. Den meisten Altersgenossen meines Vaters erging es wie einer Fliege, die ihrer Gier folgend in ein Honigglas geraten war. Gemächlich trieben sie durch ein süßes, klebriges, von Alkohol vernebeltes Leben. Der Sozialismus schaukelte seine unfreiwilligen Bürger in vermeintlicher Sicherheit und tötete damit jeglichen Antrieb. Von den Anstrengungen des Existenzkampfs befreit, wurden die Menschen unbeweglich und träge. Die wenigen Intellektuellen und Künstler, die nach Selbstverwirklichung strebten, verzweifelten an der ideologischen Enge. Die besonders Mutigen verließen das Land. Die besonders Sensiblen verfielen dem Alkohol.

Die Masse jedoch strebte keine Selbstverwirklichung an und durchlebte keine Krisen. Im sogenannten mittleren Alter angekommen, richteten sich die Menschen in einem ärmlichen, stressfreien Alltag ein und gaben sich ausschließlich oralen Genüssen hin – Rauchen, Essen und Trinken in oberflächlich dahinplätschernder Geselligkeit.

Für dieses Lebensmodell war Vater einerseits zu wach, andererseits zu neurotisch, was sich in einem permanenten Wechsel zwischen Rastlosigkeit und Niedergeschlagenheit äußerte. Unentwegt pendelte er zwischen Phasen der Verzweiflung und solchen guten Mutes. Steckte Vater in einer Phase guten Mutes, strotzte er vor Ener-

gie und arbeitete unermüdlich an der Vervollkommnung seiner Umgebung. Als Erstes knöpfte er sich die
Putzfrauen im Krankenhaus vor, denn niemand sonst
war um die Uhrzeit wach, zu der Vater in Phasen guten
Mutes aus den Federn kam. Lange vor Sonnenaufgang
marschierte er also ins Krankenhaus und trommelte
sämtliche Putzfrauen zusammen, alles alte Roma mit
riesigen Hintern. Er kochte ihnen orientalischen Mokka
nach dem Rezept seiner Mutter, allerdings ohne Zucker,
wie er uns später zu Hause eröffnete. Denn fett genug
waren die Alten ja. Orientalischen Mokka ohne Zucker
ließen sich die Roma nur von meinem Vater gefallen.
Während sie die bittere Flüssigkeit schlürften, arbeitete
Vater unermüdlich an ihrem Charakter. In eindring-
lichen Worten schilderte er zum Beispiel die sagen-
hafte Sauberkeit amerikanischer Krankenhäuser, die
von charakterlich einwandfreien Putzfrauen hergestellt
wurde.

»Fußböden und Türen amerikanischer Krankenhäuser
werden täglich eingeseift«, schwärmte Vater. »Krankenwagen und deren Abstellplätze ebenfalls. Die Putzfrauen
amerikanischer Krankenhäuser tragen Kittel, die weißer sind als die der Ärzte. Ihre Handschuhe wechseln
sie jede volle Stunde, pünktlich zu den Nachrichten.
Diese Gewohnheit dient der Hygiene und der Bildung.
So sind amerikanische Putzfrauen, was das Weltgesche-
hen anbelangt, immer auf dem neuesten Stand.«

Die dicken Roma schnalzten mit der Zunge.

»Euer Leben ist eine Kette aus Chancen«, fuhr Vater
inbrünstig fort. »Ihr braucht sie nur zu ergreifen. Heute
zum Beispiel habt ihr die Chance, eure Identität als
schlampige bulgarische Putzfrauen abzulegen. Ab heute

könnt ihr amerikanische Putzfrauen sein – professionell, flink, leichtfüßig.«

Die Frauen strahlten Vater an. Sie hatten keinen Schimmer, wovon er sprach, waren aber glücklich, dass jemand so Legendäres wie Vater ihnen so viel Beachtung schenkte. Und er strahlte zurück, weil die Roma strahlten, und das ist bekannterweise ansteckend. Vater strahlte aber auch, weil er in jenem Augenblick tatsächlich glaubte, der festgefahrene Charakter eines Menschen – sein eigener inklusive – ließe sich zum Positiven wenden. Die weiterhin strahlenden Frauen bestückte er dann mit den frischgewaschenen Kitteln seiner Kollegen, schärfte ihnen ein, ihre Gummihandschuhe zur vollen Stunde zu wechseln, und entließ sie feierlich in eine hoffnungsfrohe, amerikanische Zukunft.

Dann ging Vater nach Hause und joggte. In Phasen guten Mutes joggte er jeden Morgen, um, nach eigenen Worten, die Sonne in Empfang zu nehmen.

Eines Morgens nahm er mich mit. An meiner Persönlichkeit wollte Vater ebenfalls arbeiten. »Du sitzt viel zu viel zu Hause rum«, nörgelte er. »Das ist ungesund. So leben bulgarische Mädchen, die mit sechzig zu Tonnen werden. Amerikanische Mädchen hingegen sind durch und durch athletisch. Sie treiben täglich Sport und tragen den dafür geeigneten Haarschnitt. Ganz anders als deine Mähne übrigens, die so aussieht, als kämest du gerade aus dem Bett. Die Haare amerikanischer Mädchen hingegen sehen in jeder Lebenslage aus, als kämen sie gerade vom Friseur.«

Woher Vater sein Wissen über amerikanische Mädchen und Krankenhäuser schöpfte, ist mir bis heute ein Rätsel. In den USA ist er nie gewesen und die wenigen amerikanischen Filme, die im bulgarischen Fernsehen liefen, waren sozialkritischer Natur. Unentwegt gipfelten sie in Dramen, an denen der Kapitalismus allein schuld war. Weder die Krankenhäuser noch die Frisuren der Mädchen in diesen Filmen waren sonderlich ansprechend. Vater schien jede Menge Phantasien im Kopf zu haben, Bilder eines perfekten Lebens, denen er, warum auch immer, das Prädikat »amerikanisch« gab. Vermutlich weil »amerikanisch« im sozialistischen Bulgarien für Paradies stand – Lichtjahre weit weg, unerreichbar und deshalb vollkommen.

In meinem Fall stand amerikanisch für sportlich. Vater wünschte sich eine sportliche Tochter, die ich nicht war. Das kränkte mich, und es half nur wenig, dass Oma Denka zum Beispiel mit amerikanischen Mädchen herzlich wenig am Hut hatte.

»Pah, amerikanische Mädchen«, schimpfte sie, wenn ihr Vaters Tiraden zu Ohren kamen. »Bleib mir bloß weg mit deinen amerikanischen Mädchen. Was werden das denn später für Frauen? Groß, dürr und blutlos wie Makrelen. Guck dir dagegen unsere bulgarischen Frauen an. Blühende Rosen! Die bulgarischen Frauen sind die besten in der ganzen Welt. So wie bulgarische Berge und bulgarischer Joghurt.«

Ich hätte natürlich die Chance ergreifen und mich als heranwachsende bulgarische Rose fühlen können. Es gelang mir aber nicht. Oma Denkas selbstgefälliger Patriotismus war mir bereits mit zwölf Jahren zu einfältig, um Vaters amerikanischen Mädchen ein brauchbares Gegengewicht zu bieten. Mutter hielt sich, was amerikanische Mädchen betraf, bedeckt. Sie krittelte nicht an mir herum, widersprach aber auch meinem

Vater nicht, wenn er es tat. Sie schwieg und verbarg nicht nur ihre Meinung, sondern auch die Quellen ihrer eigenen weiblichen Lebensfreude.

Meinen Vater machte das Joggen glücklich. Was meine Mutter glücklich machte, wusste ich nicht. Die süße Muße einer kleinen Pause vielleicht? Der kurze Traum eines Mittagsschlafs? Der Mangel an Leistungsdruck? Die tröstliche Berechtigung der Schwäche?

Woran auch immer meine Mutter Freude hatte, sie behielt es für sich. Aus Mangel an Alternativen blieb ich in der Nähe meines Vaters – meines großartigen, heißgeliebten Vaters, der sich eine Tochter wünschte, die ich nicht war. Ich ging mit ihm joggen und enttäuschte ihn: Ich japste, keuchte und rang nach Luft. Er hielt an seiner gewohnten Strecke und seinem gewohnten Tempo fest. Vater kannte keine Kompromisse – nicht mit sich selbst und nicht mit anderen Menschen. Es sei denn, sie waren krank. In diesem Fall genossen sie seine Aufmerksamkeit, sein Verständnis und sein Mitgefühl. Und niemand konnte so tief verstehen und so großherzig mitfühlen wie Vater. Niemand konnte aber auch so unerbittlich fordern wie er.

»Ich kann nicht mehr«, hechelte ich und setzte mich auf die Erde.

»Schon klar«, sagte Vater. In seiner Stimme klirrte Kälte. »Du bist nicht sportlich. Du hast auch nicht den Willen, es zu ändern. Geh nach Hause und halte mich nicht auf. Ich will weiter.«

Eine Weile blieb ich weinend sitzen, erhob mich, klopfte dann den weißen Staub von meiner Hose und schleppte mich nach Hause.

Meine Mutter begriff sofort, was passiert war, schwieg

aber bedrückt und etwas angesäuert. Vertrackte Situationen hasste sie genauso wie unangenehme Gefühle. Sie verabscheute die Schwierigkeiten, die Vaters widersprüchliche Persönlichkeit mit sich brachte, verschloss sich und ließ mich allein.

Bremen, Oktober 1994

Ein paar Tage später fuhren Boris und Mutter wieder nach Bulgarien. Ich verstauchte mir das Gelenk und konnte nicht joggen. Ein Schleier lähmender Gleichgültigkeit ließ sich auf meine Seele nieder. Dicht und undurchdringlich wie der Nebel an einem Novembermorgen überdeckte er sämtliche Gefühle und versperrte mir den Blick in die Zukunft. Ich empfand keinen Schmerz, keine Freude, keine Hoffnung. Bis auf meine Tochter war mir alles egal. Meine Lebenslust war meinem Vater ins Grab gefolgt, meinem ungeborenen Kind, vielleicht auch Michail auf seinem weiteren Lebensweg, den er nun ohne mich bestritt. Ich war todtraurig, vergoss jedoch keine einzige Träne. Meine Verzweiflung, die nicht fließen durfte, hatte sich zu einem Ball zusammengerollt, der in meiner Brust wuchs und drohte, mich zu ersticken.

Ich gab mich einer dickflüssigen Passivität hin. Und wenn ich etwas tat, dann war es zerstörerisch. Meine Deutschkurse gab ich auf. Ich putzte nicht, kochte nicht, aß nicht, sprach nicht. Stattdessen rauchte ich Kette, trank abends mehrere Gläser Wein. Morgens ließ ich Sergej Sophie in den Kindergarten bringen. Ich blieb im

Bett und starrte auf die Zimmerdecke. Am Nachmittag erhob ich mich lustlos, duschte, zog mich schleppend an, legte etliche Rauchpausen ein und trödelte in den Kindergarten, um Sophie abzuholen. Ihr fröhliches Zwitschern vertrieb für einen kurzen Moment die Gleichgültigkeit und durchflutete mein Inneres mit Liebe.

Wir gingen in den Park und fütterten die Enten. Manchmal zwei Stunden lang. Anschließend suchten wir ein Schnellrestaurant auf. Ich bestellte ein halbes Hähnchen mit Pommes frites. Bis das Essen kam, spielten wir *Mensch ärgere dich nicht.* Spielbrett und Plastikfiguren trug ich, genauso wie das trockene Brot für die Enten, immer in meiner Tasche. Ich ließ Sophie gewinnen, sah ihr gerührt beim Mampfen zu und aß die Reste auf. Dann gingen wir nach Hause.

Obwohl Sergej bereits zu Hause war, herrschte in der Wohnung Finsternis. Licht brannte nur in der Küche. Auch an diesem Punkt hatten mein Mann und ich völlig gegensätzliche Gewohnheiten.

Sobald ich über die Schwelle trat, beleuchtete ich sofort alle Räume. Ein Rest meiner schwindenden Lebenslust vielleicht. Vielleicht aber auch nur ein weiterer Schritt auf meiner ständigen Flucht vor der Angst. Eine Flucht, die ich meistens nach vorne antrat. Mein Mann schien anders zu empfinden und schaltete nur in dem Raum das Licht an, in dem er sich gerade aufhielt. In diesem Fall die Küche.

Er hockte vor der Waschmaschine und holte die Wäsche heraus. Seine weißen Unterhemden hatte er mit einem roten Wollpullover bei sechzig Grad gewaschen. Die Unterhemden waren rosa geworden, der Pullover zwei Größen kleiner. Mein Mann starrte verdrossen auf die missratene Wäscheladung. Bleierne Schwäche entrann meinem Inneren und tröpfelte in meine Knie. Ich sank auf einen Stuhl.

»Willst du etwas essen?«, fragte mein Mann, ohne aufzublicken.

Ich schwieg.

Sergej hängte seine verfärbten Unterhemden auf, schob zwei Scheiben Weißbrot in den Toaster und briet Spiegeleier.

»Wir haben kein Salz mehr«, stellte er säuerlich fest, knipste das Licht aus und verließ die Küche.

Eine Weile saß ich regungslos im Dunkeln. Mein Kopf war leer, mein Inneres taub. Im Wohnzimmer ertönte der Fernseher. Mein Mann hatte begonnen, sein salzloses Abendessen zu verzehren.

»Badewanne«, hörte ich die Stimme meiner kleinen Tochter, die in die Küche gestürmt war und mich an meinem Rockzipfel wieder ins Leben zerrte. Kommen Kinder auf die Welt, um uns immer wieder zurück ins Leben zu zerren? Und wenn wir sie nicht hätten, kämen wir von allein ins Leben zurück?

Bulgarien, siebziger Jahre

Nach einer Phase guten Mutes schlitterte Vater unentwegt in eine Krise.

Vaters Krisen kündigten sich meistens mit Erschöpfung an. Nachdem er wochenlang auf allen erdenklichen Ebenen geackert hatte, ermüdete er und wurde unweigerlich enttäuscht: Die Roma im Krankenhaus putzten auch in weißen Kitteln schlampig, vom vielen Joggen schmerzten Vaters Gelenke, die Operationswunde einer Oma eiterte. Für das Wochenende hatte sich Vater vorgenommen, Sokrates zu lesen und den Keller auszumisten, für beides jedoch reichten seine Kräfte nicht mehr. Das Leben war nicht perfekt und Vater ebenso. Er stieß an seine Grenzen und verzweifelte.

Als Erstes verlor er seinen Schlaf. Nachts geisterte er mit schweren Schritten durch die Wohnung, ging auf die Terrasse, starrte auf das tintenfarbene Meer, rauchte, ging wieder hinein, ließ seine geliebten Opernarien laufen, trank Kognak und weinte. Irgendwann ging er ins Schlafzimmer und versuchte, Mutter in seine Gefühlswallungen einzubeziehen. Mutter jedoch mochte keinen Kognak, keine Gefühlswallungen und keine nächtlichen Gespräche. Sie schwieg, Vater stürzte in neue Untiefen und versuchte, einen Streit anzuzetteln. Mutter schwieg weiter.

Gut, er wolle sie in Ruhe lassen, brüllte Vater. Ein für alle Mal. Er gehe jetzt, und zwar für immer. Die Schlafzimmertür knallte. Im Flur wollte Vater in seine Schuhe schlüpfen, was ihm angesichts der Menge getrunkenen Kognaks Schwierigkeiten bereitete.

Ich sprang aus dem Bett, rannte auf ihn zu, schmiss mich auf den Boden, umklammerte seine Beine und flehte ihn an, uns nicht zu verlassen. Er löste die Klammer meiner verzweifelten Arme und verließ wortlos die Wohnung. Ich stürmte ins Schlafzimmer.

»Wo ist Papa hingegangen, und wann kommt er wieder?« Ich zerrte an meiner Mutter.

»Ich weiß es nicht«, antwortete sie matt.

Ich kehrte in mein Zimmer zurück, warf mich aufs Bett,

kniff die Augen zusammen und betete. Im Alter von
zehn Jahren hatten mich Vaters Krisen zu Gott geführt.
Meine Versuche, Kontakt mit dem Allmächtigen aufzunehmen, waren ausschließlich aus der Not geboren
und entbehrten jeglicher Hilfestellung von außen. Das
Praktizieren religiösen Glaubens war im sozialistischen
Bulgarien verboten. Das landesübliche griechisch-orthodoxe Christentum spielte im Alltag keine Rolle. Es gab
keine Taufen, keine kirchlichen Trauungen, keine kirchlichen Begräbnisse. Die kleine, schummrige Kirche in
Baltschik war zwar stets offen, aber hauptsächlich als
architektonisches Denkmal. Die seltenen Gottesdienste
wurden nur von buckligen, schwarzgekleideten Omis
besucht, die damit weder eine berufliche Karriere noch
eine schulische Laufbahn aufs Spiel setzten.
Das Innere dieser Kirchen – in Dämmerung und Gold
getaucht – zog mich magisch an. Ich schlich mich hinein, atmete den schweren Weihrauchduft ein, betrachtete schaudernd die leeren Gesichter der Heiligen, zündete eine gelbliche Kerze an, die mir eine der Omis
wortlos in die Hand drückte, und ging nach einiger Zeit
mit dem prickelnden Gefühl, etwas Verbotenes getan zu
haben.
Mit diesen abenteuerlichen Kirchenbesuchen jedoch
hatte mein Verhältnis zu Gott nichts zu tun. Vom Allmächtigen erhoffte ich mir vor allem Hilfe, wenn Vater
in einer seiner Krisen steckte. Da sich Gott in solchen
Fällen meistens taub stellte, dachte ich anfangs, es liege
daran, dass ich ihn nur in Notfällen aufsuchte. Bereits
mit zehn Jahren meinte ich, begriffen zu haben, dass der
Allmächtige kein Kühlschrank war, dessen Tür man auf-
riss, wenn man gerade Hunger hatte. Also gab ich mir

Mühe, täglich Kontakt zu halten. Mittags, nach Schulschluss, ließ ich zum Beispiel ein Stück Kreide in meiner Manteltasche verschwinden. Damit versah ich die Bürgersteige mit weißen Kreuzen, um deren Arme sich Rosen rankten. Dabei bekreuzigte ich mich und flüsterte kurze Stoßgebete. Ich versicherte Gott, dass ich an ihn dachte, bat ihn dann, auf meinen Vater aufzupassen und meine Mutter glücklicher zu machen. Im Gegenzug versprach ich, etwas mir Wichtiges zu opfern. Manchmal war es der Nachtisch, meine heißgeliebte Crème Caramel. Ein anderes Mal das abendliche Gute-Nacht-Märchen im Fernsehen. Trotz dieser Opfergaben befolgte der Allmächtige seine eigenen, für mich undurchschaubaren Gesetze. Er war unzuverlässig und seine Hilfe traf, wenn überhaupt, viel zu spät ein.

Wenn Vater im Morgengrauen schweren Schrittes nach Hause kam, wusste ich nie, ob dies mit oder ohne Gottes Hilfe geschah. An solchen Tagen rief Vater im Krankenhaus an und meldete sich krank. Anschließend begab er sich samt Kleidern ins Bett, schlief augenblicklich ein und schnarchte ohrenbetäubend. Erschöpft schleppte ich mich zur Schule. Als wir uns alle wieder am Mittagstisch versammelten, erhob sich Vater, schlürfte seinen Kaffee, fragte meine Mutter schuldbewusst, wie es der Oma mit der eiternden Wunde gehe und fuhr dann unrasiert ins Krankenhaus. Die Krise war zu Ende. Ich hatte meinen Vater wieder und wusste nicht so recht, ob ich dafür Gott oder seinen Patienten danken sollte. Sicherheitshalber dankte ich Gott und bat ihn, Vaters nächste Krise zu verhindern.

Vaters Krisen jedoch waren wesentlich verlässlicher als der Allmächtige selbst. Ihr Einmarsch pünktlich nach den Phasen guten Mutes war unumstößlich wie das Gesetz der Schwerkraft. Trotzdem hoffte ich weiter auf Gottes Hilfe. Doch irgendwann, an der Schwelle zum Erwachsenwerden, gab ich die hartnäckige Hoffnung plötzlich auf: Ich kündigte dem Allmächtigen die Beziehung, denn ich traf Sergej. Genau genommen traf ich seine Familie, die das komplette Gegenteil meiner eigenen war – Sergejs Vater fehlten sowohl Talente als auch Dämonen. Sergejs Mutter schwieg im Unterschied zu meiner eigenen so gut wie nie. Sergej selbst war im Gegensatz zu Gott ein Ausbund an Berechenbarkeit.

Bremen, November 1994

Mit einem Haushaltstuch wischte der hagere Mann die glitschige Flüssigkeit von meinem Bauch. Er tat es mit einer Fürsorglichkeit, die fast zärtlich wirkte und die ich, naiv wie ich war, für echte Zuneigung hielt. Am liebsten hätte ich die Augen geschlossen und genüsslich geschnurrt. Ich enthielt mich aber, denn der Mann, der auf den Namen Kötermeyer hörte, ein Fachmann für innere Medizin war und gerade versuchte, meinen Bauchschmerzen auf den Grund zu gehen, sollte von meinem Zustand nichts merken. Statt die Augen zu schließen, schaute ich aus dem Fenster.
Draußen hatte der norddeutsche Herbst sein undurchdringliches, Ewigkeit versprechendes Grau ausgebreitet. Den norddeutschen Herbst liebte ich. Seine trübe Stimmung, die nicht den leisesten Hauch Hoffnung enthielt, ähnelte gewissen Zuständen in meinem Inneren, die ich

glaubte, nicht aushalten zu können, und deshalb verdrängte. Die verjagten Gefühle rächten sich, indem sie immer wieder mit neuer Wucht kamen, und es kostete mich enorme Kraft, sie in Schach zu halten. Im Herbst allerdings kam dieser innere Kampf zum Stillstand. Meine tristen Gefühle verbanden sich mit der Tristesse draußen. Im trostlosen Herbst also war ich öfters bester Dinge.

»Ihre inneren Organe sind vollkommen in Ordnung«, sagte Doktor Kötermeyer und entfernte auch die letzten Reste des Ultraschall-Gels von meinem Bauch.

Eigentlich sollte ich an dieser Stelle aufstehen und mich anziehen.

Eigentlich sollte mich Doktor Kötermeyer an dieser Stelle auffordern, den Untersuchungsraum zu verlassen und ihm in sein Sprechzimmer zu folgen. Ein massiver Mahagoni-Schreibtisch würde dort zwischen uns stehen und für gesunde Distanz sorgen. Wäre Doktor Kötermeyer mit der Sozialisation bulgarischer Frauen wie mir vertraut gewesen, hätte er an dieser Stelle unverzüglich für gesunde Distanz gesorgt und so ein immer tiefer werdendes Missverständnis verhindert: Bulgarische Frauen wie ich sind nämlich nicht daran gewöhnt, dass ein Mann ihnen ohne Hintergedanken sexueller Art aufmerksam zuhört, tief in die Augen blickt, dabei milde und gewinnend lächelt und ihnen auch noch mit zärtlicher Hingabe über den nackten Bauch wischt. Würde ein bulgarischer Mann etwas Ähnliches tun – so war ich mir zumindest sicher –, war davon auszugehen, dass er als Nächstes über die Frau herfällt.

In Erwartung dessen blieb ich liegen. Ich hatte nichts dagegen, wenn der sanft dreinblickende Doktor Kötermeyer über mich herfiele. Seinen Nachnamen müsste ich ja nicht andauernd flüstern. Ich hatte mich erneut auf die Suche nach einem Traummann gemacht, nach einem Retter vor mir selbst. Doktor Kötermeyer, der ein männliches Wesen und trotzdem mütterlich zärtlich war, hielt ich für geeignet. Seine sanfte Aufmerksamkeit wiederum hielt ich für ein Signal seiner Bereitschaft, mich zu retten. Auch dieser Irrtum könnte daher rühren, dass ich in Bulgarien aufgewachsen war und die 1968er-Bewegung in Westeuropa verpasst hatte. So ahnte ich zum Beispiel nicht, dass sich in dieser bewegten Zeit nicht nur die Frauen emanzipiert hatten, sondern auch die Männer. Die 1968er-Bewegung hatte einen neuen Typus Mann hervorgebracht – den sogenannten Softie.

In den neunziger Jahren trug der besagte Softie zwar keine langen Haare mehr und verzichtete darauf, seine Pullover selbst zu stricken, er vermied es jedoch weiterhin tunlichst, seiner Lebensgefährtin einen Heiratsantrag zu machen, überließ ihr im Restaurant die Hälfte der Rechnung, übernahm dafür die Hälfte der Pflichten eines gemeinsam erarbeiteten Koch- und Putzplans und erklärte sich bereit, für ein halbes Jahr seine Kinder zu betreuen. In seiner Erziehungszeit hörte der Softie auf, täglich zu duschen und sich zu rasieren. In zerbeulter Jeans und Schlodder-Pulli traf er sich mit anderen erziehungsbeurlaubten Softies zu einem biologisch-dynamischen Frühstück in einem rauchfreien Café und schielte, je nachdem, ob das schmuddelige Baby gerade schlief oder brüllte, stolz oder hilfesuchend zu den ebenfalls biologisch-dynamisch frühstückenden Müttern, die nicht so viel Glück hatten, mit einem einsatzbereiten

Softie liiert zu sein, und dementsprechend ihre Babys selbst versorgten.

In sonstigen Lebenslagen verzichtete der Softie auf das für sein Geschlecht typische Macho-Gehabe, zeigte sich weich, verständnisvoll und verletzlich, und das nicht nur, wenn er eine Frau flachlegen wollte.

Doktor Kötermeyer schien ein Exemplar dieser neuen, mir damals noch unbekannten Gattung Mann zu sein. Seine ideologisch verwurzelte Sanftheit nahm ich persönlich und blieb mit nacktem, bereits sauberem Bauch in freudiger Erwartung liegen. Er jedoch setzte sich lediglich hin, guckte mir erneut tief in die Augen und sprach mit einer Stimme aus purem Samt: »Sie sind wegen Ihrer Bauchschmerzen gekommen. Ich kann keinen organischen Grund feststellen. Dafür stelle ich ein Untergewicht fest, das wirklich besorgniserregend ist. Essen Sie denn genug?«

Ich genoss den besorgten Unterton seiner Stimme.

»Haben Sie in Ihrer Pubertät an Essstörungen gelitten?«

»Ja«, entrann es direkt meinem Herzen, und in dem Bruchteil einer Sekunde, in einem kurzen magischen Augenblick verliebte ich mich – kopflos, ohne Schutz und ohne doppelten Boden. Dieser Mann hatte mich durchschaut, frohlockte ich. Dieser Mann konnte sich in mich *einfühlen*. Dieser Mann würde mein widersprüchliches weibliches Wesen *verstehen*. Dieser Mann würde mich *wirklich* lieben.

Dies war bereits der dritte Beziehungsirrtum, den ich meiner bulgarischen Sozialisation zuschreibe. Obwohl ich bereits einige Jahre in Deutschland lebte, war es noch nicht bis in mein Bewusstsein vorgedrungen, dass man hierzulande offen über Essstörungen sprach. In meiner

Heimat sprach man über Essstörungen genauso wenig wie über Inzest. Also überhaupt nicht. Demzufolge nahm ich an, Doktor Kötermeyer habe dieses dunkle Geheimnis meiner Pubertät erraten, was ich für ein untrügliches Zeichen jener besonderen Sensibilität hielt, die wahrer Liebe allein entspringt.

Mein entrückter Gesichtsausdruck schien den frisch-ernannten Ritter meines Herzens doch ein wenig zu irritieren. Etwas verlegen schlug er vor, in den nächsten Tagen ein komplettes Blutbild zu machen, und huschte aus dem Zimmer.

7
Träume und Tränen

Die nächsten Tage verbrachte ich hauptsächlich im Schlafzimmer, wo ich las und Tagträumen nachhing, in denen Doktor Kötermeyer der Hauptdarsteller war.

In meiner Phantasie kannten die Zärtlichkeit und die Leidenschaft von Doktor Kötermeyer keine Grenzen. Seine gesamte Lebenszeit widmete er ausschließlich mir: zugewandt und verständnisvoll zuhörend, oder aber auch grübelnd, wie er die zahlreichen Wunden meiner Seele heilen und meine ebenso zahlreichen wie widersprüchlichen Sehnsüchte erfüllen könnte.

Gegenwärtige materielle Wünsche, wie etwa dramatisch rote Dior-Lippenstifte, romantische wie kalorienarme Abendessen bei Kerzenschein, kurze Wochenendtrips nach London und längere Bildungsreisen nach Samarkand, unschuldig cremefarbene Kaschmirpullover und beige Netzstrumpfhosen – solche Träume erfüllte Doktor Kötermeyer umgehend und detailgetreu. Auch seelische Bedürfnisse wie nach Nähe *und* gleichermaßen nach Distanz, nach Anlehnung *und* gleichzeitiger Selbstbestimmung, auch solche Sehnsüchte waren, aller Widersprüchlichkeit zum Trotz, für Doktor Kötermeyer nicht im Geringsten ein Problem.

Selbst mit unerfüllten Bedürfnissen aus meiner Vergangenheit wurde er mühelos fertig. Im Handumdrehen konnte er in Mutters oder Vaters Rolle schlüpfen und mittels seines göttlichen Wesens ihre folgenschweren Versäumnisse ungeschehen machen. Hinzu kam ein regelmäßiges, zärtliches, phantasievolles und aufregendes Sexualleben. Ja. Das alles war in meiner Phantasie möglich. War es denn ein Wunder, dass ich so sehr in meiner Phantasie verstrickt war und sie öfters mit der Realität verwechselte?

Die Realität wiederum sah folgendermaßen aus: Zum vereinbarten Termin tänzelte ich ungefrühstückt und auf zehn Zentimeter hohen Absätzen in die Kötermeyer'sche Praxis. In meinem Bauch flatterte es, in meinen Beinen und Armen kribbelte es. Eine Arzthelferin, porentief sauber und komplett faltenfrei, als hätte man sie frisch aus der Reinigung geholt, zapfte mir Blut ab. Das tat sie fast so zärtlich wie Doktor Kötermeyer, was mich dieses Mal etwas beunruhigte. Es führte mir nämlich die unangenehme Option vor Augen, dass die ganze wohltuende Zärtlichkeit sich als eine Art Marketing-Falle entpuppen könnte.

Den hässlichen Gedanken versuchte ich sofort zu vertreiben, allerdings nicht besonders erfolgreich. Hässliche Gedanken schafften es in Sekundenschnelle, das Gift der Angst und Verunsicherung in mein Inneres zu säen. Denn für diese Sorte Gift war mein Inneres ein äußerst fruchtbarer Boden. Angst und Verunsicherung gediehen in mir prächtig und überwucherten jedes Gefühl, das mir Zuversicht, Halt oder Stärke geben könnte.

Das Einzige, was in solchen Fällen half, war ein waschechter Retter. Und den hatte ich bereits im Visier. Also blieb ich im kleinen Laborraum sitzen und sehnte das heilsame Eintreffen von Doktor Kötermeyer herbei. Statt des erhofften Retters traf erneut seine Helferin ein – dieses Mal ohne Schläuche und Spritzen, dafür mit der verwirrenden Botschaft, ich könne jetzt nach Hause gehen.

»Wie, nach Hause gehen?«, japste ich. »Ich habe doch einen Termin mit dem Herrn Doktor.«

»Nein. Sie haben heute einen Termin zur Blutentnahme. Damit hat Herr Doktor nichts zu tun.«

»Wie nichts zu tun?«, fragte ich wieder mit einem, vermute ich, nicht sonderlich intelligenten Gesichtsausdruck. »Ich sehe den Herrn Doktor heute gar nicht? Weiß er denn überhaupt, dass ich hier bin?«

Ein ironisches Lächeln huschte über das Gesicht der Helferin.

»Natürlich weiß er das«, sagte sie zuckersüß. »Aber er hat momentan keine Zeit. Er ist mit *anderen* Patientinnen beschäftigt.«

Das Schlimme an Tagträumen ist bekannterweise das Erwachen. Wutentbrannt sprang ich auf und stürmte hinaus. Unglücklicherweise verhakte sich mein linker Absatz und schleifte über die rutschigen Fußbodenfliesen. Mit der ganzen Wucht meines Gewichts flog ich nach vorne, doch bevor ich hinfiel, tauchte eine Massivholztür vor meiner Nase auf. Mit beiden Händen stemmte ich mich dagegen, konnte jedoch nicht verhindern, dass meine Stirn gegen das harte Holz schlug. Ich sank zu Boden und in eine sternlose Dunkelheit.

Ein kräftiges Rütteln holte mich aus dem dunklen Samt. Missmutig öffnete ich die Augen und blickte direkt in das besorgte Gesicht von Doktor Kötermeyer. Er hatte meine Schultern gepackt und schüttelte mich kräftig. Um sein Haupt tänzelten Sterne. Erleichtert schloss ich wieder die Augen.

»Aufwachen!«, hörte ich Doktor Kötermeyer rufen.

Seine Stimme hatte den pfeifenden Ton eines bestimmten Windes angenommen, der im Winter meine Heimatstadt Baltschik heimsucht und ihren Einwohnern einen gewaltigen Schrecken einjagt. Baltschik liegt im Nordosten Bulgariens. Zwischen meiner winzigen Heimatstadt und der rauen sibirischen Ebene ragen keine Berge auf, die diesem unerbittlichen Wind Einhalt gebieten könnten. Im Winter ist Baltschik dem heulenden Ungestüm schutzlos ausgeliefert. Mit sibirischer Eiseskälte und Zerstörungskraft fegt er durch die steilen Straßen, pfeift höhnisch in die maroden Schornsteine, hämmert mit unsichtbaren Fäusten gegen die Fensterscheiben, um dann durch irgendwelche kleine Ritzen seinen eisigen Atem auch ins Haus zu hauchen und den verschreckten Bewohnern für einen kurzen Moment das Ende der Welt in Aussicht zu stellen.

»Aufwachen!«, klirrte wieder Doktor Kötermeyers Stimme. »Was machen Sie denn für Sachen?«

Keuchend erhob ich mich. Mein Kopf dröhnte, meine Handgelenke schmerzten. Doktor Kötermeyer verordnete eine Überweisung zum Röntgenologen und verließ grußlos den Raum.

Einige Stunden später saß ich mit verbundenen Gelenken und gebrochenem Herzen auf dem Ehebett und heulte Sturzbäche.

Meine Tränen flossen wieder. Kötermeyer sei Dank.

Vor mir kauerte meine Tochter mit ernstem Katzengesicht. Die Tür öffnete sich langsam. Im schmalen Spalt erschien Sergejs Kopf. Als er sicher war, dass keine schweren Gegenstände in meiner Reichweite lagen, schob er auch den Rest hinterher. Mit der angespannten Behutsamkeit eines Minenentschärfers näherte er sich dem Bett.

»Was ist eigentlich so Schlimmes passiert?« Er kratzte sich unschlüssig am Nacken.

»Mein Vater ist tot«, schniefte ich.

»Ist er nicht bereits *seit Monaten* tot?«, fragte Sergej im beschwichtigenden Tonfall eines Einbrechers, der am zähnefletschenden Hund des Hauses vorbeimöchte.

Ich nickte und schniefte.

»Und warum weinst du dann *jetzt*?«

Ich zuckte die Schulter und schüttelte mich. Tränen, langersehnte, fruchtbare Tränen flossen in Strömen. Meine Anspannung, meine Empörung, meine Härte, meine Phantasien lösten sich auf. Ich selbst löste mich auf, ich starb, um dann wieder auf die Welt zu kommen – weich, gereinigt, unschuldig und offen. Welch ein Glück, so weinen zu können.

Bulgarien, Schwarzmeerküste, achtziger Jahre

Auf dem spärlich beleuchteten Bahnsteig des Bahnhofs in Varna warteten meine Eltern und ich auf den Nachtzug nach Sofia. In Jeans und mit einem hellblauen Häkelpulli, nach Zitrone und Pfefferminz duftend, saß ich auf meinem Koffer, kaute an dem Strohhalm, der in einer Colaflasche steckte, und hörte gelangweilt Vaters obligatorischer Tirade zu. Wie immer, wenn ich mein Elternhaus für längere Zeit verließ, hielt Vater seine Abschiedsrede – eine je nach Situation und Laune unterschiedlich dosierte Mischung aus Belehrungen, Ratschlägen zur gesunden Lebensführung, Zitaten antiker Philosophen, Erkenntnissen der Weltliteratur und Episoden seiner eigenen Lebensgeschichte.

Inmitten dieser Darbietungen, von Vater auch »Hilfestellungen fürs Leben« genannt, tauchte aus heiterem Himmel Sergej auf: dunkle Jeans, ein weißes Poloshirt, in der Hand ein Blumenstrauß, im Gesicht ein gewinnender Ich-bin-ich-Ausdruck, der Folgendes aussagen sollte: Es fällt mir nicht leicht, hier zu sein. Ich bin verlegen, überspiele es jedoch nicht, versuche stattdessen, es auszuhalten.

Meine Eltern, nicht weniger verlegen, gaben ihm kurz die Hand, mir einen flüchtigen Abschiedskuss und verließen den Bahnsteig.

Sergej und ich schwiegen.

»Es überrascht mich, dass du kommst«, sagte ich nach einer Weile.

Sergej trat von einem Fuß auf den anderen.

»Dein Auftreten heute hat etwas Sympathisches. Ganz anders als sonst.«

Sergej schwieg weiter.

»Es bleiben nur noch fünfzehn Minuten, bis der Zug fährt«, sagte ich dann verärgert. »Wenn du gedenkst, sie schweigend zu verbringen, würde ich vorschlagen, dass du sofort gehst.«

»Ich habe gerade darüber nachgedacht, wie du mein Verhalten bis jetzt empfunden hast«, gab Sergej versöhnlich von sich.

»Du fragst dich selbst, wie ich dein Verhalten empfunden habe? Wäre diese Frage nicht bei jemand anders an der richtigen Adresse?«

»Schon. Ich habe nur deine Antwort gefürchtet.«

»Zu Recht«, sagte ich. »Nun bekommst du meine Antwort ungefragt: Bis jetzt fand ich dich uninteressiert und gleichgültig. Darüber hinaus kindisch, arrogant, aufgeblasen, politisch unreflektiert und angepasst.

Kurzum, bis jetzt fand ich dich durch und durch in-
diskutabel.«

Schweigen.

»Ist der Strauß eigentlich für mich?«, erkundigte ich
mich.

»Natürlich. Ich habe ihn gekauft, obwohl ich mir sicher
war, dass du keine Chrysanthemen magst.«

»Es sind meine Lieblingsblumen. Wegen ihrer morbiden
Ausstrahlung.«

»Genau wegen ihrer morbiden Ausstrahlung mögen
andere Menschen keine Chrysanthemen«, warf Sergej
ein. »Ist eigentlich irgendetwas an dir so wie bei anderen Menschen?«

»Ich habe keine Ahnung, wie andere Menschen angeblich sind. Ich jedenfalls empfinde solche Fragen als
aggressiv.«

»Du hast Recht«, sagte Sergej. »Es war auch keine echte
Frage. Deine selbstgefällige, zickige Oberflächlichkeit
hat mich schon wieder mal aufgebracht. Für dich gibt
es ausschließlich zwei Sorten von Menschen: solche, die
dir sympathisch sind, und solche, die es nicht sind. Nun
bist du überrascht, dass einer, den du für kalt, angepasst, aufgeblasen, arrogant ... habe ich was vergessen? ...
also für all das hältst, plötzlich etwas Sympathisches
tut und sogar deinen verschrobenen Blumengeschmack
trifft. Nun wackelt dein schwarz-weißes Weltbild. Das
verunsichert dich, also zickst du, um Boden unter den
Füßen zu gewinnen.«

Ich schwieg. Sergej fuhr fort.

»Auf die Idee aber, dass andere Menschen auch verunsichert sind und sich allein deshalb arrogant, kindisch oder uninteressiert zeigen, auf diese Idee kommst

du natürlich nicht. Wie denn auch? Dafür müsstest du ja den Blick von deinem Spiegelbild abwenden und ein bisschen Einfühlungsvermögen und Nachsicht riskieren. Oder denkst du etwa im Ernst, dass es Menschen gibt, die in ihrem tiefsten Inneren arrogant, kindisch oder gleichgültig sind?«

»Manche Menschen wissen ihr tiefstes Inneres gut zu verbergen«, antwortete ich kühl.

»Offenbar bin ich nicht in der Lage, dir zu zeigen, was ich wirklich für dich empfinde. Vielleicht habe ich deshalb die Chrysanthemen mitgebracht. Diese Vorliebe scheinen wir ausnahmsweise zu teilen.«

Wir schwiegen. Es war zehn nach sieben.

Laut Fahrplan sollte der Zug vor zehn Minuten abgefahren sein. Sergej und ich waren bei weitem nicht die Einzigen, die sich nicht um den Fahrplan scherten: Der Bahnsteig war voll mit Reisenden, die, von ihren Nächsten umzingelt, den Abschied in ihrem ganz eigenen Tempo vollzogen und damit rechneten, dass der Zug sich nach ihnen richtete. Und ihre Rechnung schien aufzugehen – ein verschwitzter, gutmütig lächelnder Schaffner stieg aus, ging von Gruppe zu Gruppe, kratzte sich derweil unschlüssig am kahlen Kopf und lud die Reisenden höflich in den Zug ein.

»Jeder Abschied ist schwer, Genossen. Trotzdem ist es Zeit einzusteigen. Wir sind schon spät dran.«

»So etwas gibt es nur auf dem Balkan«, entrüstete sich Sergej. »Die Züge in der DDR fahren nach Plan und nehmen keine Rücksicht auf Menschen und ihre Gefühle. Deshalb sind sie immer pünktlich.«

»Bravo«, applaudierte ich. »Gelobt seien die deutschen demokratischen Züge. Bekomme ich nun meine mor-

biden Chrysanthemen oder hast du es dir anders über-
legt?«

Sergej zögerte einen Moment, ergriff dann fest mein
Handgelenk, zog mich ruckartig an sich, drückte mir
einen Kuss auf den Mund, stieß mich dann von sich,
drückte mir den Strauß in die Hand, machte abrupt
kehrt und ging.

»Mädchen, Mädchen«, meldete sich der Schaffner zu
Wort. »War das Liebe oder war das Hass?«

»Geht Sie nichts an«, fauchte ich und wischte mir den
Mund ab. »Kümmern Sie sich gefälligst um Ihren eigenen Kram.«

»Das tue ich ja«, grinste der Schaffner. »Gerade wollte
ich die Türen schließen und hatte die Qual der Wahl:
Entweder lasse ich den Zug pünktlich abfahren und Sie
bleiben auf dem Bahnsteig. Oder ich warte auf Sie und
gucke mir Ihren schwierigen Abschied an. Wie hätte ich
Ihrer Meinung nach entscheiden sollen?«

Wortlos stieg ich in den Zug.

Am Bahnhof in Sofia wartete Orlin. Als er mich sah,
breitete er die Arme aus. Seine Augen sprühten Funken
und tauchten den kahlen Bahnsteig in Gold. Ich fiel
dem geliebten Blondschopf um den Hals, atmete die
vertraute Mischung aus Rasierwasser, Kaugummi und
Tabak und fühlte mich geborgen.

Orlin hatte ich an der Uni kennengelernt. Er hatte einen
messerscharfen Intellekt, ein Lächeln von hinreißender
Traurigkeit, einen feinen, nie versiegenden Humor und
einen Blick, in dem sich Ironie und Weltverdrossenheit
mischten. Orlin war ein Held der russischen Klassik, ein
Eugen Onegin. Er wurde mein Vater, mein Bruder, mein

Ratgeber, mein Schutzengel, mein Psychologe, mein Bodyguard, mein Spiegelbild, mein bester Freund. Und ich war seine verwandte Seele, seine weibliche Hälfte, seine feminine Sicht auf die Dinge. Ich war die Dosis Weiblichkeit, die er brauchte, um sich komplett zu fühlen. Der Mangel an erotischer Spannung machte unsere Symbiose vollkommen.

»Wie ist es meinem Herzblatt an der Schwarzmeerküste ergangen?«, fragte Orlin, während wir in einer Pizzeria auf das Essen warteten.

»Ich habe jemanden kennengelernt, Orlin. Und ich weiß nicht, was ich von ihm halten soll.«

»Bist du verliebt, Kindchen?«

»Nein, verwirrt. Ich fühle mich angezogen und abgestoßen zugleich.«

»Und wie ich dich kenne, findest du das spannend.« Orlin goss uns Rotwein nach.

»Irgendwie ja. Obwohl wenn ich ihn mit deinen Augen sehe, schäme ich mich ein bisschen, dass ich mich auf ihn eingelassen habe.«

Orlins Augenbrauen schnellten in die Höhe.

»Irgendwie ist er ein Streber, ein Spießer und ein Parteimitglied«, kam ich in Fahrt. »Er ist arrogant, plötzlich jedoch ganz offen und sogar irgendwie verletzlich. Er ist kindisch und dann auf einmal erstaunlich reif. Er beachtet mich nicht und dann wieder doch und durchschaut mich sogar.«

»Es gibt folgende Möglichkeiten«, meinte Orlin nachdenklich. »Er ist blind, er ist blöd oder er ist in eine andere verliebt. Oder aber auch, er ist ein guter Stratege. Ich tippe auf Letzteres.«

Während wir aßen, schilderte ich detailgetreu alles, was

zwischen mir und Sergej vorgefallen war. Orlin hörte zu, war rührend um Objektivität bemüht.

»Für seine Mutter kann der Typ nichts«, sagte er zum Beispiel.

»Muss er sie denn nach Baltschik mitschleppen?«, konterte ich. »Und ist das nicht ein sicheres Zeichen dafür, dass er an mir nicht das geringste Interesse hat?«

»Nicht unbedingt«, meinte Orlin. »Das ist ein Zeichen dafür, dass er seine Mutter nicht abschütteln kann. Er ist noch viel zu sehr unter ihrer Fuchtel.«

»Und wenn er schon mit seiner ganzen Sippe aufkreuzen muss«, klagte ich weiter, »warum ist er dann die ganze Zeit mit seiner unfrisierten Schwester zugange? Er hat mich kein einziges Mal angeguckt.«

»Ich kenne keinen Mann, der in Anwesenheit seiner Mutter eine andere Frau anbaggert. Weil er das nicht konnte, hat er dich am nächsten Tag angerufen. Ich mag den Typen nicht, aber ich verstehe ihn. Und die Nummer am Bahnhof, muss ich gestehen, die ist gar nicht so übel.«

»Und was ist mit seinen politischen Ansichten? Ein Kommunist! Schlimmer noch: ein Jungkommunist. So einen würde ich normalerweise nicht mal angucken.«

»Jungkommunisten sind in der Tat schlimmer als die alte Garde, die noch an Ideale glaubt. Jungkommunisten sind Karrieristen, die wissen, dass es ihnen an Begabung fehlt. Ideologische Treue ist ihre einzige Chance. Ideale interessieren sie einen Scheißdreck.«

»Diesen Sergej schon.«

»Ich glaube, einer, der lauwarmen Kakao trinkt und seine Schwester ärgert, weiß noch gar nicht, was er denkt. Die Ansichten von diesem Sergej sind das Gegenteil von deinen. Wärst du prokommunistisch, wäre sein Standpunkt ein anderer. Er möchte dein Interesse wecken. Auch mit seiner angeblichen Gleichgültigkeit. Und es scheint zu funktionieren.«

»Was hast du eigentlich getrieben, während ich weg war?«, wechselte ich das Thema. »Wie viele arme Mädchen hast du flachgelegt?«

»Keine einzige. Ehrenwort. Ich war zwar auf diversen Partys, aber nichts von Bedeutung ist passiert. Ah, was rede ich da überhaupt? Was kann auf so einer Party schon Bedeutendes passieren? Die Typen da haben mehr Gel in den Haaren als Verstand darunter. Und die ganzen aufgetakelten Tussis erst. Nichts an denen ist echt – nicht die Kuhwimpern, nicht der gestelzte Gang, nicht die bemühten Gesten. Echt ist nur ihre Dummheit.«

»Ich glaube, du hast das Junggesellenleben satt. Du brauchst eine feste Freundin.«

»Ich glaube, ich brauche ein neues Leben. Weg von hier. Weg von diesem beschissenen Staat mit seinen beschränkten Bürgern. Nichts macht Menschen dümmer und langweiliger als der Kommunismus: keine Freiheit, keine Existenzangst, keine Entfaltung. Nur grauer, stupider, eintöniger Alltag. Ein Studium, das keinen Sinn ergibt, weil es in einem Job gipfelt, in dem du zwar nicht arbeiten musst, aber auch nichts verdienst. Später eine Ehefrau, die vor Langeweile immer dicker wird. Einmal im Jahr Urlaub in einem Erholungsheim mit ekelerregendem Essen, lauter Idioten um dich herum und Kakerlaken im Bad. Und als Krönung der Lebensfreude – eine Geliebte vielleicht, die womöglich nicht so dick wie die Ehefrau ist, dich aber nach ein paar Monaten genauso anödet wie sie. Nein, Schätzchen, so ein Leben möchte ich nicht.«

»Na hör mal, Genosse Pascha«, hielt ich dagegen. »Glaubst du, als Frau sind die Aussichten besser? Keine Karriere, die den Namen verdient, und dann das männliche Mittelmaß zu Hause auf der Couch, faul und zu nichts zu gebrauchen?«

»Das Unglück als Frau spreche ich dir ja nicht ab. Mir geht es aber momentan um mein eigenes Unglück.«

»Du siehst das viel zu schwarz«, sagte ich ohne echte Überzeugung. Denn Orlins Verzweiflung, das spürte ich, war keine Pose und keine Stimmung, die bald verfliegen würde. »Bei deinen vielen Begabungen«, fuhr ich halbherzig fort, »bei deiner Intelligenz kann ich mir nicht vorstellen, dass du im sozialistischen Alltag ergraust.«

»Was habe ich denn für Alternativen? Entweder ich lebe wie die Masse – für mich, wie gesagt, keine menschenwürdige Existenz. Oder ich werde Teil der Nomenklatura, so wie mein Alter. Zwischen meinem Alten und mir allerdings gibt es einen entscheidenden Unterschied: Mein Alter ist ein Kommunist der alten Garde. Er hat an die beknackten Ideale geglaubt, darum gekämpft und dafür im Knast gesessen. Nun verschließt er die Augen vor der Realität. Und nicht mal das braucht er wirklich. Als Diplomat lebt er sowieso nicht in Bulgarien, sondern in Tansania, in Griechenland oder sonst wo.«

»Bei dem Einfluss deines Vaters wäre ein Auslandsstudium, wo auch immer du möchtest, ein Klacks.«

»Wie schon gesagt: Mein Alter ist ein Idealist, ein Mann mit Prinzipien. Niemals würde er seinen Einfluss zum Vorteil seines Sohnes einsetzen. Jeder soll sein Leben selbst meistern, sagt er. Bulgarien sei meine Heimat, sagt er auch. Heimat – was für ein verlogenes Gesülze. Niemand hat mich jemals gefragt, in welchem Land ich zur Welt kommen möchte! Lieber bringe ich mich um, als in meiner sogenannten Heimat langsam, aber sicher zu verrotten – erst sterben die Gehirnzellen, dann stirbt die Seele. Ich aber will mein Leben gestalten, und dafür ist mir dieses Land zu eng. Ich will hier weg. Ich will mir meine Heimat selbst aussuchen. Ich haue ab, in den Westen.«

Meine Augenbrauen schnellten ironisch in die Höhe und erstarrten dort. Der scharfe Windzug einer unerwünschten Erkenntnis wand sich meinen Bauch empor und schlug einen Blitz in meinen Kopf.

Orlin meinte es ernst. Ich hatte ihn verloren. Den besten, den großartigsten Freund, den ich jemals hatte. Zwei Wochen später fuhr Orlin zu seinen Eltern nach Athen und floh von dort aus nach Österreich.

Wie immer, wenn ich unerträglichen Kummer fürchtete, stürzte ich mich mit aller Kraft in Aktivitäten. Ich zog zu meiner Oma und studierte, was das Zeug hielt. Keine Vorlesung in meinem Fach verpasste ich, bei keinem Seminar erschien ich unvorbereitet. Meine hektischen Notizen schrieb ich unverzüglich nach der Uni sauber nieder. Freiwillig belegte ich Kurse in skandinavischen Sprachen. Jeden Morgen joggte ich, jeden Nachmittag verbrachte ich entweder in der Bibliothek oder auf der Gymnastikmatte, wo ich mich wand, verrenkte und strampelte, um meinen Oberschenkelumfang zu verringern, mein Gesäß zu straffen oder meine Hüften möglichst komplett verschwinden zu lassen. Meine Freunde mied ich und ich suchte keine neuen. Ich vermisste Orlin, spürte aber keine Sehnsucht. Ab und zu, wenn ein gewisser Druck in meinem Inneren drohte, mir die Luft abzuschneiden, begab ich mich in eine Vorlesung in Orlins Lieblingsfach Philosophie.

Während dieser verqueren Versuche, ihm nah zu sein, verstand ich kein Wort, schaffte es jedoch, mir selbst ein Stück näher zu kommen: Ich saß in der letzten Reihe und starrte ins Leere. Manchmal, wenn ich Glück hatte, weichte der harte Klumpen in meinem Inneren ein wenig auf und eine einsame, verlorene Träne floss schüchtern meine Nase hinunter.

Bremen, Dezember 1994

Veränderungen sind wie Pflanzen, die unter der Erde keimen. Irgendwann kommen sie ans Tageslicht und es wirkt so, als kämen sie aus heiterem Himmel. Was wir allerdings spüren, ist nur das Ende eines Prozesses, der sich lange zuvor im Verborgenen abgespielt hat.

In den nächsten Tagen blieb ich weinend im Bett. Ich weinte um meinen toten Vater. Ich weinte um mein totes Baby. Ich weinte um meine Liebe für Michail, die ebenfalls tot war. Ich weinte, weil sich mein Leben wie eine zu heiß gewaschene Wollmütze anfühlte.

Als ich nach einer Woche immer noch nicht aufgehört hatte, rief Sergej meine Mutter an und bat sie um Hilfe. Meine Mutter versprach zu kommen.

Kurz nach ihrer Ankunft wachte ich auf und horchte in mich hinein. Mein Inneres fühlte sich an wie ein unbeschriebenes Blatt Papier: jungfräulich glatt, leer und voller Erwartung.

Auf wackeligen Beinen verließ ich das Bett, duschte und suchte einen neuen Friseursalon auf. Ich handelte wie von innen geleitet, mit einer Sicherheit, die ich verloren geglaubt hatte.

Mit sehr kurzen Haaren kehrte ich zurück und teilte meiner Mutter mit, ihre Hilfe sei überflüssig geworden. Mir ginge es wieder besser. Sie nickte langsam, als verstünde sie etwas. Abreisen müsse sie ohnehin sehr bald, sagte sie. Wegen ihrer Mutter. Oma Denka sei seit Wochen von einem hartnäckigen Ausschlag geplagt.

Kurz nach Mutters Abreise buchte auch ich einen Flug nach Bulgarien. Wenig später saß ich im Flieger nach Sofia.

8
Freunde

Bulgarien, Dezember 1994

Man kann wahrlich nicht behaupten, dass die Reise
nach Bulgarien vielversprechend anfing. Ich hatte nie-
manden davon in Kenntnis gesetzt, dass ich eintreffe.
Am Flughafen in Sofia stand ich also allein da. Aller-
dings nicht lange. Sogleich nachdem ich einen Fuß vor
das Flughafengebäude gesetzt hatte, schoss eine Horde
Taxifahrer wie Pfeile aus dem Hinterhalt auf mich zu.
»Ich fahre Sie ins Zentrum, Gnädigste. Schnell und billig«, hauchte mir einer seinen sauren Atem ins Gesicht.
Ich sprang zurück, trat dabei seinem Kollegen auf die
Füße, der mir eine noch billigere und viel schnellere
Fahrt in Aussicht stellte. »Alles Lügner, meine Werteste.
Mir allein sollten Sie vertrauen«, schaltete sich ein Dritter ein und packte mich am Ärmel, während ein Vierter
meinen Koffer ergriff und entschieden auf seinen Wagen
zusteuerte. Weit kam er allerdings nicht: Das teuer
bezahlte Übergewicht meines Gepäckstücks zwang ihn,
fluchend einzuhalten. Diese Chance ergriff wiederum
ich, befreite mit einem Ruck meinen Ärmel, war mit
einem Satz beim Koffer, schnappte ihn mir und rollte
ihn ins Flughafengebäude. Dort suchte ich eine Telefon-
zelle auf und wählte die Nummer meiner Freundin Lilly.
Lilly sei vor kurzem nach Plovdiv gezogen, eröffnete mir
ihre Mutter. Dort habe sie sich eine Wohnung gekauft.
Ich sollte mir ihre Adresse aufschreiben und den nächsten Zug nach Plovdiv nehmen. Zum Bahnhof fahren
könne sie mich allerdings nicht. Ihr Auto sei in der

Werkstatt. Einen Tipp allerdings könne sie mir geben: Von den Taxis am Flughafen sollte ich tunlichst die Finger lassen. Alle Taxiunternehmen dort gehörten der Mafia. Es gebe aber auch andere Taxis und zwar auf der Straße, die ins Zentrum führte. Ich sollte den hinteren Ausgang nehmen und einen Wagen herbeiwinken.

In Richtung Stadtzentrum flitzten in der Tat lauter Taxis, allerdings schienen ihre Betreiber blind zu sein oder bestens im Geschäft. Jedenfalls hielt in der nächsten Stunde kein einziger an.

Ich schaute mich hilfesuchend um. Der Dezember goss sein Grau über unzählige Plattenbauten, an deren winzigen Balkonen Unterhosen flatterten und riesige Satellitenschüsseln in den trostlosen Himmel starrten. Das kümmerliche Gelb vereinzelter Straßenlampen kam gegen die Tristesse nicht an. Erschöpft ließ ich mich auf den Koffer nieder und legte beide Hände aufs Gesicht. Ich sah mich schon am Flughafen übernachten und im nächsten Flieger nach Deutschland sitzen. Quietschende Reifen ließen mich hochschrecken. Ein Taxi hatte angehalten.

»Steigen Sie ein«, brüllte der Fahrer aus dem Inneren des Wagens.

»Machen Sie den Kofferraum auf«, brüllte ich freudig zurück.

»Geht nicht, Täubchen, er ist randvoll!«, brüllte der Mann wieder, stieg aus und wuchtete meinen Koffer auf den Rücksitz.

»Im Kofferraum sind Kompottgläser«, klärte er mich derweil stoßartig keuchend auf. »Von meiner Mutter. Birne und Quitte. Wenig Zucker. Viel Geschmack. Weltklasse!«

»Bei der Kompottproduktion kennt meine Mutter keine Grenzen«, fuhr er während der Fahrt vergnügt fort. »Unser Keller ist leider viel zu klein. Einen Teil der Gläser lagern wir deshalb im Auto. Wollen Sie ein paar haben? Oder besser noch: Wir können meine Mutter besuchen. Ihre Aprikosenkonfitüre ist auch nicht zu unterschätzen. Die wiederum lagern wir im Bad.«

»Ich für meinen Teil möchte zum Hauptbahnhof«, räusperte ich mich vorsichtig. »*Ohne* Kompott und Konfitüre.«

»Kommt nicht in Frage, Täubchen«, entgegnete der Taxifahrer freundlich. »Ich bin gerade auf dem Weg zum Busbahnhof. Dort wartet meine Schwiegermutter. Mit einer Ladung eingelegter Paprikaschoten. Eigene Produktion. Aus ihrem Dorf. Die Gläser müssen abgeholt und auch verstaut werden. In der Garage eines Nachbarn. Der Hauptbahnhof wäre ein Umweg.«

»Sie sind gerade bei der Arbeit, oder?«, warf ich feindselig ein.

Der Fahrer nickte lebhaft.

»Sie arbeiten als Taxifahrer und wollen damit Geld verdienen, oder?«, fuhr ich weiterhin feindselig fort.

Der Taxifahrer nickte weiterhin freundlich.

»Und das Geld soll *ich* bezahlen, oder?«, schwang sich meine Stimme drohend in die Höhe.

Der Fahrer strahlte mich an.

»Dann fahren Sie, wohin ich will, und kümmern sich erst danach um die eingelegten Paprikaschoten Ihrer Schwiegermutter«, schloss ich siegessicher ab.

Der Taxifahrer lachte schallend auf.

»Sehe ich aus, als wäre ich bescheuert, Täubchen? Wo käme ich denn hin, wenn ich für jede, die ins Auto steigt, meine Pläne ändern würde? Da tanzen mir doch alle auf der Nase herum! Ich habe das Auto. Ich bestimme, wohin die Reise geht. Und ich muss zum Busbahnhof. Zu Ihrem Hauptbahnhof können wir später fahren. Es sei denn, Sie überlegen es sich anders und kommen doch mit zu meiner Mutter.«

»Halten Sie an«, sagte ich eisig.

Der Taxifahrer sah mich verdattert an.

»Halten Sie auf der Stelle an«, wiederholte ich. »Ich steige aus.«

»Warum denn das?«, brachte er mühsam heraus.

»Weil ich zum Hauptbahnhof will, verdammt«, schrie ich. »Und zwar *jetzt*! Wenn Sie lieber eingelegte Paprika-schoten transportieren wollen, steige ich aus und nehme ein *anderes* Taxi. Haben Sie es noch nicht geschnallt? Der Kommunismus ist passé. Wir haben jetzt Marktwirt-schaft und Konkurrenz. Wenn Sie nicht auf der Stelle zum Hauptbahnhof fahren, gehe ich zu Ihrer *Konkur-renz*.«

Der Taxifahrer zog die Schultern ein.

»Gut. Gut. Gut. Hören Sie bloß mit dem Geschrei auf! Sie kriegen Ihren Willen und ich meinen Frieden. Mit Frau und Radio streitet man nicht, hat schon mein Vater immer gesagt. Und er hatte Recht. Ich fahre Sie zu Ihrem Hauptbahnhof. Aber einen guten Rat will ich Ihnen mit auf den Weg geben: Weit kommen Sie mit diesem Cha-rakter nicht. Noch so jung und schon so festgefahren! Sie müssen Demut lernen. Und fügsamer werden. Wel-cher Mann hält es mit Ihnen sonst aus?«

Die elektronische Fahrplanauskunft am Hauptbahn-hof war stockdunkel. Ein anderer Fahrplan war nicht in Sicht. Fahrkartenschalter hingegen gab es in Hülle und Fülle. Genau genommen dreiundzwanzig Stück. Energisch steuerte ich die Nummer eins an. Hinter dem Schild »Information« saß eine Rothaarige mittleren Alters und lackierte sich hingebungsvoll die Fingernägel. Wut trieb mir die Hitze ins Gesicht, ich bremste mich aber, denn dieses Mal wollte ich die Sache möglichst fügsam und demütig angehen.

»Entschuldigen Sie, wenn ich störe«, säuselte ich. »Wann fährt der nächste Zug nach Plovdiv?«

»Wie Sie sehen, bin ich beschäftigt«, brummte die Rothaarige ohne aufzublicken. »Kommen Sie später wieder.«

»Später ist vielleicht zu spät«, beharrte ich weiterhin zuckersüß. »Ich möchte baldmöglichst nach Plovdiv.«

Die Frau warf mir einen finsteren Blick zu, seufzte, ließ von ihren Fingernägeln ab und schob ein zerfleddertes Büchlein durch die Öffnung.

»Hier. Der Fahrplan. Schauen Sie selbst nach. Sie sehen, ich kann momentan nicht blättern.«

Sehr zu meiner Überraschung fand ich auf Anhieb heraus, dass an diesem Nachmittag ein einziger Zug nach Plovdiv fuhr, und zwar in einer halben Stunde. Wortlos schob ich das Büchlein zurück und begab mich zum nächsten Schalter.

»Falscher Schalter«, donnerte es hinter meinem Rücken. Ich drehte mich um und blickte in die aufgerissenen Augen der Rothaarigen, die ihren Kopf in die schmale Öffnung des Schalters gesteckt hatte und mir aus Leibeskräften hinterherschrie:

»Die Fahrkarten nach Plovdiv gibt es am Schalter zwölf. Oder dreizehn. Oder vierzehn. Oder fünfzehn. Muss ich denn allen hinterherlaufen? Als es noch keine Kunden gab, sondern Genossen, war es viel besser. Die sogenannten Kunden von heute können nicht mal die Schuhe selbst binden. Was hätten Sie denn ohne mich gemacht?«

Wortlos rollte ich den Koffer zu Schalter zwölf, an dem das Schild »Pause« prangte, wie auch an den Schaltern dreizehn und vierzehn. Vor Nummer fünfzehn wand sich eine Schlange. Ich stellte mich hinten an und fragte mich besorgt, wie es wohl um die Fingernägel dieser Verkäuferin bestellt war. Sie schienen jedoch bereits lackiert zu sein, denn die Schlange bewegte sich, wenn auch etwas seltsam: Plötzlich verließen alle Wartenden den Schalter fünfzehn und schwappten zu Nummer vierzehn.

»Warum stehen wir jetzt hier?«, fragte ich die Frau vor mir.

»Weiß der Geier, warum«, zuckte sie resigniert mit den Schultern.

»Und warum haben Sie mitgemacht?«, schnaubte ich.

»Weil alle anderen mitgemacht haben.«

Weitere fünf Minuten später wechselte die Schlange zu Schalter dreizehn und von dort aus zu Schalter zwölf. Keiner wusste, warum, keiner fragte, keiner regte sich auf. Jeder machte klaglos, was die anderen machten.

Wutentbrannt verließ ich die Schlange und marschierte zum Schalter fünfzehn. Dort hing ein Schild, auf dem »Pausenzeiten« stand. Darunter wiederum stand Folgendes:

8.00 Uhr – 8.15 Uhr geöffnet
8.15 Uhr – 8.30 Uhr Pause
8.30 Uhr – 8.45 Uhr geöffnet
8.45 Uhr – 9.00 Uhr Pause

Die am Bahnhof Beschäftigten schienen also fünfzehn Minuten zu arbeiten und weitere fünfzehn Minuten Pause zu machen.

Jeder Schalter pausierte fünf Minuten früher als der nächste.

Ich war in diesen unheilvollen Arbeit-Pause-Rhythmus geraten und hätte so lange den Schalter wechseln müssen, bis ich zu den ersten fünf in der Schlange gehört hätte, die in der so knapp bemessenen Arbeitszeit bedient werden konnten.

»Scheißland. Scheißvolk. Scheißfahrkartenschalter«, fluchte ich und fasste den Entschluss, nach Plovdiv schwarzzufahren.

Am Bahnhof in Plovdiv wartete Lilly. Unsere einst enge und innige Freundschaft hatten wir in den letzten Jahren nur noch mit seltenen Briefen und noch selteneren Telefonaten aufrechterhalten.

»Meine Mutter hat angerufen. Sie wusste nicht, ob du wirklich kommst. Ich war mir aber sicher. Deshalb stehe ich hier.«

Lilly breitete die Arme aus. Ich stürzte mich hinein und fing sofort an zu weinen.

»Ich habe vom Tod deines Vaters gehört«, sagte sie nach einer Weile. »Auch von deiner Abtreibung. Deine Mutter hat mich angerufen. Es tut mir so leid. Das Leben kann so traurig sein.«

Ich weinte. Ich weinte immer lauter. Ich tobte. Ich schrie mir die Verluste, die Ängste, die Einsamkeit der letzten Jahre aus der Seele.

Lilly löste ihre Umarmung und bohrte zwei grüne Katzenaugen in mein Gesicht: »Du bist nicht nur traurig«, stellte sie fest. »Du bist auch wütend. Endlich bist du wütend. Es war höchste Zeit. Bei deiner Selbstverleugnung in den letzten Jahren habe ich Schlimmes befürchtet.«

»Welche Selbstverleugnung?«, schniefte ich.

»Na, deine Ehe, was sonst? Ein paar Jahre kenne ich dich schon. Du hattest dich doch völlig aufgegeben. Sergejs Familie hat dich in ihr klebriges Netz gelockt und dir ein fremdes Leben aufgestülpt, bevor du dein eigenes gefunden hattest. Der Tod deines Vaters hat es dir vor Augen geführt. Nun steckst du in der Krise«, psychologisierte sie.

»Guten Abend, die Damen!«, ertönte es hinter meinem Rücken.

Ich fuhr herum und blickte in die spöttisch funkelnden Augen von Orlin.

»Wir stehen seit einer halben Stunde hier«, sagte Lilly. »Selbst die bulgarischen Züge sind pünktlicher als du.«

Ich warf mich nun in Orlins Arme.

»Du elender Schuft«, schrie ich und hämmerte gegen seine Brust. »Was tust du plötzlich hier? Wo warst du in den ganzen letzten Jahren? Warum hast du keine Zeile geschrieben? Warum hast du dich nie blicken lassen?«

»Hätte ich auf deiner Hochzeit erscheinen sollen, meine Hübsche?«, fragte Orlin.

»Wärst du damals nicht verschwunden, hätte es wahrscheinlich keine Hochzeit gegeben, du Idiot«, schrie ich weiter.

Orlin drückte mich fester an sich.

»Du kennst mich doch, mein Goldstück. Ich bin kein sonderlich entschlossener Mann. Ich dachte, ich schaffe den Absprung nicht, wenn ich mich von dir verabschiede.«

Ich weinte. Lilly schlang ihre Arme um uns und weinte auch.

Nun standen wir drei da – engumschlungen, schweigend, Tränen der Freude weinend. Drei Freunde, die im Gefühl verweilten, etwas verloren Geglaubtes, etwas äußerst Kostbares wiedergefunden zu haben.

Wir fuhren in die Altstadt von Plovdiv. In einem der alten Häuser dort befand sich Lillys Wohnung: ein einziger luftiger Raum, dessen schräge Fenster den Blick in den Himmel freigaben. Kein Attribut sozialistischer Einrichtungskunst beeinträchtigte den Charme dieses Raums. Keine Schrankwand also, keine Einbauküche, keine dreiteilige Sitzgarnitur. Stattdessen freigelegte Dielen, ein heller, naturbelassener Holztisch, lavendelfarbene Wände, ein alter, freistehender Schrank. Nichts hier wirkte so, als würde sich Lilly ein fremdes Leben aufstülpen lassen.

»Das Geld für die Wohnung hat mir meine Großmutter vererbt«, sprudelte sie. »Meine Eltern wollten, dass ich etwas in Sofia kaufe. Direkt neben ihrem Haus. Ich habe mich geweigert. Wie du siehst – mit Erfolg.«

»Für bulgarische Verhältnisse – eine Revolution«, rief ich entzückt. »Wo hast du die herrlichen Möbelstücke her?«

»Die Schränke habe ich alten Menschen in der Umgebung abgekauft, sie selbst abgeschliffen und gestrichen. Den Tisch habe ich zimmern lassen. Mit dem Tischler musste ich mich beinahe prügeln. Er wollte das Holz unbedingt lackieren.

Nach einem Architekten für den Umbau habe ich lange gesucht. Alle etablierten sind leider mit Kommunismus infiziert. Letztendlich habe ich einen Studenten gefunden. Wenn man etwas wirklich will, meine Liebe, dann kriegt man es hin. Auch in diesem Land.«

Lilly entkorkte eine Weinflasche und winkte uns auf den Balkon.

Einem Bündel Sonnenstrahlen war es gelungen, die Wolkenwand zu durchbrechen. Die Altstadt von Plovdiv lag vor uns ausgebreitet. Auch hier schien der Kommunismus keine Spuren hinterlassen zu haben. Kein einziger Plattenbau versperrte die Sicht, es gab keine mit Löchern übersäte Asphaltstraße. Steingassen wanden sich an weißen Mauern vorbei, die hübsche, zweistöckige Häuser beschützten. Platanen säumten die Straßen, Feigenbäume hatten ihre grünen Lappen auf die Mauern gelegt.

An der Kunsthochschule in Plovdiv unterrichte sie Musik, erzählte Lilly. Und nebenbei wolle sie noch einmal studieren. Malerei.

»Hast du einen Freund?«, erkundigte ich mich.

»Nein«, grinste Lilly. »Und das ist momentan gut so. Ich brauche Zeit für mich. Könntest du dir übrigens auch nehmen und über deine Ehe nachdenken. Dein Mann ist nicht der Richtige für dich.«

»Gibt es den Richtigen überhaupt?«, fragte ich und guckte zu Orlin, der sich in Zigarettenrauch und Schweigen hüllte.

»Natürlich gibt es den Richtigen«, sprudelte Lilly weiter. »Zumindest phasenweise.«

»Und woran erkennt man ihn?«

»Ein Mann, der dir guttut, würde dich in deinen Stärken unterstützen«, fuhr Lilly fort. »Wobei unterstützt dich Sergej denn? In deiner Kontrollsucht, deiner Angst? Die Angst ist es doch, die euch verbindet. Die Angst vor dem

Alleinsein. Die Angst, verlassen zu werden. Die Angst vor dem Leben. Sergej stärkt deine Ängste. Er fesselt dich an seine neurotische Familie, weil er selbst gefesselt ist. Mach endlich Schluss mit dieser Ehe!«

»Aber natürlich, Madame Küchenpsychologin!«, rief ich.

»Kann es sein, dass du zu viele Frauenzeitschriften liest? Seit der Wende werden sie haufenweise ins Bulgarische übersetzt, nicht wahr? Zu der Ehe mit Sergej hat mich keiner gezwungen, diese Ehe wollte ich selbst.«

»Du Dummerle«, rief Lilly. »Was du wolltest, war Liebe, und du dachtest, in dieser Ehe würdest du sie finden.«

Ich guckte wieder zu Orlin, der Ringe in die Luft blies.

»Denkst du auch so?«, konnte ich mir die Frage nicht verkneifen.

»Wie du aus leidvoller Erfahrung weißt, mein Goldstück, stelle ich bei solchen Fragen das Denken ab. Was helfen dir bitte meine Gedanken? Sie lenken dich nur von dir selbst ab. Und genau da solltest du landen. Dann brauchst du auch solche Fragen nicht zu stellen.«

»Du hältst dich immer noch für Freud höchstpersönlich, nicht wahr?«, sagte ich gereizt. »Was hast du in den letzten Jahren überhaupt getrieben?«

»Freud studiert«, grinste Orlin. »Ich habe mich für Psychologie eingeschrieben, in Wien. Ich glaube allerdings nicht, dass du mit ›getrieben‹ mein Studium meinst. Ich weiß, was dir auf der Seele brennt. Und diese eine Frage beantworte ich dir ausnahmsweise, sogar bevor du sie gestellt hast. So etwas wünschst du dir, oder? Dass jemand kommt, für dich denkt, für dich entscheidet, dir überhaupt alles Unangenehme und Anstrengende im Leben abnimmt. Also nein, meine Süße, ich bin nicht verheiratet. Liiert bin ich auch nicht. Ich handhabe es so wie Lilly. Ich beschäftige mich mit mir selbst. Und ich hoffe auf die Richtige.«

»Und was willst du in der Zwischenzeit machen? Ich meine, bis du die Richtige gefunden hast?«

»Ich werde mein Studium abschließen und nach Bulgarien zurückkehren. Wie soll sich dieses Land jemals ändern, wenn alle abhauen?«

»Du willst also das bulgarische Volk therapieren«, lachte ich. »Von den Folgen des Kommunismus. Ein aussichtsloses Unterfangen.«

»Ich weiß«, lachte auch Orlin. »Wobei der Kommunismus samt Folgen nicht das Schlimmste ist. Spätestens, wenn es einen Generationswechsel in Bulgarien gibt, regelt sich das von allein. Die Familien sind das Problem. Eine Ablösung von den Eltern findet in diesem Land nicht statt, ist nicht vorgesehen in der bulgarischen Kultur. Alle kleben aneinander. Lebenslänglich. Das ist viel hartnäckiger als die Folgen des Kommunismus. Trotzdem bin ich optimistisch. In deinem Fall übrigens auch. Ich glaube, dass du es schaffst, dich zu lösen. Was auch immer es für dich bedeutet.«

Eine Weile saßen wir noch und schwiegen. Ich streckte mein Gesicht den letzten Sonnenstrahlen entgegen, schloss die Augen und fühlte Ruhe in mein Inneres einkehren. Ich war unter Freunden. Endlich wieder unter Freunden.

Eines Tages flatterte ein Brief von Sergej ins Haus.

»Das ist der Bruder deiner Schulfreundin, nicht wahr?«, strahlte Oma Denka und guckte mich erwartungsvoll an. Ich guckte missmutig zurück. Für einen kurzen Augenblick hatte ich gehofft, der Brief sei von Orlin.

»Freust du dich denn nicht?«, fragte Oma angesichts meiner entgeisterten Miene. Ich starrte sie böse an.

»Mach doch auf«, forderte sie ungeachtet dessen.

»Geh doch raus«, forderte wiederum ich.

»Gut, ich gehe jetzt, aber ich bin gleich wieder da. Und dann«, Oma legte eine Spannung erzeugende Pause ein, »dann will ich einen ausführlichen Bericht. Andernfalls überreiche ich keine weiteren Briefe. Schließlich landen sie in meinem Briefkasten.«

Als sie endlich weg war, inspizierte ich den Umschlag. Die Briefmarke war kein bisschen schief oder verrutscht, sondern mit sicherer Hand exakt an die richtige Stelle geklebt. In breiter, gleichmäßiger Schrift ruhte die Adresse auf dem Papier. Die Wörter hatten ausreichend Platz und auch eine gewisse Würde. Das Wort »Straße« zum Beispiel, sonst häufig abgekürzt, war sorgfältig ausgeschrieben. Als Empfänger war der vollständige Name meiner Oma ausgebreitet, gefolgt von meinem eigenen, ebenfalls vollständig ausgeschriebenen Namen, sorgsam in Klammern eingebettet. Die Fürsorglichkeit und der Stolz dieses ungeöffneten Briefes gefielen mir. Meine anfängliche Enttäuschung wich einer gewissen Vorfreude, in deren Kern die Hoffnung flackerte, der Inhalt des Briefes könnte mich aus meiner Niedergeschlagenheit herausholen. Hastig riss ich den Umschlag auf.

Mit seiner rundlichen, gleichmäßigen Schrift hatte Sergej zwei Drittel der Seite gefüllt. Die geraden, bescheidenen Sätze erhoben keinerlei Anspruch, mehr darzustellen, als sie beinhalteten. Ihr Inhalt jedoch war niederschmetternd.

Er sei in Berlin angekommen, teilte mir Sergej ohne Umschweife mit, das Semester habe begonnen, seine Eltern seien eingetroffen und bereits wieder abgereist. Mit seinen Eltern habe er das Pergamonmuseum besucht, eröffnete er mir des Weiteren, sie seien zweimal essen gewesen. Das Essen sei lecker gewesen, hielt er unverschnörkelt fest. Das Essen in der DDR sei sonst überhaupt nicht lecker, fügte er hinzu. In der Mensa zum Beispiel erst recht nicht. Wie das Essen in der Sofioter Mensa sei, erkundigte er sich, ob mein Semester ebenfalls begonnen habe und ob er mir weitere Briefe schreiben dürfe. Briefeschreiben gehöre nämlich zu seinen Lieblingsbeschäftigungen.

Ich lachte schallend auf. Über so viel geballte Banalität und Selbstgefälligkeit zum einen, zum anderen aber auch, um die stechende Enttäuschung zu übertönen. Ein Mann, der solche Briefe schrieb, war als Retter völlig untauglich. Die Retter in meiner Phantasie schrieben geistreich, humorvoll und flammend.

»Was gibt es da zu lachen?«, fragte Oma Denka, die mit zwei dampfenden Kaffeebechern ins Zimmer getreten war.

»Oh, jede Menge«, schüttelte ich mich.

»Was schreibt denn der junge Mann so Lustiges?«, bohrte sie, Ungutes ahnend, weiter und hielt mir einen Kaffeebecher entgegen.

»Dass das Essen in der DDR nicht lecker sei«, wieherte

ich, nahm einen unvorsichtig großen Schluck Kaffee, verbrannte mir dabei die Zunge und verschluckte mich.

»Geschieht dir recht«, gab Oma ungerührt von sich.

»Was ist denn so lustig daran, dass der arme Junge da in der Fremde nichts Vernünftiges zu essen bekommt? Er hat halt keine Großmutter dabei, die ihn bekocht, im Unterschied zu einigen der hier Anwesenden, die so etwas nicht zu schätzen wissen.«

»Genau das scheint sein Problem zu sein«, wieherte ich mit schmerzender Zunge weiter. »Dem jungen Mann mangelt es an richtiger Versorgung, und das schadet seinen Hirnzellen. Deshalb schreibt er solchen selbstgefälligen Schwachsinn.«

»Da ist sie wieder, meine verzogene Enkelin!«, rief Oma. »Die Prinzessin auf der Erbse. Nichts im Leben reicht ihr so, wie es ist. Auch dieser anständige Mann nicht, an dessen Schulter sie sich anlehnen und zur Ruhe kommen könnte. So einer ist meiner Enkelin zu gewöhnlich. Über so einen lacht sie nur. Lieber trauert sie irgendwelchen Spinnern nach, die ihr nicht mal eine Zeile schreiben.«

»Geh raus«, sagte ich entkräftet, spürte jedoch, wie Omas Worte in mein Inneres drangen und mein ohnehin instabiles emotionales Gleichgewicht noch stärker ins Schwanken brachten.

»Frau Doktor Nikolaeva am Apparat«, ertönte es ein paar Tage später auf der anderen Seite der Leitung.

Ich schwieg und durchwühlte die entlegenen Winkel meines Gedächtnisses nach einer Frau Doktor Nikolaeva.

»Ich bin die Mutter von Sergej und Svetomira«, wurde ich beleidigt aufgeklärt.

»Wie geht es Ihnen?«, murmelte ich beschämt.

»Lassen Sie die Höflichkeitsfloskeln«, sagte Sergejs Mutter. »Kommen wir direkt zur Sache: Sie haben meinen Sohn kennengelernt und ich hatte den Eindruck, er hat Ihnen gefallen. Was ich heute von Ihnen wissen will: Wie soll das Ganze nun weitergehen?«

Ich schwieg perplex.

»Glauben Sie mir«, fuhr Frau Doktor unbeirrt fort, »ich kenne meinen Sohn. Meistens weiß er nicht, was gut für ihn ist. Und er ist zu schüchtern. Wie jeder anständige Mensch. Mit anderen Worten: Wenn Ihnen etwas an meinem Sohn liegt, müssen Sie die Initiative ergreifen.«

»Welche Initiative denn?«, fragte ich begriffsstutzig.

»Herrgott noch einmal«, schrie mir Frau Doktor ins Ohr. »Ich habe Sie wirklich für raffinierter gehalten. Schreiben Sie ihm doch mal. Von alleine wird er nicht darauf kommen!«

»So gut kennen Sie Ihren Sohn doch nicht«, triumphierte ich. »Er hat mir bereits geschrieben.«

Nun war Frau Doktor perplex.

»Er hat Ihnen geschrieben, und ich weiß nichts davon?«, japste sie in den Hörer.

»Mhmmm«, trällerte ich, über den unverhofften Punktsieg erfreut.

»Und was genau hat er Ihnen geschrieben?«, fragte Frau Doktor, die in ihrer Verblüffung jegliches Taktieren vergaß.

»Das müssen Sie Ihren Sohn schon selbst fragen«, legte ich genüsslich einen drauf.

Eine Weile schwiegen wir.

»Mischen Sie sich immer so in das Leben Ihrer Kinder ein?«, erkundigte ich mich.

»Bei wichtigen Dingen schon. Das heißt, ich mische mich nicht ein. Ich sorge dafür, dass es meinen Kindern gut geht.«

»Und Sie meinen, Ihrem Sohn geht es gut, wenn er mir schreibt?«

»Ja, das meine ich. Wenn er Ihnen schreibt, hat er nämlich keine anderen Flausen im Kopf.«

»Welche Flausen denn?«, erlag nun ich meiner Neugier und vergaß das Taktieren.

»Das müssen Sie meinen Sohn schon selbst fragen«, schoss meine künftige Schwiegermutter zurück und schlug anschließend vor, uns am nächsten Tag zum Kaffee zu treffen.

Als ich das Café im Sofioter Grandhotel Bulgaria betrat, erblickte ich Sergejs Mutter sofort. Sie saß in einer Ecke, in einen dunkelroten Mantel gekleidet, den Hals angespannt gereckt, den Habicht-Blick auf mich geheftet.

»Ich habe Sie pünktlicher erwartet«, teilte sie mir mit und orderte beim kahlköpfigen Kellner zwei Kamillentees. Sie habe ihre tägliche Dosis Kaffee bereits zu sich genommen, eröffnete sie mir und schien keinen Zweifel daran zu haben, dass es bei mir genauso war. Dann erkundigte sie sich nach meinen Zukunftsplänen.

»Ich habe keine«, antwortete ich wahrheitsgetreu.

»Das habe ich mir gedacht«, triumphierte Sergejs Mutter. »Deshalb bin ich hier. Ich habe nämlich einen Plan für Sie.«

Ich zog die Augenbrauen hoch.

Es dürfte mir bekannt sein, setzte Sergejs Mutter an, dass sie selbst an einem wissenschaftlichen Institut arbeite und daher stets in wissenschaftlichen Kreisen verkehre. Gestern zum Beispiel habe sie sofort nach ihrer Ankunft in Sofia einen Kollegen aufgesucht, einen Professor an der Fakultät Germanistik. Und sie habe sich nach mir erkundigt.

Ich riss die Augen entsetzt auf.

Dieser Professor habe mich als eine Studentin mit viel Potential beschrieben, der es jedoch an Orientierung und charakterlicher Stabilität mangelte. Und sie sei heute gekommen, um eine klare Linie in mein Leben zu bringen. Der Professor habe ihr nämlich von der Möglichkeit berichtet, für zwei Semester an der Humboldt-Universität in Berlin zu studieren. Ob ich von dieser Möglichkeit bereits wüsste?

Ich schüttelte den Kopf.

Um solche Sachen müsse man sich eben kümmern, ließ mich Sergejs Mutter wissen. Nach Berlin würden allerdings nur zehn Studenten geschickt, erläuterte sie. Die mit den besten Noten. Also sollte ich mich schleunigst bemühen, meinen Notendurchschnitt auf Vordermann zu bringen. Dann könnten wir ein Jahr in Berlin verbringen. Alle zusammen.

»Wen meinen Sie mit alle?«, fragte ich erschrocken.

»Na, wen wohl?«, posaunte Sergejs Mutter. »Meinen Sohn und meine Tochter, die auch in Berlin studiert, mich und meinen Mann. Wir sind, wie bereits erwähnt, Wissenschaftler. Ein Lehrauftrag in Ost-Berlin ließe sich bestimmt organisieren.«

Am nächsten Tag kreuzte Sergejs Mutter bei Oma Denka auf, unterbreitete ihr den Plan, mich im nächsten Jahr nach Berlin zu schicken, wo sich auch ihr Sohn aufhalte, zwinkerte ihr verschwörerisch zu, bat sie dann, gut auf mich aufzupassen und dafür zu sorgen, dass nichts schiefginge.

Oma Denka schwebte im siebten Himmel. Eine bevorstehende Heirat und ein gleichzeitiger Karrieresprung ins Ausland waren weitaus mehr, als sie sich erträumt hatte. Für mich und für sich selbst. Denn in Familienangelegenheiten trennte meine Großmutter nicht zwischen sich und anderen Menschen. Familiensinn hin oder her, im siebten Himmel schwebte Oma allein. Ich leistete ihr da keine Gesellschaft. Ich schwebte zwar auch, aber im unangenehmen Niemandsland zwischen zwei gleich starken Stimmen in meinem Inneren. Einerseits machte mich die beispiellose Übergriffigkeit von Sergejs Mutter zunächst stutzig und anschließend rasend. Andererseits fand ich die Option, ein Jahr in Berlin zu verbringen, durchaus verlockend. Berlin würde ein Schritt nach vorne sein, ein Neuanfang, ein Impuls von außen, der mir helfen würde, meine inneren Abgründe zu umschiffen. Mein Leben würde wieder eine Richtung bekommen. Berlin würde meine Rettung sein. Meine Rettung vor mir selbst.

Plovdiv, Dezember 1994

Orlin kam mit einem Tablett in Lillys Schlafzimmer, wo wir beide wie in alten Zeiten in ihrem Doppelbett geschlafen hatten. Kaffeeduft mischte sich mit dem Buttergeruch nach frisch Gebackenem. Auf dem Tablett dampften drei Tassen. Daneben türmten sich Sakuski, die Orlin von der nächsten Furna, einer bulgarischen

Bäckerei, gekauft hatte. Sakuski heißt wortwörtlich übersetzt nichts anderes als »Frühstücke«. Dieser prosaische Name allerdings, der lediglich die Tageszeit benennt, zu der die Sakuski gewöhnlich verspeist werden, dieser alltägliche, völlig unpoetische Name also, verfehlt das Wesen dieser Schöpfung göttlich inspirierter Backkunst komplett. Vielmehr sollten Sakuski so etwas wie »Sündenfall« heißen oder »Seelchen« oder »Süßer Tod« oder »Butterdroge« oder aber auch »Gaumenorgasmus«. Denn bei Sakuski, wenn sie gut gemacht sind, handelt es sich um ein Höchstmaß an Genuss, Butterverbrauch und Kaloriendichte. Sakuski sind Teig und Luft gewordene Sinnesfreude, eine konzentrierte und folgenschwere Erscheinungsform der Lust.

Jeder bulgarische Stadtteil ist mit so einer Furna ausgestattet, mit einer Bäckerei also, die morgen für morgen Sakuski speit und damit zweierlei Dinge verantwortet: sowohl eine gewisse versöhnliche Milde in den Blicken etlicher Bulgaren über fünfzig als auch ihren erheblichen Hüft- und Bauchspeck. Die jüngeren Bulgaren, noch um ihre Linie bemüht und von dem Sog der Sakuski bereits wissend, machen wohlweislich einen weiten Bogen um die Furnas. Nicht so Orlin an jenem Morgen.

Wir mampften selig. Nähe und Wärme umhüllten uns. Wir scherten uns nicht um Kalorien.

Der Dezember überraschte mit ein paar sonnigen Tagen, die ich mit Lilly und Orlin verbrachte: Wir schlenderten durch die Altstadt, ließen uns in Cafés nieder, genossen die klare, unverhofft milde Luft und amüsierten uns über die kurzen Röcke der vorbeistolzierenden Mädchen.

Am Sonntag fuhren wir in die Rhodopen – das ausladende Bergmassiv, in dessen Ausläufer Plovdiv eingebettet war. Wir liefen durch den winterlichen Wald, kehrten ins mittelalterliche Batschkowo-Kloster ein, zündeten in dessen schummriger Kirche zwei Kerzen an. Eine für die Toten. Eine für die Lebenden. Dann aßen wir mit den Mönchen Bohnensuppe mit Bergkräutern, kauften ihnen Rotwein ab und tranken ihn abends auf Lillys Terrasse.

Es waren wunderbare winterliche, geschenkte Tage, in denen wir Sonne für die kommenden dunklen Monate tankten, Zuneigung und Verbundenheit für das, was die Zukunft bringen sollte.

Die Zukunft trat dann jeder alleine an: Lilly blieb in Plovdiv, um ihren neuen, elternlosen Lebensweg zu gehen. Orlin fuhr nach Wien, um weiter zu studieren. Ich nahm den Zug nach Sofia, um dort ein paar Tage allein zu verbringen, bevor ich in mein Elternhaus weiterfahren würde.

9
Sommerhimmelblick

Sofia, Dezember 1994

Orlin hatte mir ans Herz gelegt, ein Zimmer im Grandhotel Bulgaria zu buchen. Im postkommunistischen
Sofia ein vernünftiges Hotel zu finden, sei keine einfache
Sache, hatte er mir eingeschärft. Es gebe da entweder so
etwas wie das Hilton oder eben alte Hotels aus kommunistischer Zeit, von denen dringend abzuraten sei. Das
Grandhotel Bulgaria hingegen sei eine Ausnahme. Es sei
etwas Besonderes. Es habe Geschichte, Stil und – was
man bei der imposanten Fassade nicht vermute – auch
bezahlbare Preise.

Orlin hatte Recht: Das Grandhotel Bulgaria war tatsächlich etwas Besonderes: Es hatte den Charme eines
betagten, mittellos gewordenen Dandys. Die einst edlen
Perser im Foyer waren übersät mit Löchern, der Glanz
der goldumrahmten Spiegel war ermattet, das Rosé der
Seidentapeten – ergraut. Die Rosen in den Kristallvasen
allerdings waren frisch und die Manieren der Damen
an der Rezeption – tadellos. Sie verhielten sich so wie
bulgarische Dienstleister eigentlich nie: höflich, zuvor-
kommend, unaufdringlich.

Allerdings überbrachten sie schlechte Nachrichten: Im
Grandhotel Bulgaria könne ich nicht übernachten, hieß
es mit einwandfrei ausbalancierter professioneller Einfühlsamkeit. Ein Zimmer auf meinen Namen sei erst
für nächste Woche reserviert. In dieser Woche seien alle
Zimmer belegt. Eine internationale Klima-Konferenz
finde in Sofia statt. Bei der telefonischen Reservierung

müsse ein Missverständnis vorgefallen sein. Ob man mir stattdessen das neue Hotel Hilton ans Herz legen dürfe? Es gäbe in dieser Woche durchaus attraktive Eröffnungsangebote, wenn man sich von unserem Hause aus bemühe. Die einwandfrei ausbalancierte professionelle Einfühlsamkeit fing an, mir auf die Nerven zu gehen. Ich brauchte dringend eine Dusche, ein Bett und etwas zu essen. Ich beschloss, mein Glück im nächstgelegenen Hotel zu probieren.

Das nächstgelegene Hotel hieß Shipka, stammte aus kommunistischen Zeiten und gehörte somit zu den Etablissements, vor denen Orlin ausdrücklich gewarnt hatte. Zu Recht. Vom ersten Moment an versprach das Shipka nichts Gutes. Die Dame an der Rezeption beschnüffelte meinen Pass eingehend, als würde sie dort eingearbeitete Drogen vermuten. Dann bohrte sie ihre Augen in mein Gesicht und inspizierte es eindringlich, als ginge sie einer Suchmeldung der Polizei nach. Letzteres lag, wie sich später herausstellte, weniger an meiner zwielichtigen Erscheinung als an der Tatsache, dass die Dame Hotelgäste nicht sonderlich häufig zu Gesicht bekam. Außer mir und einem abgehalfterten sowjetischen General, der im Foyer sitzend döste und leise vor sich hinschnarchte, schien es keine weiteren zu geben. Mit einem mulmigen Gefühl im Bauch schloss ich das mir mürrisch zugewiesene Zimmer auf, tastete nach dem Lichtschalter und schrie aus Leibeskräften: Eine Armee schwarzer, olivengroßer, äußerst flinker Kakerlaken wuselte geschäftig auf dem Teppich, geriet durch das Licht in heillose Aufruhr, flitzte scheinbar unkoordiniert in alle Richtungen, schaffte es jedoch in Sekundenschnelle von der Bildfläche zu verschwinden.

Da ich nicht annahm, dass die Kakerlaken besonders weit gekommen waren, und eine Nacht in ihrer Nähe für mich nicht in Frage kam, verließ ich auf dem schnellsten Weg das unglückselige Hotel Shipka.

Ein Taxi fuhr mich dann ins Hilton. Das heißt, ein Taxi fuhr mich in die Nähe des Hilton. Die breite, von Palmen umsäumte, prachtvoll erleuchtete Auffahrt war von weitem zu sehen. Dieser unverfrorene Luxus schüchterte den Fahrer des klapprigen Ladas so sehr ein, dass er dreihundert Meter vor dem Eingang hielt und mich trotz heftiger Proteste dort stehen ließ.

Also erklomm ich samt Koffer die Auffahrt und stellte fest, dass die Palmen aus Plastik waren und aus der Nähe betrachtet albern wie Spielzeug wirkten. Vor dem Eingang standen zwei dunkeläugige Portiers, die grinsend und synchron ein bulgarisch gefärbtes »Welcome to Hotel Hilton, Madame« in meine Richtung bellten.

»Danke, Jungs«, keuchte ich. »Mit mir könnt ihr auch Bulgarisch sprechen. Kann mir einer den schweren Koffer abnehmen?«

»Welcome to Hotel Hilton, Madame«, bellten die beiden erneut, fletschten zwei Reihen makelloser Zähne und rührten sich nicht vom Fleck.

Ich wuchtete den Koffer ins Foyer, das gigantische Ausmaße hatte und mit weiteren Plastikpalmen bestückt war, in dessen Blättern Lichterketten blinkten – pink, orange und türkis.

Junges, ausgesprochen gutaussehendes bulgarisches Personal stand haufenweise herum, dessen Job offenbar einzig und allein darin bestand, seine makellosen Zähne zu präsentieren und in regelmäßigen Abständen »Welcome to Hotel Hilton« von sich zu geben.

Ich steuerte den Empfang an. Angesichts der fortschreitenden Zeit und meiner fortschreitenden Erschöpfung beschloss ich, mich den Gepflogenheiten des Hauses anzupassen und kein Wort Bulgarisch zu sprechen. Davon erhoffte ich mir einen bezahlbaren Schlafplatz und etwas zu essen. Die Rechnung ging auf.

Nach dem unvermeidlichen »Welcome to Hotel Hilton, Madame« händigte mir die Dame einen Schlüssel aus und erkundigte sich, ob ich einen Begrüßungsdrink wünsche. Einen Martini hätte sie im Angebot. Oder zwei. Oder drei. In der Eröffnungswoche könne nämlich jeder Gast so viele Martinis trinken, wie er wolle. Auf Kosten des Hauses. Vorausgesetzt, er bestelle eine Kleinigkeit zum Essen dazu. Das Club-Sandwich namens Welcome to Hotel Hilton sei im Angebot und sehr zu empfehlen.

Ich bestellte einen Martini und das empfohlene Sandwich. Damit hielt ich den Abend für gerettet und versank in eins der voluminösen türkisfarbenen Sofas, dessen weicher Stoff sehr viel Plastik enthielt und glänzte.

Alles im Hotel Hilton war glänzend, plastikhaltig, grell, blinkend, voluminös und irgendwie unterhaltsam. Alles in allem erinnerte das Hilton an ein riesiges, behagliches Zirkuszelt, das von grinsenden Clowns bevölkert wurde. Einer von ihnen brachte das Welcome-to-Hotel-Hilton-Sandwich: ein riesenhafter Turm aus Toastscheiben, der sehr zu meinem Entsetzen 80 Dollar kostete. Um die beschädigte Preis-Leistungs-Balance wiederherzustellen, schüttete ich in kürzester Zeit fünf kostenlose Martinis in mich hinein.

Schwankend, grinsend und »Welcome to Hotel Hilton« brabbelnd gelangte ich anschließend in mein Zimmer, zog mich schnell aus, warf mich aufs Bett und fiel augenblicklich in Tiefschlaf.

Am nächsten Morgen wachte ich mit dröhnendem Kopf auf. Ich griff nach dem Hörer, um Kaffee und Frühstück aufs Zimmer zu bestellen.

Das Frühstück sei im Zimmerpreis nicht inbegriffen, bekam ich in einem bulgarisch gefärbten Englisch zu hören. Ich könne etwas von der Karte auswählen. Die besagte Karte bot zum Frühstück ausschließlich Sandwiches mit Pommes frites, die ausnahmslos 80 Dollar kosteten.

»Hören Sie«, sprach ich auf Bulgarisch in den Hörer. »Ich möchte frühstücken, aber kein Sandwich mit Pommes frites. Ich möchte einen Kaffee, zwei Scheiben getoastetes Brot und ein bisschen Käse. Wäre das zu machen?«

»Madame«, ertönte es auf der anderen Seite der Leitung auf Englisch mit bulgarischem Anstrich. »Wir haben diese Woche das Sandwich Welcome to Hotel Hilton im Angebot.«

»Ich weiß«, erwiderte ich weiterhin auf Bulgarisch. »Ich möchte kein Sandwich. Ich möchte Weißbrot und Käse.«

»Yes, Madame. I understand, Madame. You would like the California Sandwich, just without pineapple.«

»Kein Sandwich. Weißbrot und Käse«, kratzte ich meine restliche Geduld zusammen.

»Okay, Madame. You will have the Texas Sandwich for your breakfast. Just without beef.«

»Jetzt hören Sie mir gut zu, Sie lächerliche Hilton-Marionette!«, schrie ich auf Bulgarisch. »Ich möchte kein Sandwich. Ich möchte ein bisschen Brot und Käse! Das wird wohl zu machen sein, selbst in dieser seltsamen Einrichtung. Und wenn Sie mich noch ein Mal auf Englisch ansprechen, beschwere ich mich über Sie. Bei Ihrem amerikanischen Chef persönlich. Haben Sie mich verstanden?«

»Yes, Madame. With pleasure, Madame. Welcome to Hotel Hilton, Madame. We wish you a nice stay here, Madame.«

Ich schmiss den Hörer hin und ging unter die Dusche.

Zehn Minuten später donnerte es an der Tür. In ein lakengroßes Duschtuch eingewickelt, machte ich die Tür einen winzigen Spalt auf, in der Hoffnung, Weißbrot und Käse in Empfang zu nehmen und die Tür sofort wieder zu schließen.

Der Kellner vor der Tür allerdings hatte andere Pläne. Mit einer ungeahnten Wucht drückte er gegen die Tür, quetschte mich an die Wand und marschierte entschiedenen Schrittes ins Zimmer. Ungerührt trat er auf meine Unterwäsche, die ich am Abend zuvor auf den Boden geworfen hatte. Über seinem Kopf balancierte er ein riesiges Frühstückstablett, das er auf den Nachttisch abstellte. Darauf befand sich eine Vase aus Metall, in der eine Plastikrose steckte, ein Haufen Pommes frites, in dem die amerikanische Fahne steckte, und zuletzt ein Sandwich mit einer weiteren Fahne darauf, auf der »Welcome to Hotel Hilton« stand.

»Die Pommes und das Sandwich sind ein Geschenk des Hauses, Madame«, verkündete der Junge auf Englisch mit bulgarischem Anstrich und trat den Rückweg an – mit kerzengerader Haltung, stolzgeschwellter Brust und meinem hellblauen BH im Schlepptau, der sich unglücklicherweise um sein rechtes Fußgelenk gewickelt hatte.

Die Tür fiel zu und klemmte eines der Körbchen ein.

Ich riss sie wieder auf, stellte mich vor den Kellner, zeigte stumm auf seinen Fuß, fiel auf die Knie und begann, an den BH-Riemen zu zerren. Ich zerrte, der Kellner zerrte, wir kamen kein Stück voran.

»Brauchen Sie Hilfe?«, erklang es hinter meinem Rücken auf Deutsch.

Mein Herz machte einen Satz. Meine Hände ließen von dem BH ab. Im Zeitlupentempo blickte ich hoch: hellbraune, hochwertige und ungeputzte Schuhe, Jeans, ungebügeltes Hemd, ein offenherziger Blick. Es bestand kein Zweifel. Vor mir stand Robin – der Mann, den ich in Berlin kennengelernt hatte.

»Bist du es wirklich?«, brachte Robin mühsam heraus. »Was tust du hier überhaupt?«

»Ich komme aus diesem Land, wenn ich dich erinnern darf.«

»Ich meine, was tust du halbnackt im Flur dieses lächerlichen Hotels?«

»Eine lange Geschichte«, sagte ich beklommen und guckte zu meinem BH hinunter.

Robins Blick verdüsterte sich. »Eine Geschichte, in der sich die Hauptfigur ihrer Unterwäsche entledigt?«

Ich schwieg.

»Ich habe dich recht verklemmt in Erinnerung«, fuhr Robin bissig fort. »Scheinst dich entwickelt zu haben. Wenn du schon das Hotelpersonal mit deiner Unterwäsche fesselst.«

»Sehr geistreich«, giftete ich. »Du hingegen hast dich kein bisschen entwickelt. Dein Humor ist unverändert grottig.«

»Dafür sind meine Hände unverändert geschickt. Lässt du mich machen?«

Robin entfesselte den Kellner, warf ihm einen bösen Blick zu und folgte mir ins Zimmer. Seine Laune verschlechterte sich von Minute zu Minute.

»Hast du mit diesem Lackaffen etwa geschlafen?«

»Und wenn schon. Du schläfst weiterhin mit deiner Frau, nehme ich an. Was ich tue, sollte dir daher egal sein.«

»Was du tust, wird mir niemals egal sein.«

Ich guckte Robin in die Gewitteraugen, stellte mich auf Zehenspitzen und küsste ihn.

Robin war Journalist und wegen einer internationalen Konferenz im Hilton. Er bat mich, ihm Sofia zu zeigen. Er wolle die Stadt mit meinen Augen sehen.

Wir durchstreiften Sofias Zentrum: schlenderten an der Alexander-Newski-Kathedrale vorbei, an dem ehemaligen Zarenschloss, an der früheren kommunistischen Parteizentrale, an der Moschee, an der Synagoge, anschließend gingen wir die Witoschka entlang, die Einkaufsstraße, die direkt in das Witoscha-Gebirge zu münden schien. In der Nähe der alten Universität kehrten wir in ein Café ein. Eine Schar Studenten strömte hinein. Wir grinsten uns verschwörerisch an: Sie schwänzten gerade ihren Unterricht, wir hatten beschlossen, unser sonstiges Leben zu schwänzen.

Wir winkten und überließen ihnen das Café.

Abends gingen wir in das Apartment, das Robin für den Rest seines Aufenthalts bewohnen durfte. Es gehörte einem bulgarischen Diplomaten, mit dem er sich in Berlin angefreundet hatte. Die Spuren der Lebensstationen dieses Diplomaten schmückten das luftige Wohnzimmer: afrikanische Holzmasken, koreanische Tusche-

zeichnungen, etruskische Statuetten. Das Zusammen-
spiel aus Licht, Form und Farbe in diesem Raum mochte
ich. Ich setzte mich aufs Sofa und hüllte mich in eine
Wolldecke. Robin schenkte mir Rotwein ein, ließ die
Beatles laufen und fing an zu kochen. Pfeifend und
Hüften schwingend schnitt er Zwiebeln, zerließ Butter
in einer Pfanne und schüttete die Zwiebeln hinein. Es
zischte und duftete. Ich zog die Decke enger um mich.
Robin rührte, stellte einen Kessel aufs Feuer, sang aus
vollem Hals *It's been a hard day's night* mit. Der Kessel pfiff.
Er goss kochendes Wasser auf die Tomaten, pellte und
schnitt, tat die Stücke in die Pfanne, schlug ein paar Eier
in eine Schüssel, salzte, pfefferte, rührte und kippte das
Ganze dann in die Pfanne.
»Fertig.« Er rieb sich die Hände, schnitt Petersilie in
dünne Streifen, Weißbrot in dicke Scheiben und deckte
den Tisch.
Wir aßen.
»Du hast Sergej also damals geheiratet«, sagte Robin
und schenkte mir Wein nach.
Ich nickte.
»Und? Bist du glücklich?«
»Das Essen schmeckt göttlich«, sagte ich mit vollem
Mund.
Robin lachte auf. »Wenn du einen dampfenden Teller vor
dir hast, spielt es keine Rolle, mit wem du verheiratet
bist, stimmt's?«
Ich nickte und kaute selig. Robin schaute mir eine Weile
zu, erzählte dann, dass er als Korrespondent für Südost-
europa arbeite, eigentlich in Wien lebe, noch eine Weile
aber in Sofia bleiben möchte. Die Stadt mit ihren orientalischen, kommunistischen, jüdischen und habsbur-

gischen Facetten finde er anziehend und in ihrer Zerrissenheit spannend.

»Bist du noch verheiratet?«

Robin nickte.

»Bist du glücklich?«

»Nein, glücklich bin ich nicht. Aber auch nicht unglücklich. Ich mag meine Arbeit, ich liebe meine Kinder.«

»Und? Reicht das?«

Robin stand auf und küsste mich. Wir taumelten zum Sofa. Mein Körper empfing ihn mit einem Feuerwerk. Wir feierten dieses so seltene, dieses so kostbare, dieses so grausam zufällige, so sicher vergängliche, dieses so unerträglich schöne gegenseitige Wollen.

Bevor der Morgen anbrach, schlich ich mich aus dem Bett und anschließend aus der Wohnung.

Auf dem Küchentisch kritzelte ich einen Zettel:

»Dieses Mal gehe ich. Wird es weniger wehtun als damals, in Berlin? Ich werde sehen.«

Bulgarien, achtziger Jahre

Wie fühlt es sich eigentlich an, seine Heimat zu verlassen? Für unabsehbare Zeit, möglicherweise sogar für immer. Und was verlässt man da genau?

Man verlässt seine Familie. Die Menschen also, mit denen man verbunden ist, unabhängig davon, was man leistet oder wie man sich verhält. Man verlässt Freunde, Kollegen und Nachbarn und mit ihnen die Gewissheit, irgendwohin zu gehören. Man verlässt die Sicherheit, die aus dem Gefühl entsteht, Gemeinsamkeiten zu haben. Eine Vergangenheit zum Beispiel, die nicht einem allein gehört. Ein wortloses Einvernehmen darüber, wie diese oder jene Geste zu deuten ist. Ein gemeinsames Lachen über Witze, die alle verstehen, weil sie eine gemeinsame Geschichte haben, gemeinsame Legenden und Mythen. Wie fühlt es sich an, all das zu verlassen?

Ich habe meine Heimat verlassen, ohne die Gefühle, die dazugehören. Die Bilder des Abschieds habe ich detailgetreu in Erinnerung, die Gefühle dazu aber fehlen.

Am Gleis fünf des Bahnhofs in Varna warteten Sergej und ich auf den Zug nach Berlin.

Es war mir gelungen, meinen Notendurchschnitt dramatisch zu verbessern und einen Studienplatz an der Humboldt-Universität zu bekommen. Nun fuhr ich meinem Auslandsstudium entgegen und, wie ich hoffte, einer gemeinsamen Zukunft mit Sergej. Verwirrt und ratlos stand ich inmitten eines großen Kreises von Menschen, die gekommen waren, um mich zu verabschieden. Meine Eltern waren gekommen, Oma Denka und mein Bruder Boris. Meine Tante Stella mit ihrem Freund Gavril. Onkel Peter mit seinem Hund Hektor. Mein Cousin Naiden mit Freundin Vanja und deren Mutter. Meine Cousine Flora mit bester Freundin und deren Freund. Die Krankenschwester, die mich als Kind frisierte. Die beste Freundin aus der Grundschule. Die beste Freundin aus dem Gymnasium. Meine ehemalige Klassenlehrerin und ihr Sohn, der in mich verliebt war. Eine beachtliche Zahl von Menschen, die mir die Tragweite dessen, was geschah, vor Augen führten. Wohlgemerkt, zum ersten Mal.

In den Tagen vor dem Abschied hatte ich mich in bewährter Manier in hektische Vorbereitungen gestürzt und dafür gesorgt, dass Gefühle, welcher Art auch immer, keinen Platz hatten. Nun stand ich am Bahnhof inmitten meiner Nächsten und deren Nächsten und fragte mich, was das ganze Theater zu bedeuten hatte. Es könnte einiges bedeuten. Es könnte zum Beispiel bedeuten, dass sich meine Nächsten liebend gern am Leben anderer beteiligten und sich ihre Angelegenheiten zu Herzen nahmen. Es könnte auch bedeuten, dass meine Nächsten so gut wie nie allein unterwegs waren. Ob sie zum Strand, zum Schuster oder zum Markt gingen, immer nahmen sie jemanden mit.

Es könnte ebenfalls bedeuten, dass meine bulgarischen Landsleute viel Zeit für Beziehungen hatten. Schließlich lebten sie im Sozialismus, wo sie für sehr wenig Geld sehr wenig arbeiteten. All das waren Gründe, aus denen sich meine Nächsten am Bahnhof befanden.

All diese Gründe waren jedoch nebensächlich. Die Hauptsache war doch die, dass es sich dabei um einen außergewöhnlichen Abschied handelte: Ich verließ meine Heimat für ungewisse Zeit. Womöglich sogar für immer. Von Abschiedsschmerz oder Angst war in meinem Inneren keine Spur. Ich fühlte mich taub und leer. Sogar ein wenig verärgert: Die bulgarische Gepflogenheit, überall in großen Gruppen zu erscheinen, schätzte ich nicht besonders. Alle schwiegen. Selbst Vater verzichtete dieses Mal auf seine obligatorische Abschiedsrede. Stellvertretend für ihn ergriff Oma Denka das Wort.

»So ist das mit den Kindern«, setzte sie elegisch an. »Man wacht über ihren Schlaf. Man steht vor Sonnenaufgang auf und knetet ihnen Mekizi zum Frühstück.

Man tröstet sie, man säubert ihre Schürfwunden. Man wartet nachts am Fenster, bis sie nach Hause kommen. Man zittert mit, wenn sie eine Prüfung haben. Irgendwann aber fliegen sie weg und lassen einen allein. Und man kann nichts dagegen tun. Gar nichts.«

Ein paar Frauen schluchzten.

»Das ist ja kitschiger als in Hollywoodfilmen«, gab mein Cousin Naiden zum Besten, holte eine Schachtel Papiertaschentücher aus seinem Rucksack und fing an, einzelne Tücher zu verteilen:

»Hier, meine Damen«, rief er theatralisch, »putzen Sie Ihre balkanischen Nasen mit federweicher Ware aus dem Westen. Und genießen Sie den Augenblick. So schnell kommt er nämlich nicht wieder. Die in Hollywood können gut heulen. Hier im reifen Sozialismus haben wir selbst mit dem Heulen ein Problem. Papiertücher sind bei uns Mangelware. Heute aber, heute ist es anders.« Naiden schwenkte die Schachtel »Etwas Besonderes für einen besonderen Tag. Unter dem Tresen bekommen für besondere Leistungen ...«

»Halt deinen Mund!«, schnauzte ihn Oma Denka an, riss ihm die Schachtel aus der Hand, holte damit weit aus und traf seine Stirn. »Ein Narr bleibt ein Narr. In jeder Lebenslage.«

»Vergiss uns nicht!«, schluchzte meine ehemalige Lehrerin und schnäuzte sich in ihr frisches Taschentuch.

»Lass bloß keine Scharlatane an deine Haare«, schluchzte auch die Krankenschwester.

»Größere Scharlatane als dich lassen sich wohl schwer finden«, grinste Naiden, rieb sich die angeschlagene Stirn und nahm mich in die Arme.

»Heirate bloß keinen Deutschen«, gab der Sohn meiner

Lehrerin zum Besten. »Ich habe gehört, deutsche Männer sind impotent.«

»Ich habe gehört, deutsche Männer sind perfekt«, fügte meine Tante hinzu. »Und die Frauen erst recht. Mach uns keine Schande: Wasch in Deutschland nie weiße T-Shirts mit dunklen Jeans zusammen.«

»Friss nicht so viele Kartoffeln. Sie machen bleich und bescheren dir eine Verstopfung«, warf meine beste Freundin aus dem Gymnasium ein.

»Lass deine Schlüssel nicht liegen, wenn du aus dem Haus gehst«, grinste mein Bruder. »In Deutschland kann ich dich nicht retten.«

Umarmungen. Betretene Blicke. In meinem Kopf – Nebel. In meinem Inneren – Leere. In meiner Brust – Druck.

Ein scharfer, warnender Pfiff. Ich stieg in den Zug, der sich keuchend in Bewegung setzte. Im Gang öffnete ich das Fenster, hängte mich hinaus und sah sie, meine Nächsten: eine riesige, bunte, weinende, liebende, winkende, mit Taschentüchern wedelnde Menschentraube, die sich immer mehr entfernte und kleiner wurde.

Ich rutschte auf den Boden und blieb eine Weile dort hocken. Da unten, auf dem ehemals dunkelroten, löchrigen Zugteppich, nahm ich meinen Abschied von Bulgarien, so wie ich es damals konnte. Ich fühlte immer noch keine Trauer. Stattdessen fühlte ich, wie mein Inneres auseinanderriss. Die eine Hälfte entschwand durchs Fenster, flog durch die winkenden Hände und mischte sich mit den Tränen meiner Mutter. Die andere Hälfte fuhr schwach, verkrüppelt, entwurzelt und voller Angst einer ungewissen Zukunft entgegen.

Die Zugfahrt in Richtung ungewisse Zukunft verbrachte ich in einer Art Taumel. Die meiste Zeit saß ich apathisch im Abteil und guckte anderen bulgarischen Studenten, die sich ebenfalls auf dem Weg nach Berlin befanden, beim endlosen Kartenspielen zu. Kartenspielen hielt ich für eine der stupidesten Arten, seine Zeit totzuschlagen. Ganz anders an diesem Punkt Sergej: Erregt verfolgte er das Geschehen, fieberte mit, erteilte hin und wieder den einen oder anderen Ratschlag. Am Ende jeder Runde fragte er unentwegt, ob er mitspielen dürfe. Die Antwort lautete jedes Mal »Nein«, was ihn nicht im Geringsten daran hinderte, immer aufs Neue zu fragen. Diese Studenten, die mir Sergej großspurig als seine Freunde vorgestellt hatte, mochten ihn ganz offensichtlich nicht. Er wiederum, ganz und gar dem Wunsch hingegeben, dazuzugehören, nahm die Ablehnung nicht wahr. Trotz meiner Apathie empfand ich die Demütigung, die Sergej nicht spürte. Ich verließ das Abteil. Sergej folgte mir.

»Geh schnell wieder rein«, giftete ich. »Vielleicht verpasst du deine Chance mitzuspielen.«

»Ich glaube«, erwiderte Sergej unbekümmert, »meine Freunde wollen gerade nur unter sich sein. Diese Zeit will ich hier mit dir verbringen.«

Sergejs Gabe, sich Unschönes schönzureden, brachte mich immer wieder zur Weißglut.

»Ich will aber etwas anderes«, sagte ich ungehalten. »Nämlich hier allein sein.«

»Du hast Bulgarien doch verlassen, um mit mir zu sein«, bemerkte Sergej weiterhin guter Dinge.

Ich schwieg wutentbrannt.

»Ah«, fuhr Sergej fort. »Was rede ich da überhaupt? Du hast Bulgarien überhaupt nicht verlassen. Sieht man an deiner Kleidung. In deinen fadenscheinigen Sandalen und dem weißen Top siehst du aus, als würdest du gleich zum Strand aufbrechen. Du bist aber auf dem Weg nach Deutschland. Konntest du nicht etwas Passendes anziehen?«

»Ich war noch nie in Deutschland. Woher soll ich wissen, was passend ist?«

»Aber du weißt wohl, wo Deutschland liegt«, fuhr Sergej gereizt fort. »Nämlich zweitausend Kilometer weit weg von Bulgarien. Und zwar in Richtung Norden. Sandalen, die deine Füße kaum bedecken, sind das Letzte, was du da gebrauchen kannst. Hast du keine Mutter, die dir so etwas sagt?«

Ich schwieg.

»Und wenn du schon keine Mutter hast, die dich aufs Leben vorbereitet«, ereiferte sich Sergej weiter, »warum hast du nicht meine Mutter gefragt? Sie hätte dir sicherlich von dieser provinziellen Aufmachung abgeraten. Du blamierst mich vor meinen Freunden.«

Ich ließ Sergej stehen und suchte die Toilette auf.

Dort lehnte ich eine Weile kraftlos an der Tür und blickte dann in den zerkratzten Spiegel: ein sonnengebräuntes Gesicht inmitten eines Wusts dunkler Locken; ein Paar braune Augen – leblos und leer. Die Augen einer Fremden, einer Gespaltenen.

Was verlässt man genau, wenn man seine Heimat verlässt?

Die Hälfte seiner selbst, wie es so oft heißt? Und wenn es so wäre, hat dann die andere Hälfte genug Kraft, um einen weiter durchs Leben zu tragen? Und woraus speist sich so eine Kraft überhaupt? Helfen einem seine Wurzeln in der Fremde? Und wenn es so wäre, wie sollten sie

am besten sein? Besser flach, und daher leicht zu ver-
pflanzen, oder besonders tief und Halt gebend? Und
was bedeutet es, sich von dem Land zu verabschieden, in
dem man aufgewachsen ist? Alte Bindungen zu kappen
und neue zu knüpfen, oder den alten nachzutrauern?
Und wenn man den alten nachtrauert, was macht es
mit einem? Bleibt eine klaffende Wunde im Herzen, die
schwächt, oder weitet Trauer das Herz sogar, damit es
genügend Platz für zwei Heimaten bietet – für die alte
und die neue?

10
Powerfrau

Sofia, Dezember 1994

In Zeiten, in denen ich großen Kummer fürchtete, schlafwandelte ich durchs Leben. Ich schaltete das Denken ab und versetzte mich in eine Art Trance. In meinem Kopf breitete sich Nebel aus, mein Inneres glich einem weißen, frisch gebügelten Laken. Keine beunruhigenden Gedanken, keine Angst, kein Schmerz, stattdessen jede Menge merkwürdige Unfälle. Putzte ich mir zum Beispiel in einer solchen Phase die Zähne, kleckerte unausweichlich bleichende Zahnpasta auf meine dunkle Jeans. Trank ich Kaffee, landete die Hälfte auf meiner weißen Bluse. Nahm ich die Zuckerdose in die Hand, ließ ich sie auf dem Boden zerschellen.
Nicht so an jenem Morgen, als ich meine Reise ans Schwarze Meer antrat. Ich schaffte es, ohne nennenswerte Zwischenfälle Robins Apartment zu verlassen und ein Taxi herbeizuwinken. Ich stieg in den Wagen, ließ mich auf den Rücksitz fallen und weinte leise vor mich hin. Die ältere Frau, die neben mir saß, tätschelte meine Hand, griff in ihre Tasche und holte ein herrlich duftendes Paket heraus. Aus Zeitungspapier, das an manchen Stellen durchfettet war, schälte sie Mekizi, aus weichem Teig gemacht, in siedendem Schmalz frittiert, mit Puderzucker bestreut.
»Iss, Seelchen, iss!«, hielt sie mir die duftenden Mekizi vor die Nase. »Dich muss man ja richtig aufpäppeln. Du fällst mir ja fast vom Fleisch. Und außerdem: Es gibt keinen besseren Trost als gutes Essen.«

Ich nahm eine Mekiza aus dem Paket und schluchzte noch lauter.

»Was ist denn überhaupt so Schlimmes passiert?«, hakte die Frau vorsichtig nach.

»Falsche Frage«, meldete sich die Taxifahrerin zu Wort. »Die richtige Frage wäre: Wie sieht der Kerl aus, Kleine? Ist er wenigstens groß, blond und blauäugig? Mit anderen Worten: Lohnt sich das Salzwasser überhaupt?«

»Durchaus.« Ich reichte der Taxifahrerin meine Mekiza.

»Köstlich«, schmatzte diese. »Innen weich und außen knusprig. Äußerst gelungen. Merk dir eins, Kleine: Essen ist viel wichtiger als Männer. Glaub mir, ich weiß, wovon ich rede. Meinen Alten habe ich letztes Jahr rausgeschmissen. Und im Unterschied zu dir habe ich ihm keine einzige Träne nachgeweint.«

Die Frau neben mir bot eine weitere Mekiza an.

»Ich brauche keinen Kerl, der trinkt und prügelt«, fuhr die Taxifahrerin mit vollem Mund fort. »Auch keinen Retter. Merk dir noch eins, Kleine: So ein Retter landet früher oder später selbst auf deinem Schoß. So einen Retter musst du dann retten. Von solchen Rettern habe ich die Nase voll. Lieber rette ich mich selbst.«

Die Taxifahrerin leckte sich geräuschvoll die Finger.

»Und für wen hast du dir dann die Lippen rot angemalt, Täubchen?«, fragte die Frau neben mir die Fahrerin. »Wen willst du damit ködern? Mich etwa?«

»Den Lippenstift trage ich für mich selbst«, schnaubte die Taxifahrerin. »Ich gefalle mir mit rotem Lippenstift besser. Auf so eine Idee kommst du gar nicht. Wie denn auch? Eure Generation hat sich nur nach den Männern gerichtet.«

»Und bist du glücklich, Täubchen?«, fragte die Frau

neben mir tückisch. »Bist du auch dann glücklich, wenn du abends in eine leere Wohnung kommst und in den Spiegel guckst? Hast du keine Angst davor, ganz allein alt zu werden? Mutterseelenallein?«

»Mutterseelenallein sind wir irgendwo alle, mit oder ohne Mann. Die Frage ist doch diese: Willst du allein sein *mit* einem Mann, der trinkt, prügelt oder bestenfalls nur nervt, oder willst du allein sein *ohne* einen Mann, der trinkt, prügelt oder bestenfalls nur nervt?«, sagte die Taxifahrerin.

Wir schwiegen.

»Hat der Kerl nur genervt, Kleine, oder hat er auch geprügelt?«, erkundigte sich die Taxifahrerin nach einer Weile.

»Weder noch. Der eine Kerl ist verheiratet. Und der andere – ich weiß nicht, ob ich ihn liebe.«

»Gütiger Himmel, es gibt sogar zwei Kerle!«, rief die Taxifahrerin. »Als wäre einer nicht schlimm genug. Ist der zweite etwa auch verheiratet?«

»Ja, mit mir.«

»Aha. Und? Trinkt und prügelt er oder hurt er nur herum?«

»Nichts dergleichen.«

»Wo ist dann das Problem?«

»Wenn ich das wüsste«, seufzte ich und stopfte mir die nächste köstliche Mekiza in den Mund.

Die Lokomotive ächzte und krächzte, stieß ein paar verzweifelte Pfiffe in die Welt. Der Zug rüttelte sich und schüttelte sich, brach erstaunlicherweise nicht auseinander, setzte sich stattdessen schwerfällig in Bewegung.

»Wir fahren«, stellte die ältere Frau überflüssigerweise fest, die neben mir im Gang hockte. Zwischen ihren Beinen klemmte eine gestreifte Plastiktasche, deren Griffe mit einer ausgefransten Schnur zusammengebunden waren. Links und rechts hielt die Frau jeweils einen Plastikeimer umarmt – gelb, schlammverschmiert und randvoll mit Äpfeln. »Aus meinem Dorf, aus meinem eigenen Garten«, strahlte sie, als sie meinen Blick bemerkte. »Für meine Enkelkinder in Varna. Die Armen haben ein schweres Los gezogen, müssen Sie wissen. Jeden Tag essen sie in einer, in einer …«, die Frau bebte vor Empörung, »in einer *Kantine!* Meine Schwiegertochter hält sich für etwas Besseres, sage ich Ihnen. Eine *Wissenschaftlerin.* Ihren Kindern aber kocht sie nicht mal eine Suppe. Wenigstens meine Äpfel sollen die Armen kriegen.«

Plötzlich erwachte die Tasche zwischen ihren Knien zum Leben: Sie beulte sich, vollzog einen Satz nach vorne und gab ein paar hohe Laute von sich.

»Schschschschsch«, redete die Frau auf die Tasche ein. »Ruhig, ruhig, meine Schönen. Sonst schmeißt uns der Schaffner aus dem Zug.«

Wie auf Kommando lugten zwei Hühnerköpfe aus der Tasche hervor und gackerten los, synchron und vorwurfsvoll. »Das sind Stanka und Gervaise«, erläuterte die Frau. »Die Besten im ganzen Hühnerstall, mein ganzer Stolz.«

»Wie sind Sie auf diese Namen gekommen?«, fragte ich, weil mir in meiner Verblüffung nichts anderes einfiel.

»Stanka hieß meine Mutter. Gervaise ist die Heldin meines Lieblingsromans von Emile Zola. Die arme Gervaise. Ihr Mann hat auch tief ins Glas geschaut. So wie mein

Dontscho. Gott segne seine Asche. Ach, was haben wir Frauen zu leiden, Kükchen. Aber du, du bist noch jung. Du kennst das Leben noch gar nicht.«

Stanka und Gervaise gackerten zustimmend.

»Können wir weiter zu unserem Abteil?«, fragte ich gereizt.

»Geht nicht, Kükchen«, strahlte die Frau, deren blendende Laune vom Leid ihres Lebens seltsamerweise ungetrübt geblieben war. Sie presste sich gegen die Wand und gewährte mir einen freien Blick auf den Gang, der einem sonderbar schlauchigen Kürbisfeld glich: Kürbisse, große, leuchtend orangene Kürbisse füllten den Gang und kullerten rhythmisch hin und her.

»Meine Kürbisse«, sagte die Frau glühend vor Stolz. »Eigene Produktion. Auch aus meinem Dorf. Jeder einzelne von mir gesät, gegossen, gestreichelt, geerntet und in den Zug geschleppt – für meine armen Enkelkinder in Varna.«

»Schön für Ihre Enkelkinder«, sagte ich säuerlich. »Aber das hier ist kein Güterzug. Wie haben Sie sich das eigentlich vorgestellt? Sollen wir die gesamte Zugfahrt im Stehen verbringen? Bis nach Varna sind es immerhin sieben Stunden.«

»Alles mit der Ruhe, Kükchen. Für alles findet sich ein Weg. Meine alten Beine halten jede Menge aus und deine erst recht. Und außerdem: Meine Kürbisse sind robust. Wenn wir müde sind, können wir uns auf einen von ihnen setzen und etwas essen. Reiseproviant habe ich genug dabei. Alles selbstgebacken.«

Da mir die Option, stundenlang auf einem, wenn auch robusten, Kürbis zu sitzen und selbstgebackenen Proviant zu futtern, überhaupt nicht gefiel, versuchte ich, den Gang auf eigene Faust zu passieren. Ich machte einen Schritt über ein besonders groß geratenes Exemplar hinweg, setzte meinen Fuß auf das winzige Stück freien Bodens dahinter, der Zug ruckelte, ich verlor das Gleichgewicht, fiel rücklings, brachte den einen Apfeleimer zum Kentern, landete dann neben der Tasche, Auge in Auge mit Stanka und Gervaise, die noch aufgeregter gackerten und ihrer leidgeprüften Besitzerin die Fassung raubten.

»Der Teufel soll dich holen«, kreischte sie. »Meine schönen Äpfel hast du beschädigt und die armen Hühner erschreckt. Jetzt scheißen sie mir die Tasche voll. Pest und Cholera sollen dich holen und deine Sippe ausrotten!«

»Na, na, Mütterchen«, meldete sich der Schaffner zu Wort, der vom anderen Ende des Waggons kam und gelenkig wie ein Affe Kürbis für Kürbis übersprang. »Viel zu schwere Flüche für so ein junges Mädchen.«

Als er das erste Abteil erreicht hatte, riss er die Tür auf, die Kürbisse rollten hinein, die Fahrgäste kreischten, der Schaffner grinste siegessicher und winkte uns herein. Wir setzten uns auf die freien Plätze. Die Tasche mit Stanka und Gervaise klemmte wieder zwischen den Knien ihrer Besitzerin, was die beiden beruhigte und für eine Weile verstummen ließ.

Wir fuhren weiter.

Berlin zeigte sich von seiner unerfreulichen Seite.
Ein Himmel aus Blei lastete auf den Schultern gleich aussehender Hochhäuser. Zornige Regentropfen attackierten die Zugfenster. Am Bahnsteig blies ein eisiger Wind und peitschte mir die Tropfen ins Gesicht.
Wir zerrten unsere Koffer in Richtung S-Bahnhof. Dort angekommen, fiel ich erschöpft auf eine Bank, zog meine nackten Beine hoch, umklammerte meine Knie und fror entsetzlich. Sergej – in eine wetterfeste Jacke eingehüllt – schaute mit einer Mischung aus Mitleid und Abscheu auf mich herab. Ein paar Schritte weiter palaverten die anderen Bulgaren, denen die Berliner Kälte trotz sorglos sommerlicher Aufmachung nichts anzuhaben schien. Die S-Bahn donnerte heran, zischte, pustete, blieb stehen, riss explosiv die Türen auf und spie einen Strom blonder, bleicher, wässrigäugiger Menschen mit bekümmerten Gesichtern und unförmigen Anoraks aus, deren Farben von der Tristesse draußen inspiriert schienen.
»Zurückbleiben«, bellte plötzlich eine laute Frauenstimme und drohte an, die Türen zu schließen. Die S-Bahn keuchte zustimmend. In heller Panik ergriff ich meinen Koffer und wuchtete ihn blindlings gegen den Strom aussteigender Menschen. Erstaunlicherweise wurde ich weder angerempelt noch beschimpft. Im Gegenteil. Man machte mir sogar Platz. Verschämt blickte ich in weitaufgerissene, verdutzte Augenpaare.
Im S-Bahn-Inneren angelangt, suchte ich Sergej. Ich sah ihn draußen, links neben der Tür, zusammen mit den anderen Bulgaren. Sie hatten sich zu einer schma-

len, kompakten Menschentraube zusammengefunden und schienen die aussteigenden Fahrgäste abzuwarten. Mit verblüffender Gelassenheit. Hätte ich mich in Bulgarien nur ansatzweise so verhalten, wäre ich niemals in das ersehnte Innere eines öffentlichen Verkehrsmittels gelangt. In meiner Heimat unterlag die Nutzung öffentlicher Verkehrsmittel den Gesetzen des Dschungels. In den seltenen Momenten, wo beispielsweise ein Bus in Erscheinung trat, wurde er nur von den Stärksten bestiegen. Von denjenigen also, die skrupellos genug und auch in der Lage waren, ihre gesamte Lebenskraft zu bündeln, für ungewisse Zeit den Atem anzuhalten, um dann unter Einsatz sämtlicher Körperteile und über die Körperteile anderer hinweg ein Plätzchen im glühenden Businneren zu ergattern. Ob dieses dermaßen hartkämpfte Plätzchen den nötigen Raum bot, um weiterhin atmen zu können, war zu Beginn der Aktion unklar. Da ich Angst hatte, ich könnte dabei ersticken, fuhr ich in Bulgarien so gut wie nie Bus oder Straßenbahn. Diese selbstfürsorgliche Haltung teilte ich mit diversen älteren Menschen und Müttern von Kleinkindern.

In Deutschland allerdings schien das Besteigen öffentlicher Verkehrsmittel einer Ordnung zu unterliegen, gegen die ich aus Unwissenheit verstoßen hatte. Das wiederum geschah so selten, dass die Einheimischen, auf deren Füße ich trat, vor lauter Verblüffung nicht einmal wütend wurden.

Eines der unzähligen balkonlosen, gleich aussehenden Hochhäuser entpuppte sich als Sergejs Studentenwohnheim, dessen Inneres hielt, was das triste Äußere versprach: endlos lange Flure mit gelblichen Wänden, braunem Linoleum und zwei Reihen schmaler Türen. Hinter diesen Zwergtüren mussten die Studenten wohnen. Man bekam allerdings durchaus berechtigte Zweifeln, ob da überhaupt irgendetwas Lebendiges wohnte, denn man sah, hörte und roch nichts: keine Musik, kein Geschrei, kein Lachen, keinen Geruch nach Essen oder Müll. Stattdessen Stille, keimfreie, geruchsneutrale Sauberkeit. Im Vergleich zu den heruntergekommenen, sagenhaft dreckigen, bunten, lauten und nach Kloake stinkenden Studentenwohnheimen in Sofia wirkte dieses hier wie eine Kreuzung aus sozialistischem Krankenhaus und phantasielos gepflegtem Friedhof. Im siebten Stock befand sich Sergejs Zimmer, wo ich in den ersten Tagen wohnen würde, bis ich ein eigenes bekam. Es war winzig, dunkel-beige gestrichen, mit zwei schmalen, schlichten Betten ausgestattet und einer denkbar hässlichen Essgruppe aus Furnier und Metall. Eine nackte, an der Decke baumelnde Glühbirne tauchte alles in ein schwaches, blaustichiges Licht.

Ich fühlte mich elend.

Sergej schien ähnlich zu empfinden und warf mir einen vorwurfsvollen Blick zu, der – könnte er sprechen – in etwa Folgendes sagen würde: »Wie kannst du zulassen, dass ich in deiner Nähe Kälte leide? Ich habe dich doch nach Deutschland geholt, damit mein Herz nie wieder friert. Ich hoffte, du umhüllst mich mit deiner Weiblichkeit wie mit einer warmen Decke. Ich hoffte, du hast ein Rezept gegen Kälte und Einsamkeit.«

Ich hatte kein Rezept gegen Kälte und Einsamkeit. Ich trug auch keine unverwüstlich warme weibliche Decke in mir. Ich war nur ein verwirrtes Mädchen, das, ohne es zu wissen, seine traurige Hälfte vermisste, fror und selbst eine mütterliche Decke brauchte. Die erhoffte ich mir wiederum von Sergej und wurde, ähnlich wie er, enttäuscht. Schweigend packte ich meinen Koffer aus, packte mich selbst mit einem Buch in der Hand aufs Bett und fing an zu lesen.

Eine Weile beobachtete mich Sergej stumm und missbilligend, stampfte dann aus dem Zimmer und knallte die Tür. Ich atmete auf. Der Druck enttäuschter Erwartungen hatte sich aufgelöst. Ich schloss die Augen und suchte nach einem inneren Bild, das mich hätte trösten können. Ich stellte mir das Meer vor, mit seinen vielen Gesichtern: mal glatt und sanft und strahlend wie der Traum eines kurzen Mittagsschlafs. Mal leichtsinnig glitzernd. Mal mit dem Wind im Kampf – kraftvoll, grüne Wellen schlagend. Dann wieder zornig, unheilvoll schäumend, vor jeglicher Berührung warnend. Oder nächtlich einladend, Geheimnisse plätschernd, den Mond lockend, sein silbriges Licht spiegelnd, das Licht dann zu einem Pfad bündelnd, zu einem Lichtpfad aus Silber im tintenschwarzen Gewässer, der Funken sprühend jenseits des schwarzen Horizonts führte und die Erfüllung einer alten Sehnsucht versprach.

Das Meer in meinem Inneren tröstete nicht. Die Bilder waren da, die Gefühle jedoch fehlten. Ich hatte keinen Abschied genommen und befand mich im seelischen Niemandsland verdrängter Gefühle. Dort war ich unerreichbar – für Schmerz, für Trost, für Liebe. Ich fiel in einen verzweifelten, traumlosen Schlaf.

Irgendwann wachte ich auf. Meine Schläfen pochten, meine Augen brannten, meine pelzige Zunge lechzte nach Wasser. Hinter den gardinenlosen Fenstern war es stockdunkel, im Zimmer aber brannte ein kleines

Licht – ein gelbes Lämpchen auf dem Esstisch, das Sergej in weiser Voraussicht aus Bulgarien mitgebracht hatte. Sergej selbst befand sich im anderen Bett und bot sogar im Schlaf ein akkurates Bild: Er lag seitlich, die eine Hand steckte unter seiner gesund geröteten Wange, die andere lag entspannt auf der Decke. Der gleichen kratzigen Decke, die auch ich hatte, allerdings war seine in ein weißes Laken eingeschlagen, an dessen Rändern Sicherheitsnadeln glänzten. Auch die Sicherheitsnadeln hatte Sergej aus Bulgarien mitgebracht. Die so fürsorglich eingeschlagene Decke reichte ihm bis zur Brust und legte seinen Schlafanzug frei – in gediegenem Braun, mit Perlmuttknöpfen und Manschetten. Zwei Stimmen in meinem Inneren lieferten sich ein hitziges Gefecht: »Mit diesem so perfekt schlafenden Mann verbindet dich nichts!«, heulte die eine wie eine Schiffssirene auf. »Hörst du? Gar nichts. Du bist jemand anderes. Du bist woanders zu Hause. Nicht bei diesem Mann, nicht in diesem kalten, sterilen Land. Pack deinen Koffer, renn zum Bahnhof und verschwinde.«
Die andere Stimme schrie nicht, sondern schepperte monoton, blechern, unerbittlich: »Du hast sie wohl nicht mehr alle! Du willst einen Lebensplan in die Tonne treten, an dem du so lange gearbeitet hast? Die ganze Mühe soll sinnlos gewesen sein? Die ganzen Hoffnungen und Träume? Die ganzen Chancen willst du in den Wind schlagen und dich komplett lächerlich machen? Einfach so, aus einer überdrehten, nächtlichen Laune heraus? Deine ganze Familie, deine ganzen Freunde, alle die du kennst, hast du doch in deine großartigen Pläne eingeweiht. Was erzählst du ihnen, wenn du drei Tage später mir nichts, dir nichts wieder zu Hause auftauchst?«

Ich hatte viel zu lange Luftschlösser gebaut. Und wer, bitte schön, sieht gern seine Luftschlösser einstürzen? Ich wusch mir das Gesicht, putzte mir die Zähne, zog ein Nachthemd an und legte mich zu dem korrekt schlafenden Sergej.

An der Stelle, wo die Schiffssirene heulte, breitete sich Taubheit aus. Für sehr lange Zeit.

Varna, Dezember 1994

Ich stieg aus dem Zug und erstarrte: Ein grimmig dreinblickender Sergej schritt in meine Richtung. Eine wilde, sehnsüchtige Sophie hüpfte an seiner Hand.

»Mama!«, schrie das Kind bei meinem Anblick, rannte los und flog mir um den Hals. »Mama, wo warst du so lange?« Sophie vergrub ihr Gesicht in meinen Hals und fing an zu weinen. »Ich wusste nicht, ob du zurückkommst. Du darfst keine Reisen ohne mich machen!«

Ich streichelte ihre Haare, wiegte sie tröstend hin und her und guckte prüfend zu Sergej.

»Ja, sie weint«, warf er trocken ein. »Was hast du eigentlich erwartet? Dass sich dein Kind freut, wenn du dich aus dem Staub machst?«

»Ich habe mich nicht aus dem Staub gemacht, verdammt«, zischte ich zurück. »Ich wollte Abstand gewinnen und etwas für mich klären. Für kurze Zeit. Das hättest du Sophie vermitteln können.«

»Mit deinen Nacht-und-Nebel-Aktionen kann ich nichts anfangen. Ich für meinen Teil pflege Dinge in meinem Inneren zu klären. Abhauen muss ich dafür nicht.«

»Ich bezweifle sehr, dass du irgendetwas in deinem Inneren klärst. Würdest du es tun, würdest du mich besser verstehen.«

»In der Tat. Ich verstehe dich nicht und ich dachte, es gelingt mir besser, wenn ich dir folge. Von deiner Mutter wusste ich, dass du heute aus Sofia kommst. Nun bin ich hier. Lass uns zu meinen Eltern fahren.«

Ich schaute mich hilfesuchend um, schaute unschlüssig zu Sergej, schaute anschließend zu Sophie. Mit meiner schluchzenden Tochter auf dem Arm folgte ich meinem Mann.

»Ich bin eine Powerfrau«, verkündete meine Schwiegermutter mit vollem Mund und schleuderte ein paar kleine, bereits zerkaute Fleischbrocken in meine Richtung. Instinktiv zog ich den Kopf ein und bedauerte es im selben Augenblick, denn ich befürchtete, meine Schwiegermutter dadurch beschämt zu haben. Meine Bedenken jedoch waren überflüssig, denn Schamgefühl war Sergejs Mutter genauso fremd wie Schweigen oder Hunger, der länger als der kürzeste Weg zum Kühlschrank anhielt. Sie aß gleichermaßen viel, wie sie redete, und pflegte beides gleichzeitig zu tun.

»Ich bin immer eine Powerfrau gewesen«, fuhr sie fort und spülte die Fleischstücke, die ihren Mund noch nicht verlassen hatten, mit einem Schluck Bier hinunter.

»Ich habe zwei Kinder und einen anstrengenden Beruf unter einen Hut gebracht und mich auch noch um meine alte Mutter gekümmert.«

Und als wollte sie die Kräfte, die sie ihr Leben als Powerfrau gekostet hatten, zurückgewinnen, schob sie sich das nächste Stück Braten in den Mund, dieses Mal so groß, dass sie notgedrungen für einen Moment den Mund hielt.

Blitzschnell nutzte mein Schwiegervater die Chance und ergriff das Wort: »Kurz und gut«, sagte er, »dein Vater ist tot und das ist traurig. Du aber, du hast eine eigene Familie. Und das bedeutet Pflichten. Du kannst dich nicht einfach mir nichts, dir nichts aus dem Staub machen. Nimm dir ein Beispiel an deiner Schwiegermutter. Reiß dich am Riemen und werde auch eine Powerfrau.«

Meine Powerfrau-Schwiegermutter nickte heftig und schmatzte. »Du musst auf mich hören«, sagte sie und versuchte sich in einem vertrauensvollen Blick in meine Richtung. »Ich weiß, wie man mit schwierigen Dingen umgeht. Schließlich bin ich *Psychologin*.«

Meine Schwiegermutter behauptete gern, Psychologin zu sein, insbesondere, wenn es darum ging, ihren Willen durchzusetzen. In Wirklichkeit war sie Physiklehrerin, die sich pädagogisch weitergebildet hatte, und zwar in Moskau. Mit den Grundsätzen sowjetischer Pädagogik ausgerüstet, von ihr selbst auch Psychologiestudium genannt, hatte meine Schwiegermutter die Schulzeit ihrer Kinder verdüstert und sich in familiären Konflikten eine zementfeste Machtposition erobert. Als ich Sergej heiratete, nahm sie mich sofort aufs Korn. Auch ich wurde Zielschiebe ihrer hartnäckigen Erziehungsattacken.

»Alles im Leben ist eine Frage der Übung«, dozierte meine Schwiegermutter in meine Richtung und behielt dieses Mal das komplette Stück Braten im Mund. Auch das schien eine Frage der Übung zu sein. »Wir Menschen sind doch denkende Wesen«, fuhr sie inbrünstig kauend fort. »Wir haben unseren Kopf und sollen ihn nutzen, um destruktiven Gefühlen mit aller Kraft Einhalt zu gebieten. Merk dir also eins, meine Teuerste: Krisen sind Produkte unserer Köpfe. Dort entstehen sie, dort werden sie überwunden. Und das ist, wie gesagt, eine Frage der Übung. Mit anderen Worten: eine Frage der Selbstdisziplin, die dir übrigens komplett fehlt.«

»Blödsinn«, erwiderte ich. »Kopf, Übung und Selbstdisziplin helfen bei meinem Problem überhaupt nicht.«

»Und was ist deiner Meinung nach dein sogenanntes Problem?«, fragte meine Schwiegermutter spitz.

»Ich vermisse meinen Vater«, sprudelte es aus mir heraus. »Ich fühle mich wie ein alleingelassenes Kind. Ich habe eine Mordswut und weiß nicht, auf wen.«

»Hinzu kommt«, warf Sergej hastig ein, »dass sie das Bett nicht verlässt und pausenlos weint.«

»Schlecht«, verkündete meine Schwiegermutter. »Weinen ist sehr schlecht. Tränen bringen überhaupt nichts. Sie machen einen nur noch trauriger. Das Einzige, was hilft, ist Ablenkung.«

»Vielleicht will ich mich aber nicht ablenken«, sagte ich. »Vielleicht will ich meine Gefühle einfach haben.«

»Vorsicht«, mahnte Sergejs Mutter. »Es gibt gute Gefühle und schlechte Gefühle!«

»Und woran willst du das messen?«

»An ihrer Nützlichkeit natürlich«, kam wie aus der Pistole geschossen. »Gute Gefühle sind Hoffnung, Elan und Fröhlichkeit. Sie erfüllen dich mit Kraft und Energie. Sie nützen dir und deiner Familie. Traurigkeit hingegen ist ein schlechtes Gefühl. Sie schwächt dich und bringt deiner Familie nichts. Solche Gefühle solltest du schnellstens abstellen, und das ist, wie gesagt, eine Frage der Übung.«

»Und mit welcher Sorte Übung stellt man Traurigkeit ab?«, erkundigte ich mich.

»Durch irgendeine Art positiver Aktivität. Reiß dich am Riemen und arbeite! Werde eine Powerfrau, so wie ich! Als ich Sergej gerade zur Welt gebracht hatte, starb auch mein Vater. Ich war damals in deinem Alter. Aber meinst du, ich habe mich hängen lassen? Von wegen. Ich habe die Ärmel hochgekrempelt und Karriere gemacht. Ich habe mich weiterqualifiziert, zwei Jahre lang, in Moskau. Da war keine Zeit für Traurigkeit und sonstigen seelischen Müll.«

»Bravo«, applaudierte ich. »Und was hat dein Sohn gemacht, während du dich zur Powerfrau qualifiziert hast?«

»Ironie ist ein Mittel der Schwachen, die nicht zupacken können«, konterte meine Schwiegermutter sofort. »Aber ich sehe, du steckst in einer Krise, deshalb antworte ich trotz deiner Aggression: Meinen Sohn habe ich mutig abgestillt und ihn meiner Mutter überlassen. Als ich nach zwei Jahren zurückkam, sagte er zwar Tante zu mir, aber auch das habe ich schnell in den Griff bekommen. Wie du siehst, findet eine Powerfrau für alles eine Lösung. Das ist sozusagen ihr Markenzeichen.«

»Und wie hat sich diese Powerfrau-Lösung für dein Kind angefühlt?«, fragte ich und guckte Sergej an. Er machte keine Anstalten, etwas zu sagen.

»Wie soll sich das schon angefühlt haben?«, winkte seine Mutter ab. »Er hat von meiner Qualifizierung auch etwas gehabt. In Moskau habe ich mir psychologisches Wissen angeeignet und mich auch als Mutter weiterentwickelt. Und guck, was heute aus meinem Sohn geworden ist.«

Ich konnte mir ein Schmunzeln nicht verkneifen.

»Dein verächtliches Grinsen kannst du dir sparen«, fuhr Sergejs Mutter verärgert fort. »Aus meinem Sohn ist ein verantwortungsvoller Vater geworden, der sogar einen Job im Westen gefunden hat. Aber was ist mit dir? Was hast du Gutes für deine Familie getan?«

Ich wusste nicht, was ich antworten sollte, und guckte wieder zu Sergej, in der Hoffnung, er würde irgendetwas zu meiner Ehrenrettung sagen und damit den dünnen Faden, der uns noch verband, vor dem endgültigen Abreißen bewahren.

Mein Mann jedoch guckte schweigend zu Boden.

»Du kannst ihn noch lange angucken«, triumphierte seine Mutter. »Er sagt nichts, weil es nichts zu sagen gibt. Du bist einfach kein positiver Mensch. Du bist eine verzogene, destruktive Ziege, die ihre Familie zerstört.«

Ich sprang auf, rannte zur Tür und knallte sie hinter mir zu. Draußen regnete es in Strömen. Ich lief ohne Schirm. Der Wind peitschte mir die Regentropfen ins Gesicht. Sie flossen meine Wangen hinunter und mischten sich mit meinen Tränen. Mit meinen nutzlosen und erlösenden Tränen, die für lange Zeit vertrocknet waren und mein Inneres in eine Wüste verwandelt hatten. Nun durften die Tränen sein.

Ich trieb durch einen Teich warmer Traurigkeit wurde jedoch unsanft hinauskatapultiert.

Ein Schwall Eiswasser traf voller Wucht meinen Rücken und floss an mir hinunter. Ein Auto hatte viel zu schnell eine tiefe Pfütze passiert und ihren Inhalt in meine Richtung befördert.

»Geht es nicht ein bisschen vorsichtiger?«, schrie ich.

»Soziales Verhalten ist in diesem Land wohl ein Fremd-wort.«

»Sagt gerade die Richtige«, ertönte es aus dem Inneren des Autos.

Eine Tür ging auf, zwei weißbestrumpfte Beine kamen zum Vorschein. Unter dem dünnen Stoff der Strumpf-hose kräuselten sich Haare. Aus dem Auto schälte sich Sergejs Schwester.

»Für Fußgänger sind eigentlich die Bürgersteige ge-dacht«, gab sie zum Besten. »Auch in diesem Land. Gewisse Personen jedoch bevorzugen es, mitten auf der Straße zu laufen. Für die unangenehmen Folgen be-schimpfen sie dann andere. Nach Hause nehme ich dich trotzdem mit. Schließlich gehörst du zur Familie.«

»Danke, ich gehe lieber zu Fuß.«

»Du meinst, du schwimmst lieber? Es schüttet in Strö-men. Aber was soll's? Allein gegen die Sintflut. Passt zu unserer Dramaqueen wie die Faust aufs Auge. Nur die Zuschauer werden in diesem Fall fehlen. Bei die-sem Regen bist du nämlich ganz allein auf der Straße. Durchgeknallt warst du schon immer. Scheint schlim-mer geworden zu sein. Mein armer Bruder. Wie hält er den Zirkus bloß aus?«

Bulgarien, achtziger Jahre

Sergejs Schwester Svetomira, was nichts Geringeres als »Licht der Welt« bedeutet, war eine Mitschülerin. Ihren lichtspendenden Namen verdankte dieses verschlossene, mürrisch dreinblickende Mädchen dem fortschrittlichen und zugleich pragmatischen Naturell ihrer Mutter, die einen Trend ihrer Zeit optimal genutzt hatte.

Damals sollten kommunistische Ideale die alten Werte ersetzen und damit einen neuen Menschen schaffen – die freie, bewusste und vielseitig entwickelte sozialistische Persönlichkeit. Die neue Persönlichkeit brauchte natürlich auch neue Namen, was wahrlich nicht einfach war. Denn nach uraltem, immer noch lebendigem Brauch bekommen bulgarische Mädchen den Namen einer Großmutter, die Jungs den eines Großvaters. Da die alten Namen nicht mehr dem Geist der neuen Zeit entsprachen, wurden meine Landsleute kreativ: kurzerhand verpassten sie der Tradition eine hoffnungsfrohe Komponente. Im Konkreten sah die Sache so aus: Der altbulgarische Name Rada mutierte beispielsweise zu Radosveta, was wortwörtlich »Freude und Licht« bedeutet. Die Enkelin einer Oma Mirka hieß dann Miroslava und verpflichtete sich damit, den Ruhm der Welt zu mehren. Den Namen Svetomira, Licht der Welt also, verdankte Sergejs Schwester ihrer Oma Zwetka und ihrer zukunftsorientierten Mutter.

Svetomira war meine ehemalige Mitschülerin. Irgendetwas an diesem in sich gekehrten Mädchen hatte damals mein Interesse geweckt. Ich beobachtete Svetomiras Leben und Treiben und versuchte mir vorzustellen, wie es in ihrem Inneren aussah. Svetomira hatte eine dunkle Lockenmähne, die melancholischen braunen Augen ihres Vaters, zwei geschwungene Brauen und eine schlanke Taille. Hätte Svetomira etwas häufiger geduscht, ihre Oberlippe enthaart und von der Erfindung Wonderbra Gebrauch gemacht, hätte sie bestimmt bei den Jungs in unserer Klasse als ein halbwegs attraktives Mädchen durchgehen können. Sie tat jedoch nichts dergleichen. Für die Tricks und Attribute weiblicher Verführungskunst zeigte sie mit sechzehn Jahren nicht das geringste Interesse.

Svetomira kümmerte sich ausschließlich um schulische und familiäre Belange.

Sie ging mit ihren Eltern essen, besuchte manchmal den örtlichen Zoo, feierte die Namenstage der Verwandtschaft und das schien ihr vollkommen zu reichen. In der Schule war Svetomira Klassenbeste.

Sie saß in unmittelbarer Nähe des Lehrers, hörte mit einem lauernden Gesichtsausdruck zu, kaute an ihrer Unterlippe und kratzte derweil einen ihrer Pickel blutig. Während wir in der Pause rauchten, erledigte sie ihre Hausaufgaben. In der Klasse galt sie als Streberin, wurde jedoch nicht gehänselt, wie es bei anderen hässlichen und streberhaften Mädchen öfters der Fall war. Ich vermute, es lag daran, dass Svetomira in gewisser Weise in sich ruhte. Anders als ihr Name vermuten ließ, schenkte sie das Licht ihres Wesens nicht der Welt, sondern leuchtete ausschließlich nach innen. Sie blieb kindlich und, bis auf die Pickel, von den üblichen Plagen der Pubertät verschont. Weder haderte sie mit ihrem Aussehen noch wurde sie von Liebeskummer gequält. Ihre Familie schien ihr einen guten Schutzschild zu bieten, hinter dem sie mit der Wohligkeit eines Kindes so sein durfte, wie sie eben war – pickelig, untersetzt, nicht ganz frisch riechend, intelligent, strebsam.

Varna, Dezember 1994

Ich kehrte zurück in die Wohnung, steckte den Schlüssel ins Schlüsselloch und hörte das silbrige Lachen meiner Tochter, die mit meinem Mann und seiner Mutter spielte. Einsamkeit, kalt und erschreckend wie ein scharfer Windzug, strömte in mein Inneres. Ich war von Feinden umgeben und meine Tochter, mein Herzstück und einzige Verbündete, war in ihr Lager gewechselt.

»Wessen Täubchen bist du, Mamas oder Papas?«, hörte ich Sergej fragen.

»Mamas Täubchen«, antwortete Sophie.

»Nur Mamas Täubchen?«, schaltete sich meine Schwiegermutter sofort ein.

»Mama kauft leckeres Eis«, erläuterte Sophie.

»Und wer verdient das Geld für dein leckeres Eis?«, fragte meine Schwiegermutter siegessicher.

»Der Weihnachtsmann«, kam prompt die Antwort.

»Du bist schon ein großes Mädchen und gehst in den Kindergarten«, setzte meine Schwiegermutter verärgert an. »Du solltest schon wissen, dass nicht der Weihnachtsmann das Geld für dein Eis verdient, sondern Papa. Papa arbeitet hart für das Geld, weil er dich liebt.«

»Großmutter, hat dich schon mal ein Wolf gefressen?«, wechselte Sophie das Thema.

»Nein, noch nicht. Wieso?«

»Alle Großmütter frisst irgendwann der Wolf«, beteuerte das Kind.

»Wie du siehst«, sagte meine Schwiegermutter, »hat er mich noch nicht gefressen. Wahrscheinlich, weil ich besonders lieb war.«

»Die Großmutter von Rotkäppchen war auch lieb. Der Wolf hat sie *trotzdem* gefressen.«

»Willst du etwa, dass mich der Wolf frisst?«, fragte Sergejs Mutter eingeschnappt. »Hast du Großmutter etwa nicht lieb?«

»Hast du einen Jäger zum Freund?«, bohrte Sophie weiter.

»Nein«, antwortete meine Schwiegermutter, langsam verärgert. »Habe ich nicht, aber dein Papa rettet mich bestimmt, wenn mich ein Wolf fressen will.«

Ich betrat die Küche. Mein Schwiegervater saß am Tisch und blätterte in einer Zeitung.

»Ich gehe ins Schlafzimmer«, sagte ich. »Ich will nicht stören.«

»Du störst nicht«, sagte Sergejs Vater friedlich. »Ich wollte sowieso mit dir sprechen.«

Seine Glupschaugen guckten mich traurig an. Um seinen Mund herum hatte sich eine entwaffnende Weichheit niedergelassen. Wenn er sich nicht in der Reichweite seiner Frau befand, mochte ich meinen Schwiegervater. Wir schwiegen eine Weile.

»Deine Schwiegermutter hat wieder mal etwas übertrieben«, warf er irgendwann ein. »Aber sie hat es nicht böse gemeint.«

»Wie hat sie es denn gemeint?«

»Deine Schwiegermutter ist sehr besorgt. Du und Sergej, ihr macht keinen besonders glücklichen Eindruck.«

Ich nickte.

Mein Schwiegervater rutschte unruhig auf seinem Stuhl hin und her.

»Jede Beziehung hat mal schwierige Phasen. Was ich dir aber unbedingt sagen wollte – du darfst nicht denken, deine Schwiegermutter und ich waren gegen dich. Wie hat eure Beziehung angefangen, erinnerst du dich noch? Man kann ruhigen Gewissens behaupten, du bist die Wahl deiner Schwiegermutter.«

Am nächsten Morgen schlich ich mich aus dem Bett, packte meinen Koffer, wickelte die schlafende Sophie in eine Decke und verließ die Wohnung meiner Schwiegereltern. Auf der Straße winkte ich ein Taxi herbei. Mit der schlafenden Sophie im Arm fuhr ich in mein Elternhaus.

11
Bulgarische Weihnachten

Baltschik, Dezember 1994

»Ich weiß nicht, was das Ganze soll«, schimpfte Oma Denka und knetete energisch einen Klumpen Teig. Ich saß auf dem Sofa, trank Lindenblütentee mit Honig und schaute ihr beim Kneten zu.

Meine Großmutter litt seit Wochen an einem rätselhaften, stark juckenden Ausschlag, hatte allerdings die Aufklärung seines Ursprungs ins nächste Jahr vertagt.

»Das Kind ist bereits in den Brunnen gefallen«, hatte sie Mutters Proteste quittiert.

»Wie es dazu gekommen ist, kann ich auch später in Erfahrung bringen. Jetzt wird Weihnachten gefeiert.«

Letzteres war leichter gesagt, als getan, denn wie eine bulgarische Weihnachtsfeier vonstattengeht, wussten in meiner postkommunistischen Heimat nur wenige. Religiöse Feste waren zu kommunistischen Zeiten verboten, und kurz nach der Wende stocherten meine Landsleute in der verschollenen Tradition herum. Oma musste also ihre Erinnerungen bemühen, die sowohl christlichen als auch heidnischen Ursprungs waren. So klärte sie uns zum Beispiel auf, dass griechisch-orthodoxe Christen am Heiligabend kein Fleisch und keine tierischen Produkte verzehren. Die Kargheit der Mahlzeiten, ein Symbol christlicher Demut und Enthaltsamkeit, traf allerdings auf eine andere, heidnische Tradition meiner Heimat, die wiederum besagte, der Tisch am Heiligabend solle überquellen vor möglichst vielen Gerichten, deren Vielzahl und Prächtigkeit die Fruchtbarkeit des anbrechenden Jahres heraufbeschwören würde.

Nachdem sie dieses christlich-heidnisch-protobulgarische Weihnachtskonzept geliefert hatte, durchforstete Oma Denka ihr Gedächtnis nach den vegetarischen Gerichten ihrer Mutter. Ihre Erinnerungen, ergänzt von den telefonischen Hinweisen einiger zahnloser Altersgenossen ihrer Eltern, ergaben folgendes Weihnachtsmenü: karg-vegetarisch-christlich einerseits, üppig-prächtig-heidnisch andererseits. Selbstgebackenes Brot ohne Ei und Butter, weiße Bohnensuppe, Pilzbrei mit Dill. Grüne Bohnen in Tomatensauce, rote Paprikaschoten in Olivenöl, Weinblattrouladen mit Reis und Rosinen gefüllt. Quittenkompott mit Ingwer, gebackener Kürbis mit Zimt, getrocknete Pflaumen und Walnüsse. Einen Tannenbaum zu Weihnachten gab Omas Erinnerung nicht her. Geschenke ebenfalls nicht.

»Wo ist dein Mann?«, fragte Oma scharf in meine Richtung, während sie den Teig für das weihnachtliche Brot walkte.

»Bei seiner Mutter«, erwiderte ich.

»Und du?«, schwang sich Omas Stimme drohend in die Höhe. »Was hast du hier verloren? Eine Frau gehört doch zu ihrem Mann. In der Heiligen Nacht erst recht.«

»Ob ich wirklich zu meinem Mann gehöre, weiß ich nicht«, sagte ich beklommen. »Um das herauszufinden, bin ich ja gekommen. Leider hat es mein Mann nicht ausgehalten und ist mir nachgereist.«

»Weil er dich liebt«, triumphierte Oma.

»Weil er gern die Kontrolle behält«, konterte ich. »So wie du. An diesem Punkt seid ihr euch leider ähnlich.«

»Was hast du an deinem Mann eigentlich auszusetzen?

Er raucht nicht, er trinkt nicht, er verdient gutes Geld, er schlägt dich nicht und er geht nicht fremd. Wo ist dein Problem?«

»Ich fürchte, ich liebe ihn nicht«, gab ich leise von mir.

Omas Augen schlugen Blitze in meine Richtung.

»Und warum nicht?«

Ich zuckte die Schultern.

Oma schwieg einen Moment. In ihren Augen wetterleuchtete es.

»Dein Mann langweilt dich, stimmt's?«, platzte es plötzlich aus ihr heraus. »Er ist dir zu ... zu ..., zu *gewöhnlich*. Deshalb glaubst du ihn nicht mehr zu lieben. Stimmt's? Ich weiß noch, wie deine sogenannten *Freunde* im Studium waren. In der Psychiatrie mussten sie gewesen sein oder im politischen Knast oder schwul oder wenigstens heillos versoffen. Erst dann durften sie sich deine Freunde nennen. Mein Gott, war ich erleichtert, als dieser Sergej auftauchte! Endlich ein Vernünftiger, habe ich gedacht. Endlich einer, der keinen Firlefanz macht. Und keine unangenehmen Überraschungen auf Lager hat. Einer, der auch noch bereit ist, *dich* zu heiraten. Mit *diesem* Charakter.«

Oma ließ vom malträtierten Teig ab, stemmte die Hände in die Hüften und guckte mich grimmig an. »Mädchen, hör endlich auf zu spinnen. Komm zurück auf dem Boden. Bleib bei deinem Mann, auch wenn er nicht allen deinen Ansprüchen genügt. Deine Ansprüche sind nämlich völlig überdreht. Kapier es endlich. Werde endlich erwachsen.«

Ich sprang auf, knallte die Tür, ging auf die Terrasse und rauchte. Meine Empörung verflog in Kürze und machte quälenden Zweifeln Platz. Hatte Oma Denka vielleicht

Recht, nagte es an mir? War meine Abneigung gegen ihren »normalen Mann« mein persönlicher Weg ins eigene Unglück? Und was um alles in der Welt bedeutete »normal«? Solche Worthülsen gewinnen ja nur dann an Bedeutung, wenn ihnen derjenige, der sie in den Mund nimmt, Leben einhaucht, und zwar durch eigene Bilder und Vorstellungen. Omas Vorstellungen zum Beispiel sahen in etwa so aus: Ein »normaler Mann« war ein in erster Linie gut vorhersehbares und damit gut beherrschbares Exemplar seines Geschlechts. Er tat nie etwas Unerwartetes, hatte nie überbordende Gefühle, war immer pünktlich und hielt, was er versprach. Darüber hinaus war er jemand, der seine Mutter öfters anrief, nicht rauchte, in Maßen trank, fällige Reparaturen im Haus sofort erledigte und bereits im August Holz für den Ofen bestellte. Zu Omas normalem Mann gehörte auch ein normaler Beruf. Er war also kein Pilot, kein Schauspieler, kein Politiker, kein Tiefseetaucher, kein Top-Chirurg. Er fuhr keinen Porsche und lebte in keiner Luxusvilla. Omas normaler Mann war Schuldirektor, Richter, Allgemeinmediziner oder Beamter. Mit seinem bodenständigen Beruf konnte er seiner Familie sowohl ein behagliches Leben sichern als auch viel Zeit mit ihr verbringen. In meiner Phantasie gab es Omas normalen Mann auch, allerdings trug er weniger vorteilhafte Namen, wie »Spießer«, »Streber« oder »Muttersöhnchen«.

Als ich jedoch Sergej kennenlernte, fing ich an, meine Vorstellungen zu hinterfragen. Obwohl er haargenau Omas normaler Mann war, hatte Sergej ein paar überraschende Auftritte an den Tag gelegt, und ich begann mich zu fragen, ob meine Ansichten nicht – ähnlich wie die von Oma – doch ein wenig versteinert waren.

Als das Semester anfing, bekam ich im Wohnheim ein eigenes Zimmer, und zwar in einer Wohneinheit, die ich mit Heike teilte. Heike war ein hochgeschossenes, dürres, strohblondes, dünnhaariges, rund- und rahmenlos bebrilltes Wesen, das seltsam geschnittene DDR-Jeans trug und auch Schuhe, die allein der Fortbewegung dienten und in keiner Weise den Verdacht aufkommen ließen, ihre Besitzerin könnte bei ihrem Kauf auch nur im Ansatz ihr Geschlecht in Betracht gezogen haben. Heike kam aus Güstrow, studierte Chemie und tat so gut wie nichts ungeplant. Ihr Alltag war strukturiert wie der eines gut geführten Krankenhauses: Vormittags hatte sie Uni, nachmittags hatte sie frei, was keinesfalls bedeutete, dass sie den Verlauf dieser freien Zeit dem Zufall überließ oder irgendwelchen spontanen Eingebungen. Nichts dergleichen: Montags und donnerstags ging Heike immer in die Bibliothek und anschließend zum Sport. Dienstags putzte sie mit rührender Gründlichkeit ihr Zimmer. Mittwochs wusch sie ihre Haare. Sie schloss sich im Bad ein, ließ heißes Wasser laufen, kam etwa zwei Stunden später erhitzt, rosig, durchgeschrubbt und porentief rein heraus und schrieb einen Brief an ihre Mutter, was ebenfalls nicht aus einem spontanen Impuls geschah, sondern in verlässlicher Regelmäßigkeit immer mittwochabends stattfand. Freitags fuhr sie entweder nach Güstrow oder aber auch ihr Freund Jens-Peter kam aus Güstrow nach Berlin. Samstags kegelten die beiden, was Heike bereits Anfang des Jahres in die Wege leitete, indem sie für alle in Frage kommenden Samstage eine Bahn reservierte. Heikes

Freizeitgestaltung faszinierte und befremdete mich gleichermaßen.

Für mich bedeutete Freizeit, zu tun und zu lassen, was ich wollte. Also öfters nichts. Jedenfalls nichts Geplantes oder Sinnvolles. Die kompletten Samstage zum Beispiel verbrachte ich im Bett: ungeduscht, mit einer Maske im Gesicht, in einen ehemals roten Bademantel eingehüllt döste ich, nahm diverse, nach Lust und Laune zusammengestellte Mahlzeiten zu mir und versenkte mich in einen Roman. Abends traf ich manchmal Freunde, plante dies aber nie, sondern folgte ausschließlich spontanen Eingebungen. In meiner Freizeit ließ ich mich also treiben und fühlte mich ausgesprochen wohl. Als ich jedoch Heike bei ihren wohlüberlegten und lückenlos geplanten Freizeitaktivitäten eine Weile zugesehen hatte, beschlichen mich Zweifel, ob meine eigene Freizeitgestaltung, oder besser gesagt der Mangel jeglicher Gestaltung meiner Freizeit, doch nicht ein wenig einfallslos war. Ich bewunderte Heike dafür, dass sie auch am Wochenende funktionierte und all die widersprüchlichen und daher kein Stück effizienten Stimmungen, die gerade in der Freizeit eine Chance bekommen, sich zu zeigen, diese unproduktiven Anteile der menschlichen Natur also, in ein Gerüst quetschen konnte, das sie bereits Anfang des Jahres errichtete. Ich beobachtete Heikes Tun und Lassen und versuchte herauszufinden, was ihr Geheimnis war.

»Was macht ihr mit den ganzen Reservierungen, wenn ihr mal keine Lust auf Kegeln habt?«, fragte ich lauernd. Heike hob ein paar farblose Augenbrauen: »Keine Lust auf Kegeln? Wieso? Mein Freund und ich, wir lieben Kegeln über alles.«

»Es könnte aber trotzdem vorkommen«, ließ ich nicht locker, »es könnte trotzdem vorkommen, dass ihr an einem Samstag eben keine Lust auf Kegeln habt, und das, obwohl ihr Kegeln über alles liebt.«

»Verstehe ich nicht«, sprudelte es aus Heike heraus. »Wenn man etwas liebt, dann bedeutet es zwei Dinge: Erstens, man hat immer Lust darauf, und zweitens, man steht in der Pflicht, Platz für die Liebe zu schaffen. Egal, ob man einen Menschen oder eine Sache liebt – ohne Platz kriegt die Liebe keine Luft und brennt nicht. Sie erlischt im Grau und in der Hektik des Alltags. Die Liebe braucht also Platz, und dieser wird einem nicht geschenkt. Man muss ihn sich gezielt freischaufeln. Und genau das tue ich, indem ich Kegelbahnplätze reserviere: Ich integriere meine Liebe in den Alltag. Besser noch: Ich rette meine Liebe vor dem Alltag.«

Ähnlich wie mit dem Kegeln handhabe es Heike mit der körperlichen Liebe. Auch dafür schuf sie Platz, und zwar immer freitags, nachdem ihr Freund Jens-Peter aus Güstrow eingetroffen war und Heikes eigenhändig geschmierte Leberwurststullen mit saurer Gurke verzehrt hatte. Dann zogen sich die beiden in Heikes Zimmer zurück, jedoch niemals, ohne an ihrer Türklinke das Schild »Bitte nicht stören!« aufgehängt zu haben. Und damit der Platz für die Liebe auch hundertprozentig sicher war, wurde diese eigentlich unmissverständliche Botschaft speziell für mich mündlich wiederholt, mit der gebührenden Würde und Ernsthaftigkeit und auch mit der Bitte, an den besagten Freitagen möglichst keinen Besuch zu empfangen, nur gedämpfte Musik zu hören und vom Kochen geruchsintensiver Gerichte abzusehen. Im Gegenzug bot mir Heike an, an einem von mir ausgesuchten Abend in der Woche in einer ähnlichen Art Rücksicht auf mein Sexualleben zu nehmen.

Als sie das sagte, guckten mich ihre Augen so abgrundtief ehrlich, so entwaffnend unschuldig, so gewinnend einfältig an, dass mein Herz vor spontaner Sympathie überquoll und ich ihr kurzerhand um den Hals fiel. Diese ungeplante Aktion jagte meiner Mitbewohnerin einen solchen Schrecken ein, dass ihr ausgemergelter Körper zu einem Stück Holz erstarrte. Liebe ertrug Heike offenbar nur, wenn sie lange vor ihrem Ansturm eigenhändig Platz dafür geschaffen hatte.

Auch andere Situationen, die sich ihrer Kontrolle entzogen, konnte Heike nicht ausstehen. Ebenso wenig Menschen, die sich anders verhielten, als in ihren Plänen vorgesehen. In solchen Fällen wurde Heike wütend, was sie selbstverständlich in geregelten Bahnen zum Ausdruck brachte. Sie schrieb zum Beispiel Zettel: »Bitte morgens nicht duschen, sondern Waschlappen benutzen«, klebte an der Badezimmertür. Und weiter: »Duschen dauert zu lange. Mitbewohner wollen auch ins Bad.«

»Bitte nur für einen Tag einkaufen«, klebte wiederum am Kühlschrank. »Mitbewohner brauchen auch Platz für ihre Lebensmittel.«

Diese Zettel hängte Heike meistens auf, nachdem sie mir zwei Minuten vorher in aller Freundlichkeit »Guten Morgen« gewünscht und vor meine Tür einen Teller mit Süßigkeiten gestellt hatte. Trotz Zuckerguss war ich stinksauer. Statt aber mit Heike zu sprechen, beschwerte ich mich über sie bei Sergej und fand in diesem Punkt ein erstaunlich offenes Ohr. Die Befremdung über unsere deutschen Kommilitonen war eine der wenigen Gemeinsamkeiten, die Sergej und ich hatten.

Abend für Abend hockten wir zusammen mit den anderen bulgarischen Studenten in einem trostlosen Wohnheimzimmer, knackten geröstete, gesalzene aus Bulgarien mitgebrachte Sonnenblumenkerne, tranken selbstgebrannten, ebenfalls bulgarischen Schnaps, guckten handlungsreiche und inhaltsarme Western und Krimis auf RTL, das man zu unserer Verzückung in Ost-Berlin empfangen konnte, badeten im Gefühl von Ähnlichkeit, Gemeinsamkeit und vollkommener Hirnlosigkeit. Wir bildeten einen inzestuösen, bulgarischen Nukleus, eine Büchse bulgarischen Einheitsbreis, kulturell homogen, konserviert und für äußere Einflüsse unzugänglich. Und wir hatten natürlich auch ein gemeinsames Feindbild – die seltsamen, ordnungsliebenden, bis zur Idiotie strukturierten Ostdeutschen. In dieser reinrassigen bulgarischen Kapsel fühlte ich mich allerdings zunehmend unwohl. Das Gehetze gegen die Deutschen stärkte mich kein bisschen. Im Gegenteil. Statt eines triumphierenden Gefühls der Überlegenheit hinterließ es ein schales und ängstliches Gefühl der Schwäche.

Baltschik, Dezember 1994

Wir feierten Weihnachten. Bulgarische Weihnachten, die in puncto Glanz, Kosten und emotionalen Erwartungen mit dem Rausch in Deutschland nicht zu vergleichen waren.

Anfangs hielt ich Weihnachten in Deutschland für den größten kulturellen Zugewinn meiner Migration. An der Weihnachtszeit hierzulande liebte ich ausnahmslos alles: das Glitzern und Funkeln überall, den uferlosen Verzehr von Süßem, die Berge aufwendig verpackter Geschenke, den Lorbeer- und Nelkenduft, die ganze Fress- und Verschwendungssucht, die ganze Barmherzigkeit und familiäre Verbundenheit, die ganze Irrationalität und Wundergläubigkeit, die Deutsche in dieser herrlichen Zeit an den Tag legten. Meine anfängliche Begeisterung wurde weder durch irgendwelche Ansätze konsumkritischen Denkens getrübt noch durch das Aufflackern traumatischer Kindheitserinnerungen. Ich war gerade einem sozialistischen Land entkommen, wo es zwar keinen Hunger gab, aber auch keinesfalls die Gelegenheit, in Kaufrausch zu verfallen. Weihnachtliche Kindheitserinnerungen gab es bestenfalls keine – weder belastende noch herzerwärmende. Das Feiern religiöser Feste war im kommunistischen Bulgarien ja verboten.

In Deutschland angekommen, bemühte ich mich sofort, ein Teil der Feierlichkeiten zu werden: Ich machte Bastelnachmittage mit, nahm an Weihnachtsessen teil, frequentierte in klirrender Kälte die Weihnachtsmärkte, stürzte mich in die rammelvollen Geschäfte.

Äußerlich sah es aus, als würde ich dazugehören, innerlich jedoch blieb ich eine Fremde, eine Ausgeschlossene. Unter der anfänglichen Begeisterung brauten sich Jahr für Jahr Druck, Stress und Wut zusammen.

»Haben Sie ALLES schon beisammen, ALLES schon verpackt?«

»Nur noch wenige Tage bis zum großen Ereignis. Der Countdown läuft.«

Solche Sätze, die bereits Anfang Dezember auf mich niederprasselten, hatten die Wirkung einer gewieften Kriegstaktik – den Gegner mittels Erzeugung seelischen Drucks mürbe zu machen. Der Druck baute sich vor allem dadurch auf, dass sich der Sinn dieser Sätze mir nicht wirklich erschloss. Ich hatte keinen Schimmer, welche Sorte von Countdown lief und was dieses ALLES war, was ich beisammen und verpackt haben sollte. Für Einheimische zerfiel das weihnachtliche ALLES in Bilder und Szenen, die mit Erinnerungen gefüllt waren und Namen trugen. Ich hatte keine Erinnerungen, keine Bilder, keine Bezeichnungen. Für mich glich das weihnachtliche ALLES einem nächtlichen Berghang direkt vor meinem Fenster: schwarz, riesig, undurchdringlich, erdrückend.

Mit fortschreitender Zeit in Deutschland verlor Weihnachten sowohl an Zauber als auch an Druck. Einige der Geheimnisse lüfteten sich, allerdings in einer unbefriedigenden Art. Eine Art, die den Kern der Sache eigentlich verfehlte: Ich begriff Weihnachten theoretisch. So wie man im Erwachsenenalter eine Fremdsprache lernt oder zum Islam übertritt. Oder so, wie man als Deutsche Flamenco tanzt. So etwas Fremdes, mit dem man eben nicht aufgewachsen ist, könnte man vielleicht üben und erlernen. Eine organische Verbindung allerdings, zu der ein kindlich offenes Herz und dessen Wundergläubigkeit gehören, würde niemals entstehen. Je älter ich wurde, desto deutlicher spürte ich das. Und ich wurde immer wütender.

»An diesem einen Tag im Jahr also«, empörte ich mich Dezember für Dezember immer wieder, »an diesem einen Tag hat man hierzulande die einmalige Chance und auch den inneren Auftrag, sämtliche Sehnsüchte und versteckte Seiten einer sonst zurechtgestutzten und in sich schlummernden Persönlichkeit zu erspüren, zu verstehen und durch Geschenke treffsicher zu befriedigen.«

Jesus Maria! Wie um alles in der Welt sollte ein arbeitender Mensch mit begrenzter Zeit und begrenztem Einkommen, mit durchschnittlicher Phantasie und aus *Psychologie heute* erworbenen Beziehungskenntnissen, wie sollte ein Normalsterblicher also all diesen Sehnsüchten gerecht werden, die einmal im Jahr synchron mit den ganzen Kerzen lichterloh aufflackerten und nach Befriedigung trachteten? Welches Geschenk, sei es noch so pfiffig, romantisch, warmherzig, kostenintensiv oder künstlerisch verpackt, welches Geschenk könnte diese gigantischen Erwartungen erfüllen? Da hat man doch als Mensch mit diversen Grenzen eine einzige Möglichkeit, nämlich diese Erwartungen zu enttäuschen. Und ist es denn ein Wunder, dass pünktlich zum Fest der Liebe die Zahl der Scheidungen in Deutschland dramatisch zunimmt? Diese innere Leier spulte ich Jahr für Jahr zu Weihnachten ab, was mich jedoch kein Stück daran hinderte, den Traum von Liebe, Harmonie und totaler Befriedigung sämtlicher Sehnsüchte mitzuträumen und bitter enttäuscht zu sein, wenn das Geschenk meines jeweiligen Partners den tiefen Kern meines Wesens doch nicht ganz traf. Und es traf ihn nie ganz.

Also bin ich zu Weihnachten des Öfteren enttäuscht, was ich wiederum für den Gradmesser meiner gelungenen Integration halte. Vielleicht sollte man sogar Einbürgerungswilligen in Deutschland die Frage nach ihrer weihnachtlichen Befindlichkeit stellen? Eine glänzende

Ergänzung zu den sonstigen raffiniert ausgeklügelten Fragen, die den wahren Grad der Germanisierung enthüllen sollen.

Lautet die Antwort: »Mir geht es Weihnachten ganz okay« oder: »Mir geht es Weihnachten weder gut noch schlecht«, sollte man der Person tunlichst den deutschen Pass verweigern und ihr nahelegen, sich unverzüglich mit dem tieferen Sinn des Festes aller Feste zu befassen und im nächsten Jahr gefälligst gestresst, übermüdet, entnervt, enttäuscht, zerzankt oder auch geschieden anzutreten, was ein sicherer Beweis dafür wäre, dass man sich der deutschen Leitkultur erfolgreich angeschlossen hat.

Nachdem Oma Denka alle Speisen, die ihre Erinnerung hergab, missmutig gekocht hatte, nachdem alles von meiner Mutter zwecks besonders prächtigen und üppigen Erscheinens in unzähligen kleinen Schälchen drapiert worden war, saßen wir ausgehungert am Tisch und wurden von Oma mit der Botschaft behelligt, dass gute Christen am Heiligabend erst essen dürfen, *nachdem* der Erlöser geboren wurde.

»Und wann wurde der Erlöser geboren?«, fragte ich.

»Um Mitternacht«, rief Oma und strahlte übers ganze Gesicht.

Nicht, dass es ihr jemals wichtig gewesen wäre, eine gute Christin zu sein. Für tiefe und flammende Religiosität war meine Oma zu bodenständig, bauernschlau und pragmatisch. Wie viele meiner bulgarischen Landsleute übrigens auch. Was Oma offenkundigen Genuss bereitete, war schlicht und ergreifend die Gelegenheit, Verbote zu verhängen und für deren Umsetzung zu sorgen.

Aus jeder Sorte Machtausübung schöpfte Oma Denka tiefste Befriedigung. Von Hunger geplagt warteten wir also auf die Geburt des Erlösers. Da Kinder aus Omas Sicht von christlichen Pflichten befreit waren, bereitete ich Sophie einen Teller zu und erlaubte ihr damit unter den Tisch zu verschwinden. Meine Mutter setzte zum Protest an, wurde aber wegen eines Notfalls ins Krankenhaus gerufen.

Während Sophie unter dem Tisch ihr bulgarisches Weihnachtsmahl verzehrte, füllten Oma Denka und ich unsere Mägen mit Alkohol. Über Trinkverbote vor Christi Geburt hatte sie nichts erwähnt. Die Wirkung des Alkohols auf nüchternem Magen ließ nicht lange auf sich warten. Mein Gesicht glühte, Oma Denkas Stimme stieg zwei Oktaven höher.

»Deine neueste Spinnerei heißt also *Sich selbst finden*«, setzte sie angriffslustig an. »Dass ich nicht lache. Wo hast du dich denn überhaupt verloren? Im Wald? Du lebst doch in einem zivilisierten Land. Und das ist, glaube ich, dein Problem. Das Leben in Deutschland ist viel zu behaglich. Du bist nicht ausgelastet. Würdest du morgens um vier Uhr aufstehen und Bohnen auf dem Acker zupfen, so wie ich es in deinem Alter getan habe, würdest du also das tun, bräuchtest du keine Probleme zu suchen, wo keine sind. Deine Ehe zum Beispiel. Was soll damit nicht in Ordnung sein? Du hast einen anständigen Mann und ein Prachtstück von einer Tochter. Warum gibst du nicht einfach Ruhe? Wäre ich so wie du, wäre meine Ehe niemals so glücklich gewesen.«

»Deine Ehe soll glücklich gewesen sein? Das behauptest du zwar seit Großvaters Tod immer wieder, ich allerdings erinnere mich hauptsächlich an Streit.«

»Du bist eine ahnungslose Pute mit einer großen Klappe«, schäumte Oma auf. »Als wäre das Glück einer Ehe daran zu messen, ob und wie oft man sich streitet. Streit ist doch die Kehrseite der Liebe. Wenn sich Menschen nicht streiten, dann wollen sie auch nichts voneinander.«

»Dann müsst Großvater und du sehr viel voneinander gewollt haben. Als Kind habe ich euren Streit sehr gefürchtet.«

»Ein Kind bist du leider auch geblieben«, wetterte Oma. »Andernfalls hättest du längst begriffen, dass dein Großvater die Liebe meines Lebens war. Wie oft haben wir darüber gesprochen, seit er tot ist? Vergebens. Du hörst mir nicht zu. Aus Erfahrungen älterer Menschen willst du nichts lernen. Du willst keine betretenen Wege gehen. Du willst mit deinem Dickschädel durch die Wand.«

»Was übrigens mein gutes Recht ist«, erwiderte ich gereizt. »Und außerdem: Über eure Ehe hast du mir nur Ammenmärchen erzählt. Der Prinz und die Prinzessin, in ewiger Liebe vereint. Warum hätte ich dem Gesülze zuhören sollen? Erzähl mir eure wahre Geschichte und versuch nicht zu bestimmen, was ich damit mache.«

»Allerdings nicht mehr heute Abend«, rief meine Mutter, die gerade aus dem Krankenhaus zurückkam. »Es ist bald Mitternacht und ich habe Hunger. Außerdem schläft Sophie unter dem Tisch. Wie fürsorglich von euch. Aber wen wundert's. Narzissten haben ausschließlich sich selbst im Blick. Und hier treffen gleich zwei aufeinander.«

»In den nächsten Tagen machen wir einen Ausflug«, flüsterte mir Oma Denka verschwörerisch zu. »Wir fahren ins Dorf Gyueschevo, den Geburtsort deines Großvaters. Dann erzähle ich dir alles an Ort und Stelle.«

Einige Wochen nach unserer Ankunft in Berlin traf Sergejs komplette Familie ein: Schwester Licht der Welt, um zu studieren, die beiden Eltern, um an der Humboldt-Universität zwei Monate wissenschaftlich zu forschen.

Ich hatte mich entschieden, bei Sergej zu bleiben, und die Stimme, die mich davor warnte, zum Schweigen gebracht. Ich versuchte über Unstimmigkeiten hinwegzusehen, Trennendes verschwinden zu lassen, stattdessen nicht vorhandene Gemeinsamkeiten heraufzubeschwören. Ich bemühte mich, ich ackerte, ich säte auf einen Boden, auf dem niemals etwas gedeihen würde.

Täglich verfasste ich zum Beispiel Liebesbriefe, die ich morgens in Sergejs Arbeitstasche steckte. Eine Woche später meinte er, ich solle damit aufhören und mir langsam etwas anderes einfallen lassen. Ich könnte zum Beispiel versuchen, nicht nur Süßliches zu schreiben, sondern auch Süßes zu backen. Für einen guten Kuchen würde er sterben.

Damals konnte ich überhaupt keine Kuchen backen, geschweige denn gute. Trotzdem startete ich aufwendige Back- und Kochaktionen in der Etagenküche des Studentenwohnheims und erlitt lauter Schiffbrüche. Unter Schweiß produzierte ich lehmartige, angebrannte Teigklumpen und versalzene, halbgare Fleischstücke, die sehr entfernt und sehr traurig an Geschnetzeltes erinnerten. Sergej wünschte sich ein Stück Häuslichkeit, ich enttäuschte ihn und er ließ mich die Enttäuschung spüren. Darüber sah ich wiederum hinweg. Ich suchte nach bequemen, vernünftigen Erklärungen – für Sergejs Lieblosigkeit, für die Übergriffigkeiten seiner Mutter, für die Giftpfeile der Schwester, für die Charakterlosigkeit des Vaters. Ich wollte unbedingt dazugehören. Ich wollte geliebt werden. Meine Anpassungsversuche allerdings nahm man mit hochgezogenen Augenbrauen zur Kenntnis. Man traute ihnen nicht. Zu Recht.

Etwa ein Jahr später, während eines der häufigen Besuche von Sergejs Familie, war es mit den Anpassungsversuchen vorbei. Ich fühlte mich wie aus einem Koma erwacht inmitten eines gleißend sonnigen Tages. Im Licht sah ich die Realität und fand sie niederschmetternd. Ich beobachtete Sergejs Familie, wie sie vor ihrer Rückreise nach Bulgarien ihre Koffer packten, rieb mir die schmerzenden Augen und fragte mich, wer diese fremden Menschen um mich herum waren und was ich bei ihnen verloren hatte.

Sergejs Eltern hatten sich mit einem Haufen von Mitbringseln eingedeckt – für Freunde, über die sie ständig lästerten, für übellaunige Verkäuferinnen, für depressiv dreinblickende Schneiderinnen, für schmallippige, arbeitsunwillige Verwaltungsangestellte, für immer betrunkene Klempner. Das gesamte demoralisierte Personal des sozialistischen Dienstleistungssektors sollten die Mitbringsel dazu bewegen, seinen Job zu tun und Sergejs Familie kleine Gefälligkeiten zukommen zu lassen. Sergejs Mutter war bester Dinge.

»Wenn meine Friseurin so viel Backpulver sieht, wird sie mir die Haare kostenlos färben«, kreischte sie, riss die Folie auf, die mehrere Backpulver-Päckchen enthielt, und stopfte die einzelnen Teile in einen ihrer ausgesprochen unappetitlichen Schuhe.

»Die Schuhe stinken«, ließ ich die unangenehme Wahrheit fallen.

»Quatsch«, erwiderte ungerührt die Mutter. »Die Schuhe stinken nicht. Sie riechen nach Füßen. Nach meinen Füßen. Wonach sollen sie sonst riechen?«

»Sie könnten schon etwas weniger nach deinen Füßen riechen«, bemerkte ich. »Außerdem ist es nicht zwingend erforderlich, dass man Schuhe als Behälter für Lebensmittel nutzt.«

»Natürlich ist es erforderlich«, erwiderte die Mutter und stopfte ihre natürlich riechenden Schuhe in die Röhre eines Küchenpapierhalters. »Das spart Platz im Koffer. Schließlich muss ich den Kram unterkriegen. Oder hast du eine Idee, die dermaßen platzsparend und dazu noch wohlriechend ist?«

Eine solche Idee hatte ich nicht. Dafür hatte ich eine andere Idee, nämlich diese Familie auf dem schnellstmöglichen Weg zu verlassen.

Ein klärendes Gespräch mit Sergej schien mir angebracht. Also teilte ich ihm mit, dass ich ihn am nächsten Tag sprechen möchte, und zwar allein.

»Ich finde, wir sollten uns trennen«, sagte ich, goss Kondensmilch in meine Tasse, kleckerte und wischte das klebrige Rinnsal sorgfältig mit dem Zeigefinger weg. »Wir passen einfach nicht zueinander«, fuhr ich fort und leckte den Zeigefinger umständlich ab. »Ich habe mich in letzter Zeit sehr bemüht, dir näherzukommen. Gestern habe ich begriffen, dass es sinnlos ist.«

Ich rührte eine Weile in meiner Tasse, nahm bedächtig einen Schluck und guckte Sergej zum ersten Mal in die Augen. Er knabberte wie besessen an seinen Nagelhäutchen. »Lass dich bloß nicht aus der Ruhe bringen«, funkelte er mich zornig an. »Genieß deinen Kaffee in vollen Zügen! Soll ich dir auch einen Kuchen bestellen? Schließlich besteht nicht der geringste Grund, sich die Laune zu verderben. Wir haben ja nur eine kleine, unwesentliche Nebensächlichkeit zu klären.«

»Natürlich trinke ich meinen Kaffee in Ruhe«, antwortete ich. »Ich bestelle auch einen zweiten. Ich brauche ihn nämlich. Ich habe die ganze Nacht nicht geschlafen. Sehr im Unterschied zu dir, nehme ich an. Im Schoß deiner Familie hast du sicher wie ein satter Säugling geratzt. Wie immer. Soll ich dir eine lauwarme Kakaomilch bestellen?«

»Lass das blöde Gezicke und sag endlich, was los ist. Du kannst dich nicht einfach so mir nichts, dir nichts von mir trennen.«

»Sich trennen trifft in diesem Fall die Sache nicht ganz«, entgegnete ich. Sich trennen setzt nämlich voraus, dass man vorher zusammen war. Das war bei uns wohl kaum der Fall. Du warst mit deiner Familie zusammen und ich war allein. Von trennen kann also nicht die Rede sein. Eher vom Beenden einer Beziehungslosigkeit.«

»Schön hast du dir das zurechtgelegt«, schnaubte Sergej. »Nur so stimmt es leider nicht. Natürlich hatten wir eine Beziehung. Aber sie zu erhalten und zu entwickeln bedeutet Arbeit, zu der du offenbar nicht bereit bist.«

»Während du ja an unserer sogenannten Beziehung hart gearbeitet hast. Indem du dir zum Beispiel mit den kulinarischen Höchstleistungen deiner Mutter den Bauch vollgeschlagen hast und dann an der Schulter deiner Schwester bei einer RTL-Idiotie eingeschlafen bist.«

»Wie grob und vulgär bist du eigentlich? Ich bin schockiert.«

»Ich bin es offen gesagt auch. Es hat sich eine Mordswut in mir angestaut.«

»Mordswut?«, rief Sergej. »Was hast du, bitte schön, für einen Grund, wütend zu sein? Ich bin derjenige, der hier hintergangen wird. Ich habe dir vertraut. Ich dachte, du willst dich wirklich ändern. Aber nein. Du bist so geblieben, wie du eben bist: verwöhnt, verschroben, allein an deinem Spiegelbild interessiert. Bei der ersten Schwierigkeit haust du ab. Du nimmst Beziehungen nicht ernst.«

»Ganz im Gegenteil«, antwortete ich kühl. »Weil ich Beziehungen ernst nehme, will ich eine Beziehung, die keine war, beenden. Es geht hier nicht um die erste Schwierigkeit, vor der ich weglaufe, sondern um etwas, das sich nicht stimmig anfühlt, und zwar nicht erst seit kurzem.«

»Na wunderbar. Dann hast du uns die ganze Zeit etwas vorgemacht.«

»Ich habe mir selbst etwas vorgemacht. Ich habe versucht, mich in deine Familie einzugliedern. Ich habe gehofft, es würde mir gelingen. Ich habe mich getäuscht.«

»Ich dachte, du magst meine Familie«, sagte Sergej leise. »Ich dachte, du bist glücklich mit uns.«

»Wann habe ich denn behauptet, dass ich mit euch glücklich sein möchte? Ich wollte hauptsächlich mit dir glücklich sein! Stattdessen habe ich jede freie Minute mit deiner Familie verbracht. Dir war es offenbar wichtig. Ich allerdings verstehe Beziehungen anders. Deshalb gehe ich jetzt.«

Sergej zuckte zusammen, als hätte ich ihn geohrfeigt. Ich wünschte, er wäre aufgesprungen und wutentbrannt hinausgestürmt. Stattdessen blieb er sitzen und ließ das Leben aus seinem Körper weichen. Seine Augen erloschen wie Kerzen im plötzlichen Windzug. Sein Hals verschwand in den Schultern wie eine Schnecke, deren Fühler man berührt hat. Auf den Tisch fielen heiße Tropfen und flossen zu einer verzweifelten Pfütze in der Form von Madagaskar. Irgendwann verschwand Madagaskar unter Sergejs Ärmel. Er erhob sich mühsam und taumelte in Richtung Toilette.

Mein Inneres wand sich wie ein Wäschestück, das ausgewrungen wird. Namenloser, archaischer Schmerz fuhr in jede Zelle meines Körpers, Verlassen. Verloren. Mutterlos. Mutterseelenallein.

Dieses Gefühl schien Sergej zu empfinden. Dieses Gefühl entdeckte ich in mir selbst. In diesem Gefühl waren wir verbunden.

Und ich hielt es für ein Zeichen von Liebe. Irrtümlicherweise.

12
Die Reise nach Gyueschevo

Bulgarien, Januar 1995

Gyueschevo liegt an der Grenze zu Mazedonien, am westlichen Ende Bulgariens also.

»Kommst du mit?«, fragte Oma in Mutters Richtung.

Mutters Augenbrauen schnellten überheblich in die Höhe. »Was soll ich in diesem gottverlassenen Kaff? Mein Vater lebt in meinem Inneren. Das reicht. Meine Enkelin und ich, wir bleiben hier. Vergangenheitsbewältigung im tiefsten Winter und am anderen Ende der Welt macht ihr bitte zu zweit. Ich fürchte, zu zweit werdet ihr auch bleiben. Ich bezweifle, dass in Gyueschevo noch irgendetwas lebt.«

Am Tag unserer Reise marschierte Oma in aller Herrgottsfrühe in mein Zimmer.

»Der frühe Vogel fängt den Wurm«, trällerte sie und hielt mir eine dampfende Kaffeetasse vor die Nase. »Raus aus den Federn mit dir!«

Ich warf einen verzweifelten Blick auf den Wecker. »Es ist mitten in der Nacht«, stöhnte ich. »Sollten wir nicht erst in zwei Stunden aufstehen?«

»Der Zug nach Gyueschevo wartet nicht auf uns, Prinzessin. Genau andersrum verhält sich die Sache. *Wir* müssen auf den Zug warten. Deshalb stehst du jetzt auf, und zwar sofort!«

Mit einem Ruck riss mir Oma die Decke vom Leib. Wohl wissend, dass mir um diese Zeit jegliche Widerstandskraft fehlte, ließ ich sie gewähren und taumelte ins Bad.

Anderthalb Stunden später trafen wir am Bahnhof in Varna ein und betraten zähneklappernd den kahlen Bahnsteig.

Ein Schwarm leerer Plastikbecher schepperte uns entgegen, getrieben von einer eisigen Windböe. Ein Blick auf die Bahnhofsuhr verriet, dass wir der Böe noch eine Weile Gesellschaft leisten würden.

»Jetzt weiß ich endlich, warum ich ausgerechnet nach Deutschland ausgewandert bin«, giftete ich und versuchte dem eisigen Wind den Rücken zu kehren. »Die deutsche Pünktlichkeit habe ich in den Genen. Was sollen wir hier noch anderthalb Stunden machen?«

»Es hätte ja sein können, dass nicht alles wie am Schnürchen läuft.« Oma klimperte unschuldig mit den Wimpern. »Unserem Taxi hätte ein Reifen platzen können. Die Fahrplanauskunft am Telefon hätte falsch sein können. Man kann sich im Leben nie sicher sein, Mädchen, deshalb muss man vorbeugend handeln.«

Ich warf ihr einen hasserfüllten Blick zu, drehte mich um und ging die Treppe hinunter, schnurstracks in die Bahnhofsbäckerei, die glücklicherweise offen war, darüber hinaus warm und herrlich duftend. Einen Espresso und zwei Butterhörnchen später trippelte auch Oma hinunter und baute sich wie eine dunkle Wolke vor mir auf: »So etwas habe ich auf meinem Schoß gehütet«, fauchte sie. »So etwas nennt sich *meine Enkelin*. Eiskalt lässt sie mich in sibirischer Kälte und Dunkelheit stehen, um sich selbst im Hellen und im Warmen den Bauch vollzuschlagen. Hast du das in Deutschland gelernt? Gehen die Deutschen so mit ihren Großmüttern um?«

»Willst du ein Hörnchen?«, erkundigte ich mich und

hielt Oma die duftende Tüte entgegen. Sie sprang zurück, als wären in der Tüte Schlangen.

»Lieber nehme ich Gift als Essen von deiner kalten Hand.«

Eine Weile guckten wir uns feindselig an.

Der Duft nach Frischgebackenem, der aus der Bäckerei in unsere Richtung strömte, wurde intensiver und Omas Blick milder. Irgendwann griff sie verstohlen in die Tüte und ihr Gesicht erhellte sich: »Ich bin stets bemüht, überall die Erste zu sein, musst du wissen«, eröffnete sie mir mit vollem Mund. »Deshalb stehe ich auf, noch bevor der erste Hahn gekräht hat. Mein ganzes Leben lang war ich immer und überall die Erste.«

»In der Schule allerdings hast du es nicht weit gebracht«, warf ich spitz ein. »Bis zur achten Klasse, wenn ich mich recht entsinne ...«

»Die Schule habe ich in der Tat geschmissen«, sagte Oma friedlich. »Aber nicht, weil ich dumm oder faul war, sondern verliebt. Dein Großvater und ich – wir haben uns gesehen, wir haben uns verliebt und drei Wochen später waren wir verheiratet.«

Ein scharfer Pfiff ließ uns aufschrecken.

»Siehst du, ich hatte Recht«, rief Oma. »Der Zug kommt früher als geplant.« Sie ergriff hastig meinen Ärmel und zerrte mich die Treppe hinauf.

Der Zug donnerte heran, keuchte, blieb stehen und riss die Türen auf. Ich machte Anstalten einzusteigen, Oma jedoch krallte sich wieder an meinen Ärmel, rannte los und zog mich mit.

»Was soll das?«, schrie ich. »Warum rennen wir wieder? Warum steigen wir nicht ein?«

»Weil ich in das *erste* Abteil will«, schrie Oma zurück,

»direkt hinter der Lok. Hast du nicht zugehört? Ich will überall die Erste sein. Im Zug und im Leben.«

Mit dieser Einstellung schien Oma nicht allein zu sein. Die Abteile im ersten Wagen hatten sich schneller gefüllt, als wir rennen konnten, und zwar hauptsächlich mit Rentnern, deren selbstzufriedene Blicke verrieten, dass ihnen ein Sitzplatz direkt hinter der Lok ein Gefühl deutlicher Überlegenheit verschaffte. Vor dem überfüllten ersten Abteil blieb Oma stehen.

»Meine Herren«, strahlte sie die dort sitzenden älteren Männer an. »Darf ich bitten, ein wenig zusammenzurücken? Meine Enkelin und ich reisen gern in netter Gesellschaft.«

»Selbstverständlich, meine Gnädigste«, kam prompt die Antwort. »Zwei dermaßen reizende Damen haben wir liebend gern in unserer Mitte.«

Oma warf mir einen triumphierenden Blick zu und setzte sich kokett inmitten der Herren nieder, die nun ihrerseits strahlten und den Duft nach Mottenpulver verströmten.

Ich nahm den anderen, mir zugewiesenen Platz ein.

Wir fuhren.

Steigen meine bulgarischen Landsleute in einen Zug, fangen sie unverzüglich an, zweierlei Dinge zu tun: Sie reden und sie essen. Beides ununterbrochen.

Beim Anblick der Mengen des vielfältigen, aufwendig zubereiteten, sorgfältig eingepackten Reiseproviants könnte ein Außenstehender den Eindruck gewinnen, die Bulgaren rechneten jeden Augenblick mit dem Ausbruch eines Krieges und anschließender Hungersnot. Durch die rege, herzlich sprudelnde, tief persönliche Geheimnisse offenbarende Konversation im Abteil könnte der besagte Außenstehende auf die Idee kommen, dort säßen lauter engste Freunde. Beides wäre ein Irrtum. In den Abteilen bulgarischer Züge sitzen, wie überall auf der Welt auch, Menschen, die sich vor der Reise nie begegnet sind und sich danach wahrscheinlich nie wieder begegnen werden. Darüber hinaus sind die Bulgaren in den letzten Jahrzehnten weder von Krieg noch von Hungersnot bedroht gewesen. Ich vermute, das Essen und die blitzschnelle Nähe brauchen meine Landsleute gegen die Angst vor dem ungewissen Ausgang einer jeden auch noch so harmlosen Reise. An dieser Stelle könnte sich der interessierte Außenstehende fragen, ob es sich bei den Bulgaren um ein besonders ängstliches Volk handelt, das womöglich an einer kollektiven, national verankerten Reisephobie leidet. Eine national verankerte Reisephobie wäre zwar durchaus interessant, ist aber natürlich Quatsch. Der Grund für das seltsame, mit viel Nähe und Essen erfüllte Reiseverhalten der Bulgaren ist durchaus banal: Sie verreisen nicht so oft. Dafür fehlen den meisten von ihnen sowohl der Antrieb als auch das Geld. Und die seltenen Reisen, die sie unternehmen, sind ihnen daher ungewohnt und unheimlich.

Mit der Vermutung allerdings, die Bulgaren seien ein ängstliches Volk, läge mein imaginärer Außenstehender gar nicht so falsch.

Der Bulgare – nehmen wir mal an, aus einer ganzen Nation unterschiedlicher Persönlichkeiten ließe sich das Bild eines Durchschnittsbulgaren überhaupt herausfiltern – der Bulgare also ist in der Tat ein eher ängstlicher, stets auf Sicherheit bedachter Mensch. Die Gründe für diese These könnten unter anderem in seiner vierzehn Jahrhunderte alten und bewegten Geschichte liegen.

Bereits 681 nach Christi kamen die Protobulgaren – eine Handvoll asiatischer Nomaden – an das Donaudelta, damals die Peripherie des mächtigen, jedoch geschwächten Byzantinischen Reiches. Dort mischte sich das Reitervolk mit den ortsansässigen passiven und friedfertigen Slawen. Der erste bulgarische Staat wurde gegründet, der jeglichem historischen Kräftegleichgewicht trotzend bis heute noch existiert. Und das war wahrlich nicht einfach. Ständig änderten sich die Grenzen Bulgariens, ständig versuchten Stärkere, sich das kleine Land einzuverleiben: erst die Byzantiner, dann die Osmanen, im Zweiten Weltkrieg auf ihre eigene Art die Deutschen und anschließend die Sowjets, auch auf ihre eigene Art.

Meine Landsleute haben allen vorübergehenden Fremdherrschaften zum Trotz ihre kulturelle Identität bewahrt und ihren unabhängigen Staat ebenso, wenn auch mit gewissen Unterbrechungen. Allerdings waren sie immer in der Rolle des Schwächeren. Nie haben die Bulgaren den eigenen Kräften vertraut, stets haben sie nach Schutz und Hilfe der Großen getrachtet, auf Befreier und Retter gehofft. Kein Wunder, dass sie dabei statt Selbstbewusstsein Ängste entwickelten. Und vielleicht auch ein paar andere, nicht zu unterschätzende Eigenschaften. Denn der Bulgare ist nicht nur ein auf Sicherheit bedachter, sondern auch ein harmoniebedürftiger, friedfertiger Mensch, dem Konflikte, welcher Art auch immer, ein Gräuel sind. Weder trägt er Konflikte aus noch löst er sie. Liebend gern vermeidet er, kehrt unter den Teppich oder gibt im Zweifelsfall nach. Der

Bulgare lebt gern in eine Großfamilie eingebettet, die ihm, neben seinem oft eigenhändig gebauten Haus, das Allerheiligste der Welt ist. Niemals würde er für irgendwelche Ideen, welcher Art auch immer, seine Familie oder sein Haus gefährden. Das ist aus meiner Sicht der Grund, warum es in der langen bulgarischen Geschichte keine Revolutionen gibt. Es gibt misslungene Abwehr von Eroberungsversuchen, es gibt ungerechte Friedensverträge, es gibt schädliche Koalitionen, zerstörerische Reparationen und tiefe Resignationen. Revolutionen jedoch fehlen. Denn bekanntlich erfordern Revolutionen die Bereitschaft, in einem gewissen Moment ein Ideal über das persönliche und familiäre Wohl zu stellen. Und dazu, so meine Theorie, sind die meisten meiner Landsleute nicht bereit. Zu sehr lieben sie ihr Haus, ihre Kinder, ihre alten Eltern, ihre Onkels und Tanten, Cousins und Cousinen und ihren abendlichen Schnaps mit Tomatensalat.

Würde mein ausgedachter Außenstehender einen strengen, unbarmherzigen Blick auf die Bulgaren werfen, würde er sie als konservative und beschränkte Kleinbürger sehen, die lediglich darauf bedacht sind, ihre kleine Welt abzusichern und dort ihr Spießerglück zu finden. Jenseits von Idealen und den damit verbundenen Risiken. Würde unser die Bulgaren betrachtender Außenstehender weiterhin seinen strengen Blick behalten, würde ihm ebenfalls auffallen, dass meine Landsleute jede Veränderung anfeinden, weil sie in all den Jahrhunderten ihrer Geschichte gelernt haben, dass Überleben nicht kämpfen, entwickeln oder verändern bedeutet, sondern Festhalten. Festhalten am Alten und Bewährten, Festhalten an der Tradition. Wie hätte dieses winzige Volk seine Identität in all den Jahrhunderten der Fremdherrschaft sonst bewahren können?

Dem nach wie vor streng dreinblickenden Außenstehenden könnte auch auffallen, dass die Bulgaren immer eine gewisse politische Passivität an den Tag gelegt und viel zu schnell Koalitionen gebildet haben – nicht aus Überzeugung und nicht in ihrem Interesse, sondern aus dem Gefühl der Unterlegenheit heraus. Da strenge Blicke bekanntlich nicht die objektivsten und schon gar nicht die sympathischsten sind, könnte sich unser Außenstehender womöglich entschließen, einen großzügigen und wohlwollenden Blick auf die Bulgaren zu wagen. Womit er übrigens eine große Lücke in der westlichen Öffentlichkeit füllen würde. Ein solcher Blick würde ein großes Herz voraussetzen, darüber hinaus Selbstachtung, Selbstliebe und die Bereitschaft, dem betrachteten Objekt näherzukommen und genauer hinzuschauen. Würde also ein solcher Außenstehender den Bulgaren etwas näherkommen, würde er bemerken, wie friedlich sie sind, wie diplomatisch, beschwichtigend und stets bemüht, Härte und Eskalation abzuwenden. Privat und politisch gesehen. Weder zetteln sie Kriege an noch wenden sie Gewalt gegen ihre Minderheiten an – von der zwanghaften Namensänderung der bulgarischen Türken in den achtziger Jahren abgesehen. Die Bulgaren reißen zwar Witze über Sinti und Roma und haben das osmanische Joch im Mittelalter immer noch in böser Erinnerung, ihre Türken und Roma allerdings haben sie weder vergast noch geschlachtet. Betrachtet er die Bulgaren weiterhin aus der Nähe und wohlwollend, würde der Außenstehende ebenfalls sehen, dass sie fleißig sind und lebensklug, außerdem anständig, wissbegierig und bodenständig. Auch lauter Eigenschaften, die, so wie die Ängstlichkeit, in der bulgarischen Geschichte wurzeln.

Welcher dieser Blicke würde aber zu der Wahrheit führen? Zu dem wahren Wesen der Bulgaren, mal angenommen, so etwas gäbe es überhaupt? Aus meiner Sicht bedeutet der strenge, distanzierte Blick Mangel an Liebe, zu sich selbst und zu seiner Umgebung. Darüber hinaus bedeutet er, dass der Außenstehende aus der Warte seiner moralischen Werte schaut. Moralische Werte jedoch helfen bekanntlich, Dinge zu bewerten, aber nicht zu verstehen. Um tief zu verstehen, brauchen wir unser Herz. Und schauen wir mit unserem Herzen, blicken wir immer wohlwollend und großzügig, wenn auch von außen.

»Nehmen Sie, meine Herren, stärken Sie sich.«
Oma Denka reichte eine Plastikschachtel herum, in der sich panierte Hühnerbrust befand, mundgerecht geschnitten. Eine weitere Schachtel folgte, die selbstgebackenes Brot enthielt. Darüber hinaus hatte Oma zwei Dutzend hartgekochte Eier dabei, Gurken in dünnen Scheiben, Schafskäse in dicken Brocken, außerdem Kekse mit Zimt und Honig, eine Tüte frische Walnusskerne, gestern geknackt und geschält. Die Herren nahmen, aßen, lobten, dankten, leckten sich geräuschvoll die Finger und ließen eine Flasche Selbstgebrannten umherwandern.
Weitere Speisen wurden gereicht, von den Frauen der reisenden Männer zubereitet und ebenfalls mundgerecht geschnitten: Pfannkuchen mit Schafskäse gefüllt, winzige scharfe Buletten, in Pelle gekochte Kartoffeln, Pepe-

roni, schwarze Oliven, selbstgemachte Blutwurst, selbstgemachtes Pastrami, gelber Käse aus eigener Produktion, Apfelkuchen mit Zimt und Butter. Nachdem all das andächtig verspeist und mit etlichen Runden Selbstgebranntem begossen wurde, lehnten sich die Herren wohlig zurück, schauten milde in die Gegend und suchten nach einem Gesprächsthema.

»Wen sollten wir nun demnächst wählen, Herrschaften?«, warf einer der Männer in die Runde. »Die ehemaligen Kommunisten, die Verbrecher sind, oder die neuen Demokraten, die Chaoten sind und keine Ahnung haben?«

»Wer würde wohl den kleineren Schaden anrichten?«, meldete sich ein Zweiter zu Wort. »Das ist in Bulgarien heutzutage die Frage, meine Herren. Verbrecher sind sie wohl alle: die Kommunisten und die sogenannten Demokraten.«

»Da muss ich entschieden widersprechen«, schaltete sich ein Dritter an. »Den Demokraten mangelt es vielleicht an politischer Erfahrung, Verbrecher jedoch sind sie nicht. Verbrecher sind die Kommunisten, die vierzig Jahre lang geherrscht und unser Land zugrunde gerichtet haben. Jetzt ist Bulgarien endlich auf dem richtigen Weg. Schwierigkeiten gehören nun mal dazu.«

»Auf dem richtigen Weg?«, sprang ein Vierter auf. »Hast du keine Augen im Kopf, Dontscho? Woran macht sich dein richtiger Weg bitte bemerkbar? Unsere komplette Industrie liegt lahm. Die Inflation galoppiert. Energie- und Lebensmittelpreise steigen täglich. Staatliche Strukturen brechen zusammen und keiner ersetzt sie. Von den mickrigen Gehältern des maroden Staates kann keiner leben. Professoren wühlen im Müll, um Essensreste zu finden. Ärzte stellen ihre Heizung ab, weil sie die Rechnung nicht bezahlen können. Stattdessen sammeln sie Äste im Park und richten Feuerstellen in ihren Wohnzimmern ein. Das hat die Demokratie über unser Land gebracht, Herrschaften. Sieht das nach einem richtigen Weg aus?«

»Differenziertes Denken ist wohl nicht deine Stärke, was, Stoyane?«, ereiferte sich Dontscho. »Leider bist du in diesem Land nicht allein. Ein Großteil unseres Volkes urteilt danach, in welchem System die Wurst billiger war, ob im Sozialismus oder im Kapitalismus. Und das ist mit Verlaub dämlich. Man soll tiefer schauen, meine Herren. Unsere Industrie liegt lahm, sagst du, Stoyane. Wie sollte es anders sein? Für Schwerindustrie hat Bulgarien nie Rohstoffe gehabt. Die Sowjets haben uns die Rohstoffe geschenkt. Jahrzehntelang. Seit Gorbatschows Perestroika allerdings gibt es keine Geschenke mehr. Für die sowjetischen Rohstoffe müssen wir zahlen und unsere Betriebe sind pleite. Der Staat ebenfalls. Und wer ist schuld daran? Die Demokraten etwa?«

»Warum schaffen es deine großartigen Demokraten nicht, einen vernünftigen Übergang zu finden?«, wetterte Stoyane. »Warum verkaufen sie unsere Betriebe für einen Appel und ein Ei an den Westen und stecken sich dicke Prämien in die Taschen? Warum kümmern sie sich nicht um unsere desolate Landwirtschaft? Die LPGs sind aufgelöst, die Tiere sind geschlachtet, fruchtbares Land liegt brach und keiner kümmert sich darum. Stattdessen importieren wir Weizen aus der Ukraine, Tomaten aus der Türkei und Fleisch aus dem Libanon.«

»Du verwechselst schon wieder Ursache und Wirkung, Stoyane«, hielt Dontscho dagegen. Wer hat die bulga-

rischen Bauern vor vierzig Jahren enteignet? Waren es die
Demokraten? Wer hat die Beziehung zu ihrem Land zerstört? Wie viele Dörfer im Kommunismus waren men-
schenleer? Und warum? Die meisten Bauern haben doch
die Arbeit in den LPGs verweigert. Es war nicht mehr ihr
Land. Sie sind ihren Kindern in die Großstädte gefolgt,
um dort mit gebrochenen Herzen in Plattenbauten zu
vegetieren. Ärzte, Richter und Studenten mussten die
Ernte sammeln, sonst wäre sie verrottet. So sah die kommunistische Landwirtschaft aus, meine Herren. Wer hat
das alles verursacht, und können es die Demokraten mit
einem Zauberstab lösen?«
Ein scharfer Pfiff ließ unsere Mitreisenden verstummen.
Der Zug tuckerte in den Bahnhof der alten bulgarischen
Hauptstadt Weliko Tarnowo. Die Herren packten hektisch ihre Sachen, verabschiedeten sich und stiegen aus.
Das Gerede über Politik habe sie ermüdet, sagte Oma,
gähnte lautstark, breitete sich auf den freigewordenen
Plätzen aus und schlief ein.

Ost-Berlin, achtziger Jahre

Wie fühlt sich der allererste Augenblick an, in dem die
Liebe entflammt?
Ist es das langsame, kaum merkliche Aufgehen einer
Knospe oder ein kosmischer Urknall? Und wenn wir
uns verlieben, verlieben wir uns in jemanden anders oder
in eine eigene tiefe Sehnsucht, die in einem gewissen
Augenblick an die Oberfläche schwappt und mit jeman-
dem verschmilzt? Und um welche Sorte Sehnsucht han-

delt es sich dabei? Um die Sehnsucht vielleicht, dass die tiefe Einsamkeit, die wir in uns tragen, endlich erträglicher wird? Oder unsere Wunden? Verlieben wir uns gar, weil in unserem Inneren plötzlich die unheilvolle Hoffnung aufflackert, dass jemand anders diese Wunden heilt? Und sollte es so sein, wie schafft es dieser Jemand, eine solche Hoffnung zu wecken? Warum ausgerechnet er und kein anderer? Und flackert diese Hoffnung in einem oder in zwei Herzen auf?

Bei allen offenen Fragen wäre eins festzuhalten: Wenn wir uns verlieben, fehlt uns für kurze Zeit nichts. Das Leben reicht so, wie es ist. Und wir selbst reichen uns auch.

Kurz nach dem Gespräch mit Sergej bekam ich heftige Nierenschmerzen und wurde in die Charité eingeliefert. Meine linke Niere hatte sich entzündet, anschließend auch die rechte.

»Sie müssen Ordnung in Ihr Leben bringen.« Der Arzt zog seine buschigen Augenbrauen hoch. »Dann werden auch Ihre Nieren genesen.«

Ich nickte zwar, freute mich aber, dass ich im Krankenhaus lag, wo jemand anders für Ordnung in meinem Leben sorgte.

Von dort aus schaute ich zu, wie die Welt aus den Fugen geriet.

Es war Herbst 1989. In brechend vollen Zügen verließen Scharen von DDR-Bürgern ihre blühende sozialistische Heimat und begaben sich in Richtung Prag oder Budapest, um von dort aus die Reise in Richtung Kapitalismus anzutreten. Die DDR-Regierung ließ sie ziehen, veranstaltete jedoch am 7. Oktober eine fulminante Feier der Republik. In blauen Hemden und geschlossenen Reihen marschierte die FDJ-Jugend durch die Berliner Straßen, sang, schwenkte brennende Fackeln und bot der Welt ihre sozialistische Stirn. Die Ähnlichkeit mit einem Aufmarsch der Hitlerjugend war verblüffend und äußerst beängstigend.

»Unser Sozialismus ist zwar ins Wanken geraten«, behauptete Sergej, »allerdings nur vorübergehend. Hoffentlich kommen die Sowjets bald zur Besinnung und schießen diesen Gorbatschow ab. Dann sollen sie in ihre Panzer steigen und überall für Ordnung sorgen.«

Statt sowjetischer Panzer jedoch kam eine sensationelle Nachricht aus Bulgarien: Es habe einen Versuch gegeben, den Staats- und Parteichef Todor Schiwkow zu stürzen. Der Versuch sei aus den Reihen der eigenen Partei gekommen.

»Toi, toi, toi«, rief meine Zimmernachbarin Frau Pullovi, ballte ihre Wurstfinger zu einer Faust und erhob sie. Der Speck an ihrem Arm erzitterte kämpferisch. »Hoffentlich gibt es bald einen zweiten Versuch. Hoffentlich gelingt er!«

Ich sprang auf und tanzte vor Freude durchs Krankenzimmer.

»Geh sofort in dein Bett«, herrschte mich Sergej an. »Du musst Ruhe bewahren und wieder gesund werden. Den Quatsch sollst du ohnehin nicht glauben. Die Sowjets werden niemals zulassen, dass man Schiwkow stürzt.«

Die Sowjets jedoch ließen eine Menge zu.

Am 9. November wurde die deutsch-deutsche Grenze geöffnet. Berliner von beiden Seiten der Mauer lagen sich weinend in den Armen. Frau Pullovi und ich ebenfalls.

Am nächsten Tag wurde Schiwkow gestürzt und verhaftet. Einen Monat später wurde auch der rumänische Diktator Ceaușescu gestürzt und von seinem zornigen Volk hingerichtet. Frau Pullovis Bauch bebte vor Aufregung. Meine Zimmernachbarin war nämlich nicht krank, sondern schwanger.

Nach etlichen vergeblichen Versuchen war es ihr gelungen, schwanger zu werden, und das gleich doppelt. Nun brütete sie ihre Zwillinge aus und futterte, als wäre eine ganze Kompanie im Anmarsch. Im achten Monat hatte sie dermaßen zugelegt, dass ihr selbst die kurzen Strecken in ihrer Wohnung beschwerlich wurden. Für den Rest der Schwangerschaft ließ sie sich ins Krankenhaus einweisen, wurde aus Mangel an freien Betten in mein Zimmer gelegt und brachte mein Deutsch zum Fließen.

Meine Deutschkenntnisse waren bis dahin zwar umfangreich und solide, saßen jedoch ungenutzt im Kopf. Ich verfügte über einen riesigen Wortschatz, ein felsenfestes grammatikalisches Fundament und hatte im Studium Goethe, Schiller und Lessing gelesen. Loslassen und sprechen allerdings konnte ich nicht. Dann trat Frau Pullovi in mein Leben, schüttete ihre fettleibige, hormonverstärkte Mütterlichkeit über mich aus und meine Hemmungen schmolzen wie Butter in einer heißen Pfanne. Spracherwerb hat etwas mit Liebe zu tun, stellte ich im Krankenhaus fest, badete in Frau Pullovis Zuneigung und sprach, was das Zeug hielt: über Männer, über ungeborene Kinder, über bulgarische Eltern und westdeutsche Verwandte.

Kurz nach Weihnachten kündigten sich Frau Pullovis westdeutsche Verwandte an, was meine Zimmernachbarin sofort zum Weinen brachte.

»Meine beiden Cousins werden kommen«, schniefte sie. »Die Kinder meiner Tante. Der Schwester meiner Mutter. Nur von Fotos kenne ich sie. Obwohl wir in der gleichen Stadt wohnen.«

»Ich habe auch Cousins, die ich nicht kenne«, warf Sergej trocken ein. »Und wie man sieht – ich habe es überlebt. Man kann aus allem ein Drama machen, wenn man es darauf anlegt.«

Ich versorgte Frau Pullovi mit Taschentüchern und schob Sergej aus dem Zimmer. Mein Mann und meine Mutter-Freundin konnten einander nicht ausstehen.

»Was findest du an dieser fetten, primitiven Glucke?«, fragte Sergej im Flur.

»Was findest du an diesem kalten, langweiligen Mann?«, fragte Frau Pullovi, als Sergej weg war.

Am Morgen, als die Kinder ihrer Tante eintreffen sollten, versah ich Frau Pullovis dünnes Haar mit Lockenwicklern, nahm sie wieder ab, puderte und schminkte ihr Gesicht, soweit es möglich war, denn sie weinte unaufhörlich.

Zum verabredeten Zeitpunkt traf erstmal ihre Cousine ein und weinte mit. Ich schlich mich aus dem Zimmer und begab mich in den Aufenthaltsraum, vor dessen Tür ein Mann stand und sich unschlüssig umschaute. Ich blieb stehen, traf seinen Blick und bedauerte auf der Stelle, nur Frau Pullovis Gesicht gepudert zu haben.

»Entschuldigung, Sie wissen nicht zufällig«, setzte der Mann an, verstummte, blickte mir in die Augen und verharrte dort.

Eine Weile guckten wir uns an.

Der Unbekannte vergaß seine Frage. Ich vergaß, wie miserabel ich aussah, ließ mich in den Himmel seiner

Augen fallen, glitt immer tiefer hinein, verlor mich kurz und fand mich dann wieder, lebendiger denn je. Licht durchflutete mein Inneres. Wärme löste sämtliche Verhärtungen auf, Euphorie durchschäumte Zellen, von derer Existenz ich nichts ahnte. Und da war sie, die Liebe auf den ersten Blick. Sie fühlte sich an wie eine Überdosis Leben.

»Suchen Sie jemanden?«, hörte ich mich fragen.

»Meine Cousine«, sagte der Mann, ohne den Blick von mir abzuwenden.

»Heißt Ihre Cousine Sabine Pullovi?«

Der Mann nickte, lächelte und produzierte zwei Grübchen.

Ich lächelte zurück.

Als wir ins Zimmer traten, breitete Sabine Pullovi die Arme aus.

»Robin. Mein Cousin. Mein Fleisch und Blut. Dass ich das noch erleben darf!«

Ich schlich mich wieder hinaus, ging auf die Toilette und schüttete mir kaltes Wasser ins Gesicht.

Eine Woche später tauchte der Mann erneut auf. Wir begegneten uns wieder im Flur.

»Ich habe gehofft, Sie zu treffen«, sagte er. »Gibt es hier eine Cafeteria?«

Ich bewegte meinen Kopf in Richtung Ausgang. Wir steuerten den Fahrstuhl an. Acht Stockwerke lang schauten wir uns an.

»Ich dachte, so etwas gibt es nur in Groschenromanen«, sagte er, als wir uns in der Cafeteria gegenübersaßen.

»Was sind Groschenromane?«, entfuhr es mir.

Der Mann zog die Augenbrauen hoch, lächelte dann.

271

»Groschenromane sind ein kapitalistisches Produkt. Ich habe es vergessen – Sie leben auf der anderen Seite der Mauer.«

»Geht es in Groschenromanen um Liebe?«, fragte ich und schaute auf den Ehering an seinem Finger. Der Mann fing meinen Blick auf.

»Ja, um Liebe, in gewisser Weise. Aber jenseits von Groschenromanen: Liebe kümmert sich nicht um Äußerlichkeiten, welcher Art auch immer sie sind.«

»Eine Ehe ist keine Äußerlichkeit«, brachte ich mühsam heraus. »Eine Ehe ist vielmehr eine Hauptsache. Zumindest auf meiner Seite der Mauer.«

»Was die Liebe angeht, ist das Gefühl die Hauptsache«, erwiderte der Mann. »Auf welcher Seite der Mauer auch immer.«

Ich bat im Krankenhaus um einen freien Tag und bekam ihn.

Robin und ich trafen uns am Alexanderplatz. Gemeinsam durchstreiften wir Berlins Mitte. Vom Café im Fernsehturm schauten wir gemeinsam auf die geteilte Stadt. Ich atmete auf. Es gab keine Abgründe zu umschiffen. Gemeinsamkeiten waren da, es war es nicht nötig, welche zu erfinden.

Am Gendarmenmarkt aßen wir zu Abend.

»Sind die Herrschaften mit der Vorspeise fertig?«, fragte der Kellner, der die ganze Zeit unweit von unserem Tisch gelauert hatte.

»Wie Sie sehen, noch nicht«, sagte Robin gereizt.

»Darf ich die Herrschaften auf die anderen Gäste aufmerksam machen, die vor der Tür warten?«

»Wir beeilen uns«, warf ich schnell ein und erreichte, was ich wollte. Der Kellner entfernte sich.

»Du wolltest den Osten kennenlernen?«, lächelte ich Robin an. »Voilà. Hier sind die deutschen demokratischen Kellner. Ordnungshüter und Wächter sozialistischer Werte. Sie bedienen nicht. Sie haben das Kommando. Und sie können es sich leisten. Siehst du die Schlange vor der Tür? Essen gehen ist DDR-Bürgern so wichtig, dass sie bereit sind, dafür stundenlang in der Kälte auszuharren. Dementsprechend verhalten sich die Kellner. Es gibt jedoch weitaus Schlimmeres.«

»Nämlich?«

»Die bulgarischen Kellner.«

»Schlimmer als die Scharfschützen hier können sie gar nicht sein«, lachte Robin auf.

»Oh doch«, beteuerte ich. »Bulgarische Kellner leiden allesamt an einer ansteckenden Berufskrankheit: pünktlich zum Dienstantritt stellen sie das Denken ab. Selbst den Studenten unter ihnen, die nur in den Ferien jobben, gelingt es in Sekundenschnelle, sich einen dämlichen Gesichtsausdruck zuzulegen und ihre Auffassungsgabe so herunterzufahren, als würden sie demnächst in Winterschlaf fallen.«

Robin lachte, ergriff meine Hände und küsste sie.

Wir bestellten Wiener Schnitzel, Pommes frites und Buttererbsen.

Da uns der Kellner weiterhin im Auge behielt, schwiegen wir, aßen zügig und verließen das Lokal.

Im Krankenhaus fanden wir einen grimmigen Sergej vor, eine weinende Frau Pullovi, Robins Schwester Marietta und die Nachricht, dass es einen Autounfall gab. Robins Frau und die beiden Jungs seien im Krankenhaus.

Robin fuhr zu seiner Familie.

Über meine Abwesenheit an jenem Tag verlor Sergej nie ein Wort.

Wir heirateten kurz darauf.

Bulgarien, Januar 1995, im Zug nach Gyueschevo

Oma schnarchte auf, drehte sich auf den Rücken und entblößte dabei ihr Dekolleté, wo der rätselhafte Ausschlag blühte. Unheilvolle Vorahnung durchzuckte mein Inneres. Ich versuchte sie zu vertreiben, richtete mich auf, griff nach Omas Tasche und kramte das kleine Album heraus, das sie immer bei sich trug. Auf den vergilbten Fotos sah man Oma Denka in Schuluniform, Oma Denka mit ihrem verstorbenen Mann, Oma Denka mit ihrer Schwester Mira, bevor diese 180 Kilo wog.

Damals schien man von Nahaufnahmen nicht viel zu halten, also gaben die Fotos keine verlässliche Auskunft darüber, wie Oma Denka in jungen Jahren wirklich aussah. Ihren eigenen Schilderungen zufolge soll sie von fataler Schönheit gewesen sein. Den Mythos dieser Schönheit hielt meine Großmutter mit eifriger Beharrlichkeit lebendig. Bei jeder erdenklichen Gelegenheit erzählte sie mit stolzgeschwellter Brust, wer sich alles ihretwegen geprügelt, fast umgebracht hatte oder aber auch der festen Absicht war, Ehefrau und Kinder sitzen zu lassen, um mit ihr durchzubrennen und ein neues Leben anzufangen – in Paris, New York oder aber auch in Samarkand. Der Ort, wo das neue Leben stattfinden sollte, wechselte je nach Stimmungslage und dem Roman, den Oma Denka gerade las.

Ob man meine erzählfreudige Großmutter tatsächlich dermaßen betörend fand, konnte niemand überprüfen. Seit ich mich erinnern kann, sah sie alt aus und die Fotos aus jener Zeit halfen an diesem Punkt, wie gesagt, nicht weiter. In der Phantasie der Frauen meiner Familie jedoch blieb Oma ein Sinnbild weiblicher Schönheit, ein unerreichbares Ideal, in dessen Nähe sich niemand wagte. Im Vergleich zu Oma fühlten wir uns alle grau und durchschnittlich aussehend.

»Was machst du da?«
Omas Stimme stach in meine Gedanken.
»Ich gucke mir deine Fotos an.«
»Guck, guck ruhig. So ein hübsches Paar wie deinen Großvater und mich siehst du kein zweites Mal.«
Mir wurde leichter ums Herz. Solange Oma prahlte, war sie am Leben. Und Hunger hatte sie offenbar auch.
Sie packte ein weiteres ihrer sorgfältig vorbereiteten Lunchpakete aus.
»Dein Großvater und ich«, seufzte sie und biss in ein Pastrami-Sandwich, »wir passten nicht nur äußerlich zusammen. Wir hatten auch ein gemeinsames Ziel – gemeinsam haben wir für eine bessere Welt gekämpft. Eine Welt, in der alle Menschen gleich sind.«
Dass alle Menschen gleich sind, war Oma in der Tat sehr wichtig. Und das nicht nur gesellschaftlich gesehen. Mit Unterschieden umzugehen war nicht Omas Sache. Auch bei alltäglichen Dingen nicht, was mich immer wieder zur Weißglut brachte. Denn »alle Menschen sind gleich« bedeutete für Oma, »alle Menschen sind so wie ich«.

Ein Pfiff kündigte an, dass wir Kjustendil erreicht hatten, die westlichste Stadt Bulgariens. Ins Dorf Gyueschevo fuhr ein Bus, allerdings erst in einer Stunde. Ich schlug vor, in einer Konditorei zu warten.

»Kommt nicht in Frage«, schnitt Oma mir das Wort ab. »Kapitalisten werfe ich kein Geld in den Rachen. Kaffee haben wir heute Morgen getrunken. Etwas zu essen haben wir dabei. Das reicht.«

»Du kannst gern hierbleiben und die Kapitalisten boykottieren«, entgegnete ich. »Allerdings allein. Ich für meinen Teil gehe in die Konditorei. Deinetwegen bin ich mitten in der Nacht aufgestanden. Ich brauche dringend einen Kaffee.«

Ich ging in die Konditorei, bestellte Kaffee und suchte die Toilette auf. Als ich zurückkam, sah ich Oma, die sich an meinem Tisch niedergelassen hatte und lebhaft mit der Kellnerin diskutierte. Vor ihr dampften zwei Tassen, gekrönt von zwei Häubchen Schlagsahne mit bunten Streuseln.

»Sahne und Streusel habe ich nicht bestellt«, sagte ich säuerlich zu der Kellnerin.

»Aber die ältere Dame schon.«

»Kostet nicht extra«, zwinkerte mir Oma zu. »Habe ich ausgehandelt. Die Kapitalisten sollen ruhig blechen. Und außerdem: mit Sahne und Streuseln schmeckt der Kaffee viel besser.«

Ich warf Oma einen bösen Blick zu, schob die beiden Tassen zu ihr und bestellte einen dritten schwarzen Kaffee. Kaum war die Tasse auf dem Tisch, warf Oma flink drei Süßstofftabletten hinein.

»Die schwarze Bitternis kann kein Mensch trinken«, klimperte sie unschuldig mit den Wimpern.

Um ihr keinen schweren Gegenstand an den Kopf zu werfen, verließ ich zügig das Café und stampfte zu der Haltestelle.

Ein paar Minuten später trippelte Oma hinterher, mit zwei Plastikbechern in der Hand. Den Kaffee samt Sahne und Streuseln hatte sie umfüllen lassen.

»Hier«, hielt sie mir einen Becher entgegen. »Süßes für dich. Das Leben ist ja bitter genug.«

Feindselig schweigend fuhren wir nach Gyueschevo.

Gyueschevo lag direkt an der bulgarisch-mazedonischen Grenze und bestand aus ein paar unverputzten Häuschen, die wie Baumpilze an einem Berghang klebten.

»Da müssen wir hin«, schnellte Omas Zeigefinger in Richtung Hügelspitze. »Da haben meine Schwiegereltern gewohnt.«

Unschlüssig guckte ich zu dem steilen Hang, dann auf die glatten Sohlen meiner Schuhe. Oma hingegen zog entschlossen ihre Jacke aus, band sie um ihre Hüften und kletterte los, flink und geschickt wie eine Bergziege. Zögerlich folgte ich ihr.

Auf halber Höhe erreichten wir eine Dorfkapelle, deren Tür aufging und einen alten Popen ausspuckte. Mit einer offenen Weinflasche in der Hand torkelte er auf uns zu. Die Flecken seiner schwarzen Kutte rochen nach Erbrochenem.

»Trinkt, Kinder, trinkt«, hielt er uns die Flasche entgegen. »Das Blut Jesu Christi. Ich habe bereits getrunken.«

»In der Tat, Pater, Sie haben getrunken. Mehr als Ihnen guttut«, warf eine ältere Frau ein, die aus der Kirche kam und sich beim Popen einhakte. »Kommen Sie, ich bringe Sie ins Bett.«

»Zu dir ins Bett, meine Tochter?«, lallte der Pope hoffnungsfroh.

»Nein Pater, in *Ihr* Bett«, erwiderte die Frau geduldig
und entfernte seine Hand von ihrem Busen. Dann fiel
ihr Blick auf Oma Denka und sie ließ den Popen los.

Er sank zu Boden. Die Frau starrte Oma an.

»Denka, bist du das?«

»Rada, bist du das?«

Die beiden Frauen fielen sich in die Arme.

»Gelobt sei der Allmächtige, der uns nach so vielen Jahren wieder zusammenbringt«, schniefte Rada. »Ist das
Antons Enkelin? Dumme Frage. Das Mädchen ist ihm
wie aus dem Gesicht geschnitten.«

Oma Denka nickte und wischte sich die Augen.

Die Frau schloss mich in ihre Arme.

»Mit deinem Großvater bin ich aufgewachsen, Mädchen.
Meine Eltern starben früh. Antons Eltern haben mich
aufgenommen und wie ihre eigene Tochter aufgezogen.
Antons Eltern waren feine Menschen, Mädchen. Zwesda,
seine Mutter, war eine einfache Frau. Lesen und schreiben konnte sie nicht. Ihr Herz jedoch war aus purem
Gold. Dein Urgroßvater war ein Weltverbesserer. Ein
flammender Kommunist und unser Bürgermeister. Bei
den Menschen in Gyueschevo so beliebt, dass ihm selbst
die bulgarischen Faschisten nichts anhaben konnten.
Sie ließen ihn im Amt. Auch während des Krieges. Der
rote Bürgermeister von Gyueschevo wurde er genannt.«

»Und ich bin der rote Pope von Gyueschevo«, tönte der
Pater von unten. »Hoch leben die Kommunisten. Tod
den Faschisten. Freiheit für das Volk.«

»Pater, Sie habe ich da unten völlig vergessen«, rief Rada.
»Kommen Sie, ich bringe Sie ins Bett.«

»Ich will nicht ins Bett, ich will kämpfen. Gegen die Unterdrückung des Volkes«, lallte der Pope und sang: »Avanti popoloooo alaris kosaaaaa. Bandera rosaaaa. Bandera rosaaaaa!«

»Pater Stratia«, schüttelte Oma den Kopf. »Er hat Anton und mich getraut. Damals hat er wie ein Engel gesungen. Die Töne trifft er immer noch. Trotz Sauferei.«

»Anton hat Denka aus der Stadt zu uns gebracht.« Rada guckte mich elegisch an. »In der Stadt hat Anton Landwirtschaft studiert, als Einziger aus unserem Dorf. Wir in Gyueschevo sind nicht dumm, Mädchen. Wir sind nur arm. Du siehst ja selbst – auf diesen Steinen wächst nichts. Bevor die Kommunisten kamen, konnte keiner hier seine Kinder in die Schule schicken. Dein Großvater Anton war ein schlaues Köpfchen. Lesen und Schreiben hat er sich selbst beigebracht. Mir übrigens auch. Die Kommunisten haben ihn dann zum Studium in die Großstadt geschickt. Und Anton hat sie nicht enttäuscht. In der Großstadt hat er es zu etwas gebracht, nicht wahr, Denka?«

»Proletarier aller Länder, vereinigt euch!«, meldete sich der Pope von unten zu Wort.

»Pater, kommen Sie«, sagte Rada. »Ich bringe Sie ins Bett. Sie blamieren uns vor unseren Gästen.«

»Gäste? Wer ist denn gekommen?«, erkundigte sich der Pope lebhaft.

»Denka ist gekommen, Pater, die Frau von Anton, dem Sohn des roten Bürgermeisters. Und ihre Enkelin aus Deutschland.«

»Aus Deutschland?«, spitzte der Pope die Ohren. »Wo Hitler lebt? Geschwind, Kind. Geh in die Kirche. Hinter dem Altar steckt mein Maschinengewehr. Ein Geschenk der Partisanen. Für solche Momente. Hitler wollte ich schon immer eine Kugel in den Kopf jagen.«

»Alles mit der Ruhe, Pater«, beschwichtigte Rada. »Erstmal schlafen wir eine Runde. Auf Hitler können wir auch später schießen. Er läuft uns ja nicht weg.«

»Sicher?«

»Sicher.«

Rada hievte den Popen hoch und die beiden zogen von dannen.

Oma und ich erkletterten den Hang. Das Haus meiner Urgroßeltern, genauer gesagt, die Reste des Hauses, befanden sich auf einem Bergplateau, inmitten eines verwilderten Obstgartens.

»Das war mal das schönste Haus in Gyueschevo«, seufzte Oma. »Das einzige Haus mit Garten. Und jetzt? Lauter Ruinen inmitten von Gestrüpp. Wen wundert's? Wer lebt denn überhaupt noch? Rada allein. Anton ist tot, seine Brüder sind tot, die Schwestern sind tot. Tod und Verfall überall.«

Omas Augen trübten sich. Bevor der Nebel in Tränen herabfließen konnte, schaute sie auf die Uhr. »Wir haben nicht viel Zeit. Der Bus nach Kjustendil kommt bald.«

Tränen fließen zu lassen war nicht Omas Sache.

»Der Bus nach Kjustendil fährt erst in vier Stunden«, sagte ich. »Ich bin gekommen, um einen Moment hier zu sein. Ich möchte etwas über meinen Großvater erfahren.«

»Was willst du wissen?«, fragte Oma schroff. »Fass dich kurz. Hierbleiben möchte ich für meinen Teil nicht. Die alten Gemäuer drücken mir aufs Gemüt.«

»Rada sagte, Großvater Anton habe es bei den Kommunisten zu etwas gebracht. Was meinte sie damit?«

»Über Politik rede ich mit dir nicht«, schnitt Oma mir das Wort ab. »Solche Gespräche führen zu Streit, und streiten möchte ich heute nicht mehr. Ich dachte, dich interessiert unsere Liebesgeschichte.«

»Meinetwegen«, seufzte ich. »Dann erzähl mir eure Liebesgeschichte.«

Omas Gesicht erhellte sich. Sie setzte sich auf die verwitterte Bank vor dem Haus, schlug die Beine übereinander und legte los. »Deinen Großvater habe ich 1946 kennengelernt, kurz nach Kriegsende. Ich besuchte in Sofia das Gymnasium, er studierte Landwirtschaft. Kind, war das ein gutaussehender Mann. Und seine Augen erst: die Fenster einer feinen Seele. Wir haben uns gesehen, wir haben uns verliebt und drei Wochen später waren wir verheiratet.«

»Das Gesülze kenne ich bereits«, unterbrach ich sie. »Die Oberfläche, die du regelmäßig polierst. Deshalb bin ich nicht durch Bulgarien gefahren.«

»Du bist eine dumme kleine Gans mit einer großen Klappe«, schäumte Oma auf. »Du willst bestimmen, was du zu hören bekommst. Vom Leben hast du keine Ahnung. Ob es dir passt oder nicht: Ich habe deinen Großvater geliebt. Er sprühte vor Charme und Feuer, Intelligenz und Tatendrang, ein Romantiker, ein überzeugter Kommunist, der darauf brannte, seine ganze Kraft für die neue Welt einzusetzen. Damals, kurz vor dem Krieg, war jeder ein Kommunist. Oder zumindest ein Sympathisant der Kommunisten. Wie jeder, der ein bisschen Grips hatte und ein Gefühl für Gerechtigkeit. Damals dachten wir, wenn die kommunistische Idee Realität wird, wird unsere Welt menschlicher.«

»Hat man ja gesehen, wie menschlich eure Welt geworden ist«, warf ich ein. »Aber sei es drum. In jener glorreichen Zeit also habt ihr eure Kräfte für die neue Welt eingesetzt. Was genau habt ihr gemacht?«

»Als dein Großvater mit dem Studium fertig war, mussten wir dem Willen der Partei folgen. Und der Wille der Partei war, von Dorf zu Dorf zu ziehen und die sozialistische Landwirtschaft aufzubauen. Dein Großvater sollte LPGs gründen und sie zum Laufen bringen. Er sollte die Bauern überzeugen, wieder auf die Felder zu gehen. Die Herren im Zug hatten Recht: Viele Bauern haben das verweigert. Nachdem sie ihr Stückchen Acker in die Genossenschaft gegeben haben, wollten sie es plötzlich nicht mehr bearbeiten.«

»Welch ein Wunder«, sagte ich. »Haben die Bauern ihr Land etwa freiwillig in die LPGs gegeben?«

Oma funkelte mich zornig an: »Worauf willst du hinaus?«

»Die Bauern sind mit Gewalt gezwungen worden, ihr Land in die LPGs zu geben. Eure sozialistische Landwirtschaft ist durch blutige Enteignung entstanden.«

»Woher willst du das wissen?«

»Vater hat es mir erzählt.«

»Dein Vater war damals fünf. Er konnte also unmöglich wissen, wie es gewesen ist. Er hätte die Geschichtsbücher lesen sollen.«

»Bulgarische Geschichtsbücher lügen, weil sie von Kommunisten geschrieben wurden, meinte Vater. Deshalb hat er Bücher von Dissidenten gelesen und die Deutsche Welle gehört. Und an einem Punkt stimmen die Bücher, die Deutsche Welle und deine rosaroten Schilderungen überein – die Bauern haben die Arbeit in den LPGs erst verweigert. Aber bestimmt nicht, weil sie freiwillig beigetreten sind.«

»*Manche* Bauern haben die Arbeit verweigert, du dummes Ding«, wetterte Oma. »Diejenigen nämlich, die unwissend waren, stur und jeder Veränderung feindlich gesinnt. Sie klebten am winzigen Flecken Land, den sie besaßen. Obwohl sie sich zu Tode schufteten und ihre Familien trotzdem nicht ernähren konnten. Die Fortschrittlichkeit der sozialistischen Landwirtschaft wollten sie einfach nicht begreifen.«

»Was habt ihr mit diesen sturen Bauern gemacht?«

Oma Denka warf mir einen bösen Blick zu und schwieg.

»Und?«, ließ ich nicht locker. »Was habt ihr mit den Bauern gemacht, die ihr Land nicht hergeben wollten? Wie habt ihr sie von der ganzen Fortschrittlichkeit überzeugt?«

»Weiß ich nicht«, sagte Oma verdrossen. »Diese Sachen sind vor uns erledigt worden. Wenn wir in ein neues Dorf kamen, gab es bereits eine Genossenschaft. Die paar besonders Sturen, die ihr Land nicht hergeben wollten, mussten ihre Äcker tauschen: Für ihre Grundstücke, die mitten in der Genossenschaft lagen, haben sie welche am Rand bekommen. Es war allerdings kein guter Tausch. Die Randstücke waren nicht so fruchtbar wie ihre eigenen und konnten ihre Familien nicht ernähren. Also gaben sie irgendwann auf und traten doch den Genossenschaften bei. So ist es gewesen. Die meisten Bauern jedoch haben sich gefreut, ihr Land in die LPGs zu geben. Sie hatten das ewige Schuften und Hungern satt. Nur die Reichen haben sich nicht gefreut. Aber das war ja nur eine Handvoll.«

»Was habt ihr mit dieser Handvoll Reichen gemacht?«

»Was willst du eigentlich von mir?«, brauste Oma auf. »Willst du hören, dass dein Großvater und ich Mörder waren? Wäre dein Leben mit mordenden Großeltern spannender, bunter und daher erträglicher? Ich muss dich leider enttäuschen. Deine Großeltern waren das, was du so sehr verabscheust, nämlich *normal*. Dein Großvater und ich sind weder durch besonders gute noch durch besonders schlechte Taten in Erscheinung getreten. Wir mussten uns um die Felder der Genossenschaft kümmern. Als wir kamen, waren die Reichen bereits enteignet.«

»Und ermordet oder ins Arbeitslager gesteckt«, ergänzte ich.

»Auch da muss ich dich enttäuschen. Es war viel banaler. Die meisten Großgrundbesitzer haben sehr wohl gelebt. Ich habe sie mit eigenen Augen gesehen. Mehr noch. Ich habe mit ihnen gearbeitet, auf ihren eigenen Feldern nämlich, die nun der Genossenschaft gehörten, dem Volk also. Diese Kulaken mussten selbst Hand anlegen, Schulter an Schulter mit ihren ehemaligen Knechten. So war sie nämlich, unsere neue, gerechte Welt. Alle Menschen waren gleich. Diese Zeiten sind leider vorbei. Jetzt haben wir Demokratie, Marktwirtschaft und nichts zu essen.«

»Ausgehungert siehst du nicht gerade aus«, setzte ich an, wurde jedoch durch lautes Bellen unterbrochen. Zwei Hunde rasten den Berg hinauf auf uns zu.

»Sie wollen uns bestimmt nichts Böses«, sagte ich und glaubte mir selbst nicht.

»Na ja. Das hier ist ein Grenzgebiet«, erwiderte Oma. »Hunde werden hier gehalten, um Einheimische vor Fremden zu schützen.«

»Also vor uns«, schlussfolgerte ich und schaute mich hilfesuchend um. Um uns herum lagen Steine. Das Bellen wurde immer lauter. Wir sahen schon die hängenden Lefzen der Hunde.

»Pack unsere Lunchpakete aus!«, rief ich Oma zu. »Das Pastrami wird die Bestien bestimmt besänftigen.«

»Die Köter sollen mein Pastrami kriegen?«, rief Oma zurück. »Nur über meine Leiche. Nein, über deren Leichen.«

Sie bückte sich, nahm einen Stein vom Boden und schwenkte ihn zu den Hunden.

»Na kommt, Jungs. Mal schauen, wer hier den Schwanz einzieht.«

Es waren die Hunde. Allerdings nicht, weil sie von Omas kämpferischer Haltung beeindruckt waren, sondern weil sie jemand zurückpfiff. Ein Mann kam den Hang hinauf.

»Mao, Stalin, sitzt!«, rief er. Die Hunde winselten unterwürfig und legten sich zu seinen Füßen.

»Sind die Hunde in diesem Dorf auch Kommunisten?«, erkundigte ich mich. Der Mann musterte mich misstrauisch.

»Wir in Gyueschevo haben nichts als unsere Gesinnung, Mädchen. Volksfeinde lassen wir in Stücke reißen.«

Mao und Stalin richteten sich prompt auf.

»Volksfeinde sind wir nicht«, beeilte ich mich zu versichern. »Ich bin die Urenkelin des roten Bürgermeisters. Und das hier ist seine rote Schwiegertochter. Ich wette, sie kann sich sogar ausweisen. Ihre Gesinnung hat sie schwarz auf weiß immer dabei.«

Oma Denka kramte in ihrer Tasche, holte ein rotes Parteibuch hervor und hielt es dem Mann vor die Nase.

Der Mann wiederum kramte in seinem Stoffbeutel, holte eine verbogene Messingbrille hervor, befestigte sie umständlich auf seiner Nase, inspizierte eingehend das Parteibuch, anschließend Omas Gesicht. Von einer heftigen Gefühlswallung erfasst, schloss er dann meine verdatterte Großmutter in die Arme, hob sie hoch, küsste klangvoll die eine Wange, dann die andere und ließ sie abrupt los.

»Die hübsche Denka ist nach Gyueschevo zurückgekehrt«, gab er ergriffen von sich. Stalin und Mao jaulten empathisch.

»Könnten Sie die Kommunisten hier an die Leine nehmen?«, warf ich vorsichtig ein. »Trotz richtiger Gesinnung machen sie mir Angst.«

Der Mann lachte auf.

»Wir in Gyueschevo haben keine Leinen, Mädchen. Um welche zu kaufen, müssten wir in die Großstadt. Für Fahrkarten fehlt uns das Geld. Für Leinen sowieso. Mao und Stalin kette ich in der Regel an. Wenn sie frei laufen, bin ich dabei. Sie greifen nur an, wenn *ich* das will. Sie haben nichts zu befürchten. Die hübsche Denka auch nicht.«

Ich konnte mir ein Schmunzeln nicht verkneifen.

»Sie glauben offenbar nicht, dass Ihre Großmutter hübsch war«, stellte der Mann fest. »Das können Sie aber. Und ob sie hübsch war! Als Ihr Großvater Denka aus der Stadt nach Gyueschevo brachte, verliebte ich mich auf der Stelle in sie. Leider war ich damals noch ein Grünschnabel. Vierzehn oder fünfzehn.«

»Und du hast gestunken«, platzte es aus Oma heraus. »Jetzt erinnere ich mich. Du bist Ivan. Ivan das Stinktier. Der jüngste Sohn von Antons Onkel.«

Ich riss die Augen entsetzt auf.

»Das lag bestimmt nur an der Pubertät«, sagte ich um einen versöhnlichen Tonfall bemüht.

»Ich habe schon mehr gestunken als die anderen«, sagte Ivan und guckte unterwürfig zu Oma.

»Allerdings«, fuhr diese unerbittlich fort. »Einmal sind wir beide in mein Dorf gefahren. Nicht weil ich Ivan so gern um mich hatte, sondern weil ich jemanden brauchte, der die Kartoffelsäcke trägt. Er musste dann im Stall übernachten. Mama und Papa konnten den Gestank nicht aushalten.«

»Deine Mama und Papa waren wohl bescheuert, ihre Gäste so zu behandeln«, murmelte ich stellvertretend beschämt.

»Die hübsche Denka sagt die Wahrheit«, schaltete sich Ivan wieder ein und machte den Eindruck, als würde er am liebsten Mao und Stalin Gesellschaft leisten und sich zu Omas Füßen legen. »Außerdem waren Denkas Eltern nicht bescheuert. Djado Dimitar und Baba Rada waren liebe Menschen. Als ihnen das Land weggenommen wurde, haben sie wie Kinder geweint.«

Ich fasste Oma scharf ins Auge. Sie fing an, ihr Dekolleté zu kratzen.

»Kriegst du immer die Krätze, wenn es um die Taten deiner Gleichgesinnten geht?«, fragte ich. »Deine Eltern besaßen ein bisschen Land, nicht wahr? Wie ich höre, brannten sie geradezu darauf, es in die LPG zu geben.«

»Ein Stinktier bist du wohl geblieben«, keifte Oma Ivan an. »Nimm deine Köter und verschwinde. Ich will mit meiner Enkelin allein sein.«

»Ein Pechvogel bleibt lebenslang ein Pechvogel«, seufzte Ivan zerknirscht. »Einem wie mir gibt das Schicksal nur einmal eine Chance. Und ich habe sie eben vertan.«

Mit hängenden Schultern schlurfte Ivan den Hang hinunter. Mao und Stalin hefteten sich an seine Fersen

und jaulten seinen Kummer in die bulgarisch-mazedonischen Berge.

»Hat dein Mann deine Eltern direkt enteignet oder hat
er das edlerweise andere machen lassen?«, erkundigte
ich mich.
»Du dummes Ding, verdrehst wieder alles, wie es dir
gerade passt«, zischte Oma. »Es gab bei meinen Eltern
nicht viel zu enteignen. Sie besaßen gerade so viel Land,
dass wir nicht hungern mussten. Dieses bisschen Land
haben sie selbst bearbeitet. Von morgens bis abends
haben sie geschuftet. Das war die Selbstverwirklichung
im Kapitalismus.«
»Und dann? Alles haben sie im Namen des Volkes aufgeben müssen. Wie haben sie das verkraftet?«
»Gut haben sie das verkraftet«, keifte Oma. »Als der
Krieg zu Ende ging, waren Mutter und Vater alt und
hatten kaum Kraft, das Land zu bearbeiten. Wir vier
Töchter heirateten und verließen das Elternhaus. Meine
Eltern blieben allein. Die Genossenschaft war die Rettung für sie. Schlimm war nur der Abschied von den
Tieren. Sie wurden geschlachtet. Das hat Vater das
Herz gebrochen. Gleich darauf hat er sein Land in die
LPG gegeben und ist mit deiner Urgroßmutter zu mir
gezogen. Allerdings wurde er nie mehr so, wie ich ihn
früher kannte. Mein Vater hat kaum gesprochen und
nie wieder gelacht. Er war ein Mann mit gebrochenem
Herzen.«

Im Bus nach Kjustendil schlief Oma wieder ein. Ich
richtete mich auf dem Sitz bequem ein, griff in meine
Manteltasche und holte die losen, bedruckten Blätter

heraus, die mir Oma am Bahnhof in die Hand gedrückt hatte.

»Lies und halte endlich deinen Mund«, hatte sie gezischelt. »Hör auf, deinen Großvater zu verdächtigen. Er war kein Verbrecher. Dein Großvater hat sein Bestes gegeben in Zeiten, die nicht zimperlich waren. Hör auf zu bohren und unsere Liebe in den Dreck zu ziehen. Dadurch geht es dir nicht besser.«

Omas Blätter enthielten selbstverfasste Gedichte – kurz, direkt, unmissverständlich. Großvaters Tod – ein »heimtückisches Herzversagen« – traf im Schlaf ein. Großvater Anton ging abends ins Bett und wachte nicht mehr auf. Er ließ seine Frau allein. Sie ließ ihre Gefühle in Reime fließen. Schockstarre, Fassungslosigkeit, Verlassenheit, Kälte. Großvaters Tod machte die Welt zum feindlichen Ort. Manche Gedichte hatte Oma vor Großvaters Tod verfasst. Dennoch trugen sie Titel wie »Ausweglos«, »Sinnlos«, »Düster«. Lange bevor sie ihren Mann verlor, muss meine tatkräftige, nie um einen Spruch verlegene Großmutter verzweifelt gewesen sein. Oma Denka, die ich bisher kannte, umsorgte, dominierte, provozierte, nervte, überschritt Grenzen. Sie trauerte nicht. Sie verzweifelte nicht. Sie berührte nicht.

Traurigkeit fuhr in meine Glieder, löste die Starre und floss in meine Augen.

Oma Denka wachte auf und guckte mich misstrauisch an. Als sie meine Tränen bemerkte, verzog sie den Mund und richtete ihren Blick nach draußen.

»Was hat dich eigentlich an den Nordpol verschlagen?«, warf sie irgendwann in den Raum. »Wem tut dein kaltes Deutschland gut? Dir nicht und uns, deinen Nächsten, auch nicht. Würdest du in Bulgarien leben, hättest du unsere Nähe und trotzdem dein eigenes Leben. Wir wären zusammen und gleichzeitig getrennt. So wie sich das im Erwachsenenalter gehört. Und wie ist es jetzt? Zweitausend Kilometer liegen zwischen uns. Wir besuchen dich in der Fremde und verwandeln uns in hilflose Kinder, die dich belasten. Du besuchst uns und verwandelst dich in das Kind von früher. Ist das etwa gut? Migration macht kindisch. Migration bringt alles durcheinander. Selbst zu meiner Beerdigung wirst du nicht kommen können. Die Bulgaren frieren ihre Toten nicht ein. Sie beerdigen sofort. Gleich am nächsten Tag. So schnell kannst du gar nicht hier sein. Du bist zu weit weg, Kind. Deshalb musst du dich selbst suchen. Hier in Bulgarien wüsstest du, wer du bist. Komm zurück, Kind. Komm zu uns. Sei mit uns. Wir brauchen dich. Wir vermissen dich.«

Die Oma Denka, die ich bisher kannte, war nie sehnsüchtig. Und sie weinte nie. Nun weinten wir beide.

Berlin, 1991

Unsere Hochzeit lag hinter uns. Sergej arbeitete viel und bestand darauf, seine Freizeit mit mir und seiner Schwester zu verbringen. Zu dritt guckten wir Filme, die mich nicht interessierten, unternahmen Ausflüge, die mich langweilten, trafen Arbeitskollegen von Sergej, die ich unsympathisch fand.

Meine eigenen Freundinnen traf ich nicht.

»Deine Freundinnen tun dir nicht gut«, meinte Sergej. »Sie haben nur Klamotten und Männer im Kopf. Du hingegen hast dich weiterentwickelt. Du hast geheiratet und Verantwortung übernommen. Deine Freundinnen bringen dich vom rechten Weg ab.«

»Was ist der rechte Weg?«, fragte ich.

»Na, für deine Familie zu sorgen, was sonst?«, empörte sich Sergej.

»Aber das tue ich doch von morgens bis abends«, sagte ich betrübt. »Ich koche, ich putze, ich mache die Wäsche, ich studiere. Die restliche Zeit verbringe ich so, wie es dir und deiner Schwester gefällt. Mein Leben kommt mir so freudlos vor.«

»Setz dir Ziele«, sagte Sergej. »Deine Noten könntest du verbessern oder an deiner Haushaltsführung arbeiten. In allem, was du tust, bist du langsam und schlecht organisiert. Dir fehlt der Antrieb, dich zu verbessern. Das ist das Problem. Deshalb kommt dir das Leben leer und sinnlos vor.«

»In meinem Leben fehlt ein Kind«, hörte ich mich zu meiner eigenen Verblüffung sagen. »Ein Kind würde mich glücklicher machen.«

»Kinder bekommen keine Kinder«, schnitt Sergej mir das Wort ab. »Werde erst selbst erwachsen.«

»Vielleicht hilft mir ein Kind dabei«, beharrte ich.

»Eine deiner zahllosen Launen?«

»Ein ernsthafter Wunsch.«

»Ein Kind kommt nicht in Frage«, entgegnete Sergej. »Du bist mitten im Studium. Du kannst nicht mal für dich selbst sorgen, geschweige denn für ein Kind. Noch mehr Verantwortung kann ich nicht tragen. Die Verantwortung für dich reicht mir voll und ganz.«

»Kannst du mich nicht ein einziges Mal ernst nehmen?«, fragte ich beklommen.

»Wenn du auf solche absurden Ideen kommst, erst recht nicht.«

An diesem Punkt allerdings bekam ich unverhoffte Unterstützung.

»Wann gedenkt ihr eigentlich, mir ein Enkelkind zu schenken?«, erkundigte sich Sergejs Mutter bei einem ihrer Besuche in Berlin.

»Wenn es nach mir ginge, sofort«, sprudelte es aus mir heraus. »Aber dein Sohn will davon nichts hören.«

»Und warum nicht?«, fragte Sergejs Mutter. »Habt ihr etwa sexuelle Probleme? Dürr wie du bist, kann ich mir nicht vorstellen, dass du meinem Sohn im Bett reichst. Ich könnte euch vielleicht ein paar Tipps geben. Ihr wisst ja, mit mir könnt ihr über alles sprechen. Schließlich bin ich Psychologin.«

Sergej wurde rot wie ein Truthahn.

»Wir haben keine sexuellen Probleme, Mutter«, stammelte er. »Und ein Kind wollen wir sicher auch haben, aber später. Der geeignete Zeitpunkt ist noch nicht gekommen.«

»Einen geeigneten Zeitpunkt gibt es dafür nicht, mein Sohn. Ein Kind bringt immer Schwierigkeiten. Es kostet Kraft, Zeit und Geld. Diese muss man dann aufbringen. Das gehört zum Menschsein dazu.«

Sergej schwieg und kaute angestrengt an seinen Nagelhäutchen.

In derselben Nacht verzichtete er auf die bewährte Verhütungsmethode seines Vaters, ohne vorher ein Wort darüber zu verlieren.

»Findest du nicht, dass ich bei der Frage, ob und wann wir die Verhütung aussetzen, auch ein Wörtchen mitzureden habe?«, fragte ich. »Oder reicht es, wenn sich deine Mutter dazu äußert?«

»Meine Mutter hat sich ja in deinem Sinne geäußert. Du wolltest unbedingt ein Kind. Jetzt bekommst du eins. Wo ist das Problem?«

»Natürlich will ich ein Kind, aber nicht im Auftrag deiner Mutter.«

»Ein Haar in der Suppe findest du immer«, zuckte Sergej mit den Schultern. »So bist du nun mal. Ich hoffe, unser Kind kommt nicht so sehr nach dir.«

Berlin, 1991

Die riesige Wanduhr zeigte dreizehn Uhr. Frierend und starr vor Schreck lag ich auf einer Bahre in der Berliner Charité und starrte auf den Monitor, wo das Herz meiner ungeborenen Tochter pochte.

Der Monitor begann einen neuen Hügel zu zeichnen. Die nächste Wehe kam. Entsetzt schloss ich die Augen und versteifte, in der Hoffnung, der Schmerz würde sich in Luft auflösen. Die Starre half nicht. Die Wehe kam von hinten angekrochen, braute sich im Becken zusammen, schlich die Wirbelsäule hoch, rüttelte Übelkeit hervor, umklammerte meinen Bauch, rutschte in meinen Unterleib, entfaltete sich eruptiv, schlug mit gigantischer Wucht zu. Mein Körper flog in Fetzen.

Ich schrie.

Schritte, knatternd wie Maschinengewehrschüsse, näherten sich.

Die Tür flog auf, eine junge Person klackerte ins Zimmer. Dem blonden Dutt und den Wölbungen des weißen Kittels nach zu urteilen, handelte es sich dabei um eine Frau. Die Unerbittlichkeit des Blicks, die Härte der Bewegungen, die komplette Abwesenheit von irgendetwas Weichem sprachen für eine geschlechtslose Kreuzung aus Scharfrichter und Gefängniswächter.

»Was ist los?«, bellte das Wesen.

»Es tut weh«, jammerte ich.

»Es tut weh? Was haben Sie denn erwartet? Sie bringen ein Kind zur Welt. Haben Sie gedacht, das geht ohne Schmerzen?«

»Dass die Schmerzen dermaßen bestialisch sind, wusste ich nicht«, winselte ich.

»Nun wissen Sie es«, sagte das Wesen mit dem Dutt. »Und brüllen Sie nicht jetzt schon so, als ob man Sie schlachtet. Sparen Sie lieber Ihre Kräfte für später, wenn die echten Wehen kommen.«

»Die echten Wehen sollen noch kommen?«, schrie ich.

»Nicht Ihr Ernst. Keine einzige Wehe mehr mache ich mit. Ich breche ab! Ich trete zurück! Ich kündige!«

»Das könnte Ihnen so gefallen«, zischte die Scharfrichterin im weißen Kittel.

»Dann geben Sie mir wenigstens eine Betäubung«, hechelte ich.

»Sie bekommen erstmal einen Einlauf. Dann schauen wir weiter«, verkündete die Scharfrichterin im weißen Kittel und klackerte aus dem Raum.

Gibt es etwas, was schmerzhafter und entwürdigender ist, als mitten in einer unfreiwillig natürlichen Geburt einen ebenfalls unfreiwilligen Einlauf mit Seifenlauge verpasst zu bekommen? Damals, in der Berliner Charité, fiel mir nichts ein, was an Scheußlichkeit vergleichbar gewesen wäre.

Der Monitor hatte angefangen, eine weitere Kurve zu zeichnen. Vorsichtshalber brüllte ich, noch bevor der Schmerz mit voller Wucht kam. Gleichzeitig versuchte ich, aufzustehen und riss dabei sämtliche Kabel ab. Sergej, der inzwischen im Raum war, hielt mich fest, die Ärztin mit dem Dutt rannte hinaus, kehrte ein paar Minuten später wieder zurück, in Begleitung von zwei Krankenschwestern und zwei kräftigen Sanitätern. Die Pranken der Sanitäter packten mich, rollten mich zur Seite, drückten mich nieder.

Die Krankenschwestern fingen an, den Einlauf zu installieren: Die eine versuchte den Schlauch in meinen verkniffenen Unterleib zu stopfen. Die andere kam nach vorne, näherte sich meinem Gesicht und schrie aus Leibeskräften, ich solle aufhören, alles zu sabotieren. Wenn ich den Einlauf nicht zuließe, würde mein Baby sterben. Ob ich das wollen würde.

Ich heulte, schrie, versuchte mich loszureißen. Die Wehe kam und überwältigte mich. Als ihr Höhepunkt vorbei war und ich wieder zu mir kam, befand sich der Emailtopf unter meinem Gesäß. Der Schlauch war erfolgreich ein- und wieder ausgeführt worden. Aus mir flossen Tränen, Urin und die Seifenlauge, mit der ich vollgepumpt war.

»Mama«, tönte es von nebenan. »Mama, es tut weh. Hol mich hier heraus!«

Ich war in einen Kreißsaal verlegt worden, der aus vielen durch einen Vorhang getrennten Abteilen bestand, in denen andere Gebärende lagen und brüllten.

Meine Nachbarin schrie sich die Seele aus dem Leib.

Sergej wurde blass um die Nase.

»Hat die Frau etwa ihre Mutter dabei?«, fragte er hilflos.

»Stell keine idiotischen Fragen, sondern tu endlich etwas!«, fuhr ich ihn an. »Warum hilft der Frau keiner? Warum hilft mir keiner? Die nächste Wehe kommt gleich. Mach etwas! Sorg dafür, dass jemand mit etwas Betäubung kommt. Wozu bist du sonst da?«

»Für andere Frauen bin ich nicht zuständig«, erwiderte Sergej. »Und dir wollen die Ärzte nun mal keine Betäubung geben. Dafür gibt es nämlich keinen Grund.«

»Für Betäubung gibt es keinen Grund?«, fauchte ich. »Dieses Inferno hier soll nicht Grund genug sein? Diese sogenannte natürliche Geburt, die grenzt ja an, an Folter grenzt die. An schlimmste körperliche Misshandlung. Warum ist das denn so erstrebenswert? Die Zähne lässt man sich auch nicht ganz natürlich rausziehen, oder? Oder den Blinddarm? Bei allem wird betäubt. Nur bei der Geburt nicht. Warum um Himmels willen?«

Die nächste Wehe kam, schmetterte mein Becken in die Höhe, schüttelte meine Wirbelsäule auseinander, pustete meinen Kopf weg, riss meinen Unterleib in Stücke, explodierte und schleuderte glühende Vernichtung in alle Körperzellen. Ich brannte, ich brüllte, ich kotzte, ich wollte nur noch eins: auf der Stelle sterben.

»Falls unser Kind ein Mädchen wird, soll es wie meine Mutter heißen«, hatte Sergej am Anfang der Schwangerschaft vorgeschlagen. »Falls es ein Junge wird – wie mein Vater.«

»Nur über meine Leiche«, hatte ich erwidert. »Unser Kind soll seinen eigenen Namen bekommen.«

»Und welchen, bitte schön?«

»Das weiß ich noch nicht.«

»Siehst du!«, triumphierte Sergej. »Eigene Ideen hast du nicht, meine Ideen jedoch lehnst du ab. Warum sollten wir uns die Mühe machen, nach einem Namen zu suchen, wenn in der bulgarischen Tradition bereits alles geregelt ist? Ein neues Kind führt das Leben seiner Großeltern fort. Es ist sozusagen ihre personifizierte Unsterblichkeit. Der Ausdruck dessen ist sein Name. Deshalb heißen ja die meisten Kinder in Bulgarien so wie ihre Großeltern.«

»Für mich ist ein Kind ein Individuum und nicht die Verlängerung des Lebens eines anderen«, rief ich. »Niemals wird mein Kind wie deine Mutter oder dein Vater heißen.«

Bis zur Geburt hatten Sergej und ich keinen gemeinsamen Namen für unsere Tochter.

»Zehn Zentimeter «, schrie das Duttwesen, dessen Kopf zwischen meinen Beinen steckte. »Ihr Muttermund ist zehn Zentimeter offen. Jetzt ist Pressen angesagt.«

Das Duttwesen erhob sich energisch, streifte die Gummihandschuhe ab, stellte sich in Positur und fing an, mich anzufeuern wie ein osteuropäischer Star-Trainer seine gedopten Zöglinge: »Achtung! Maximale Konzentration! Alle Energien bündeln und auf die Gebärmutter richten! Auf die Wehe warten! Wenn sie kommt, mit voller Kraft pressen!«

»Wie geht denn dieses Pressen?«, winselte ich.

»Wenn es so weit ist, wird es Ihnen Ihr Körper zeigen.«

Eine neue Wehe rollte heran. Mein zerschundener Körper versteifte. Der Schmerz wütete in meinem Unterleib, steckte ihn in Flammen, brannte ihn nieder, rutschte immer tiefer, erzeugte einen gewaltigen Druck und explodierte zwischen meinen Beinen.

»Hilfe«, schrie ich. »Ich platze!«

»Verdammt«, schrie das Duttwesen. »Warum kneifen Sie die Beine zusammen?! Nutzen Sie die Kraft der Wehe! Pressen Sie!«

»Ich kann das nicht.«

»Wollen Sie lieber sterben? Wollen Sie, dass Ihr Kind stirbt? Reißen Sie sich am Riemen und pressen Sie!«

Die nächste Wehe kam und richtete ihre Zerstörungskraft nach unten. Bevor der Druck seinen Höhepunkt erreichte, holte ich Luft, biss die Zähne zusammen, blies die Backen auf und presste. Meine Augen flogen aus den Höhlen, mein Gehirn zerbarst.

»Nicht im Kopf pressen, verdammt«, schrie das Duttwesen wieder. »Das Kind sitzt doch nicht in Ihrem Schädel! Sie sollen nach unten pressen.«

»Es geht nicht.«

Das Duttwesen rannte hinaus und stürmte wieder herein, gefolgt von einem zentnerschweren Sanitäter, der sich auf meinen Brustkorb warf.

»Ich kriege keine Luft«, hörte ich mich rufen und verlor das Bewusstsein.

Irgendwann wachte ich wieder auf.

In meinem Kopf pochte es, zwischen meinen Beinen brannte es. Ängstlich horchte ich in meinen Körper. Von einer Wehe war keine Spur. Vorsichtig betastete ich meinen Bauch. Er war leer. Ich war nicht mehr schwanger.

Die Tür flog auf. Sergej kam herein, gefolgt vom Duttwesen, das mir ein weißes, festgeschnürtes Packet entgegenhielt.

»Darf ich Ihnen Ihre Tochter vorstellen? Zweiundfünfzig Zentimeter groß, dreieinhalb Kilo schwer und namens Sophie.«

Ich erstarrte. Wie meine Schwiegermutter.
Während ich bewusstlos war, hatte mein Mann unserer
Tochter den Namen seiner Mutter gegeben.

13
Onkel Peters Haus

Baltschik, Januar 1995

Im Wohnzimmer meines Elternhauses in Baltschik hatte sich Sergejs komplette Familie niedergelassen. Sergej selbst fehlte. Die Eltern und Schwester Licht der Welt saßen im Schneidersitz auf dem Boden, in dessen Mitte ein nagelneuer Videorekorder funkelte.

»Siehe da, die verlorene Tochter kommt zurück«, rief meine Schwiegermutter. »Trifft sich gut. Wir haben etwas zu feiern.«

Ihr Zeigefinger vollzog einen Bogen und blieb auf den Videorekorder gerichtet stehen.

»Ein Weihnachtsgeschenk meines Sohnes. Von einem solchen Gerät träume ich, seit ich denken kann. Gestern ist mein Traum in Erfüllung gegangen. Dank Sergej. Er lebt und arbeitet im Westen und kann es sich leisten, seiner Mutter den letzten Schrei der Technik zu schenken. Das wollen wir feiern. Der Sekt ist bereits kalt gestellt.«

Mit einem Tablett voller Sektgläser und einem pikierten Ausdruck im Gesicht betrat meine Mutter den Raum. Sergejs Vater sprang auf und verteilte die Gläser.

»Nasdrave, zum Wohl!«, schrie meine Schwiegermutter. »Was werden unsere Freunde für Gesichter machen, wenn sie dieses Prachtstück sehen. Grün werden sie vor Neid. Sollen sie ruhig. Hätten sie in ihre Kinder auch so viel Zeit und Energie investiert wie ich, hätten sie jetzt auch einen solchen Videorekorder.«

»Nasdrave, zum Wohl!«, riefen auch die anderen und prosteten ihr zu.

Ich lehnte den Sekt ab, blieb an der Tür stehen und beobachtete die Szene mit einer Mischung aus Verachtung und Neid. Aus dem Kauf eines technischen Gerätes eine Feier zu machen lag mir fern. Andererseits beneidete ich meine Schwiegereltern. Nicht um ihren Videorekorder, sondern um ihr Talent, Lebensfreude zu empfinden. Es war die einfältige Freude der Spießer, die vor meinen Augen blubberte. Eine Sorte Freude, deren Grundlage der Mangel an Intellekt, Feingefühl und Geist war. Dennoch war es eine Art Zufriedenheit, die Sergejs Familie empfand und miteinander teilte. Sie waren zufrieden, weil sie zusammen waren, und glücklich, weil sie den familiären Besitz vergrößert hatten. Meine eigenen Eltern waren zu solcher Art Freude nicht in der Lage. Auf den letzten Schrei der Technik legten sie keinen Wert. Und Alkohol wurde in meiner Familie aus anderen Anlässen getrunken. In der Zeit zum Beispiel, als Vater seine Parteistrafe bekam.

Bulgarien, Ende der siebziger Jahre

Die Parteistrafe bekam Vater an einem klirrenden Wintertag. Um der bitteren Kälte zu entkommen, rannte ich von der Schule nach Hause. Auf einer der steinernen Treppen von Baltschik trat ich auf meinen offenen Schnürsenkel, stolperte, stürzte, rollte, prallte gegen die scharfen Kanten der Stufen, die wie Blitze einschlugen. Heulend und verschreckt landete ich unten. Zwei Frauen kamen angerannt, redeten auf mich ein, wischten mir Blut, Dreck und Tränen vom Gesicht.

»Sollen wir dich nach Hause bringen, Mädchen? Wir
wissen, wo du wohnst. Wir kennen dich. Du bist das
Töchterchen von Doktor Atanassov.«
Ich fuhr über mein zerschrammtes Gesicht, guckte auf
meine verdreckte, zerrissene Jeans und stellte mir vor,
wie sich Vater bei meinem Anblick aufführen würde.
Seine Augenbrauen würden sich in der Mitte seiner Stirn
treffen, Stimme und Kinn würden erzittern.
»Schon wieder bist du außer Rand und Band«, würde
er sagen. »Schon wieder bist du gerannt wie ein Junge.
Du bist aber kein Junge. Du hast nicht deren sportliches
Geschick. Du bist ein Mädchen. Benimm dich gefälligst
so.«
Das alles würde Vater vor den Frauen sagen und seine
trüben Augen würden verraten, dass er getrunken hat.
In letzter Zeit trank Vater öfters, auch tagsüber.
»Ich schaffe es allein nach Hause«, schniefte ich und
hinkte davon.
»Der arme Doktor Atanassov«, hörte ich eine der Frauen
sagen. »Hast du schon gehört? Er darf nicht mehr im
Krankenhaus arbeiten. Er hat ein Berufsverbot. Die wol-
len ihn in die Knie zwingen. Die werden es schaffen. Die
haben die Macht.«
Mein Inneres erstarrte, mein Rücken versteifte, in meinem Kopf ergoss sich dickflüssige Dunkelheit. Frage-
fetzen, kurzlebig und leuchtend wie Sternschnuppen,
blitzten auf, irrten eine Weile herum, fanden keine
Antwort und erloschen wieder. Wer waren »die« und
warum wollten sie meinen Vater in die Knie zwingen?
Was bedeutete »Berufsverbot«? Und warum war meine
Familie so arm dran?
In meinem Bauch braute sich Ungutes zusammen. Böse

Vorahnung mischte sich mit Angst, wölbte sich zu einer Kugel, pulsierte, schwoll an. Japsend kam ich nach Hause und klingelte Sturm. Einen Schlüssel hatte ich dabei, benutzte ihn jedoch nicht. Ich wartete, in der Hoffnung, ein Elternteil würde Tür, Arme und Herz aufreißen, mich stürmisch an sich drücken und für Ruhe in meinem Inneren sorgen.

Darauf wartete ich auch lange danach noch. Sämtliche Lebensschlüssel, die ich besaß, benutzte ich nicht. Ich wartete, dass ein Elternteil voller Liebe die Tür aufreißen, mich in die Arme schließen und alle Dinge in Ordnung bringen würde. Warum sind kindliche Sehnsüchte so hartnäckig? Und die Hoffnung, dass sie doch erfüllt werden, warum lodert sie so lange in unseren Herzen?

Meine Mutter kam aus dem Krankenhaus und schloss die Tür auf. Vater saß im Bademantel am Fenster. Eine leere Schnapsflasche rollte neben dem Stuhl hin und her. Als er uns hörte, versuchte Vater aufzustehen, was ihm nicht gelang. Er war sturzbetrunken.

»Geh in dein Zimmer.«

Meine Mutter schob mich hinaus. An der Tür klingelte es. Mehrere Menschen strömten herein und verschwanden ins Wohnzimmer. Ich schlich mich an die Tür und lauschte. Kaffeeduft erfüllte die Wohnung. Der Kaffee schien Vater zu ernüchtern.

»Vor drei Wochen gab es einen Busunfall mit rumänischen Touristen«, erzählte er. »Zwei von ihnen starben auf der Stelle, die anderen mussten dringend operiert werden. Ich brauchte Blutkonserven aus der Kreisstadt. Dafür wiederum brauchte ich die Unterschrift unseres Parteisekretärs. Also ging ich zu ihm. Ich soll nach seiner Unterschrift nicht verlangen, hat der Idiot gesagt, sondern ihn darum bitten. Da unten liegen Menschen im Sterben, sagte ich. Eitelkeiten dürfen jetzt keine Rolle spielen. Die Blutkonserven, die uns monatlich zustünden, hätten wir verbraucht, erwiderte er. Mehr stünden uns eben nicht zu. In diesem Land würde nichts funktionieren, weil sich keiner an die Regeln halte. Er selbst wolle sich aber an die Regeln halten. Die Regeln hätten ja einen Sinn. Auch in diesem Fall.

Und der wäre, fragte ich und kratzte meinen letzten Rest Geduld zusammen.

Man stelle sich vor, sagte er dann, man stelle sich vor, in der Kreisstadt würde *auch* ein Busunfall passieren. Zeitgleich mit diesem hier. Und wir hätten deren Blutkonserven verbraucht. Dann würden doch auch Menschen sterben. Durch uns verschuldet. Diese Möglichkeit wolle er eben ausschließen.

Ich haute ihm eine runter, unterschrieb für ihn und schickte den Fahrer in die benachbarte Kreisstadt. In einer Stunde hatten wir die Konserven und ich operierte. Am nächsten Morgen wurde ich entlassen. Zu fünft sind die Sausäcke aus der Kreisstadt angereist, um mir mitzuteilen, dass ich ab sofort nicht mehr operieren darf. Mein beruflicher Ehrgeiz sei mir wichtiger als die gemeinsame Sache des bulgarischen Volkes. Das sei dem gesunden Arbeitsklima nicht zuträglich. Man sehe sich gezwungen, mich zu entfernen. Ich solle von meinem hohen Ross steigen und zu den Wurzeln des bulgarischen Volkes gehen, sprich in ein Dorf. Dort sollte ich Basisarbeit leisten: Blutdruck messen, Aspirin verabreichen und über die Prioritäten im Leben nachdenken.«

»Was wollen Sie jetzt tun, Doktor Atanassov?«, fragte

der übergewichtige Elektriker, dessen totes Herz Vater belebt hatte.

»Ich werde Widerstand leisten.«

»Und wie?«, fragte Mutter entgeistert.

»Ich habe eine Mappe zusammengestellt. Mit dem Beschluss über die Strafe samt idiotischer Begründung und meiner Sicht der Dinge sowie einer selbst erstellten Bilanz meiner Arbeit.«

»Und wen, glaubst du, wird das interessieren?«, fragte Mutter.

»Die Genossen im Politbüro in Sofia«, erwiderte Vater. »Die müssen doch das Große und Ganze im Auge haben. Schließlich wollen sie den reifen Sozialismus bauen. Dafür brauchen sie Menschen. Die wiederum werden krank und brauchen fähige Ärzte. Ich bin ein Arzt. Ein sehr fähiger dazu. Wenn ich ins Dorf gehe, sind meine Qualitäten verschenkt. Das will ich versuchen, den Genossen im Politbüro zu erklären. Vielleicht wissen sie nicht, was in der Provinz vor sich geht.«

»Wir haben etwas, was Ihnen helfen könnte, Doktor Atanassov«, hörte ich den Elektriker sagen. »Wir haben Unterschriften gesammelt. Die Bürger unserer Stadt wollen, dass Sie im Krankenhaus bleiben. Vielleicht helfen Ihnen die Unterschriften in Sofia.«

Vater fuhr in die Hauptstadt und versuchte, ins Politbüro zu gelangen. Zwei Wochen später durfte er sein Anliegen einer Beschwerdekommission vortragen. Die Genossen hörten ihm zu und versprachen, die Sache gründlich zu prüfen.

Die gründliche Prüfung sah folgendermaßen aus: Die Unterschriftenliste wurde auseinandergenommen, etliche Personen, die unterschrieben hatten, ausfin-

dig gemacht, von der Polizei so lange verhört und ein-
geschüchtert, bis sie die Namen derjenigen rausrückten,
die die Aktion initiiert hatten. Diese wiederum wurden bestraft. Einer ehemaligen Patientin meines Vaters
wurde die Invalidenrente entzogen. Dem Wirt einer
örtlichen Kneipe wurde verboten, Alkohol zu verkaufen. Den übergewichtigen Elektriker, den man für den
Hauptanstifter hielt, siedelte man samt Familie in ein
entlegenes Dorf im Westen Bulgariens um. Erst nach der
Wende kehrte seine Familie nach Baltschik zurück.

Baltschik, Januar 1995

»Wo ist Sergej?«, erkundigte ich mich.
»In Deutschland«, erwiderte seine Mutter. »Er ist gestern geflogen. Ein dringender Anruf seines Instituts. Mit
dem Computerprogramm, das er entwickelt hat, gibt es
Probleme. Scheint wichtig zu sein. Vor allem aber, mein
Sohn scheint wichtig zu sein. Und traurig war er. Todtraurig, dass er ohne seine Familie in den hohen Norden
fliegen musste. Ich habe ihm versprochen, die Angelegen-
heit zu regeln. Deshalb sind wir hier. Wir gucken uns
jetzt einen Film an. In der Zwischenzeit packst du deine
Sachen und weckst Sophie. Wir nehmen euch mit und
setzen euch dann in den ersten Flieger nach Deutschland.«
»Ich bleibe hier«, schoss es aus mir heraus.
»Das geht nicht«, erwiderte meine Schwiegermutter. »Du
bist verheiratet. Du kannst nicht machen, was du willst.«
»Ich brauche Zeit zum Nachdenken.«

»Zeit zum Nachdenken? Dass ich nicht lache. Um eine deiner Launen geht es, wie immer. Du haust mir nichts, dir nichts nach Bulgarien ab und lässt deinen Mann und deine Tochter allein. Sie folgen dir und holen dich in den Schoß der Familie zurück. *Deiner* Familie übrigens. Seit du mit meinem Sohn verheiratet bist, sind wir auch deine Familie. Dann haust du bei Nacht und Nebel wieder ab. Was glaubst du, wie viele solche Aktionen kann eine Ehe vertragen, bis sie zerbricht? Um das zu verhindern, sind wir gekommen. Pack deine Sachen, nimm dein Kind und komm mit uns, Tochter.«

»Ich bin nicht deine Tochter. Und ich bleibe noch ein bisschen hier. Wenn meine Ehe daran zerbricht, dann bin ich mit dem Falschen verheiratet.«

»Ganz wie du willst.« In der Stimme meiner Schwiegermutter klirrte Hass. »Bleib meinetwegen, wo der Pfeffer wächst. Meine Enkelin jedoch kommt mit. Sophie gehört zu uns. So ist das in Bulgarien. Das Kind gehört zu der Familie des Vaters.«

»Dein Sohn und ich leben in Deutschland. Da gehört das Kind zu seiner Mutter.«

»In Deutschland?« Sergejs Mutter lachte theatralisch. »Was glaubst du, wie lange lebst du noch in Deutschland? Wenn du jetzt nicht mitkommst, wird sich Sergej von dir trennen. Dann kannst du in deinem geliebten Elternhaus bleiben. Für immer. Mein Sohn wird dich deinen Eltern *zurückgeben*.«

Wortlos verließ ich den Raum, ging zu Sophie und schloss die Tür hinter mir ab. Angst schwoll in meinem Inneren an wie ein Schwamm, den man ins Wasser getaucht hat. Tief in mir glaubte ich, mein Mann hätte das Recht und die Macht, mich meinen Eltern *zurück-*

zugeben. Tief in mir glaubte ich, mein Körper und mein Leben gehörten meinem Mann. Dass ich etwas derartig Rückständiges dachte, war mir selbstverständlich nicht bewusst. Und hätte es jemand anders von sich gegeben, hätte ich auf der Stelle widersprochen. Ich hätte meine große Klappe aufgerissen, die nach außen den Anschein erweckte, ich wäre eine selbstbewusste Frau. Ein Teil von mir war das bestimmt. Ein anderer Teil von mir jedoch war klein und ängstlich und verkettet mit den Lebensgeschichten der Frauen meiner Familie, deren selbsternannte Hüterin meine gesprächige Großmutter war. Sie sammelte diese Geschichten, fügte sie zusammen, sortierte sie nach ihren strengen moralischen Vorstellungen, rundete sie ab und steckte sie in eine der zahlreichen Schubladen ihres Gedächtnisses. Hin und wieder wurden diese Schubladen geöffnet. Wenn Oma gerade Lust oder irgendeinen Nutzen davon hatte, gab sie Bruchstücke unserer Familiengeschichte weiter. Besonders gern mir, denn ich legte die größte Neugier und Empfindsamkeit an den Tag. Liebend gern erzählte sie zum Beispiel von Zweta, ihrer legendär hässlichen Stiefschwester.

Anfang der dreißiger Jahre hatte diese Zweta das damals gängige Heiratsalter weit überschritten. Ihre Eltern machten sich größte Sorgen. Denn Zwetas außergewöhnliche Hässlichkeit war nicht allein ihr persönliches Pech. Drei weitere Mädchen in der Familie warteten darauf, auch unter die Haube zu kommen, durften jedoch die Älteste nicht überholen. Zweta wurde immer älter und die Lage immer aussichtsloser. Doch eines Tages geschah das Unvorstellbare – eine angesehene Familie im Dorf hielt um Zwetas Hand an. Meine

Urgroßeltern konnten ihr Glück kaum fassen. Zweta allerdings traute diesem Glück nicht, und sie sollte Recht behalten.

»Mit dir will die Familie ihren Sohn nur bestrafen«, flüsterte eine entfernte Tante Zweta am Dorfbrunnen zu. »Dein künftiger Bräutigam hat die Frau seines Bruders geschwängert. Nun soll er büßen und ausgerechnet dich, die hässlichste Jungfer im ganzen Dorf, zur Frau nehmen.«

Zweta ließ ihre Wasserkrüge fallen und rannte weg. Die Tante holte sie wieder ein und schlug vor, die geplante Hochzeit platzen zu lassen und stattdessen Vasko den Buckeligen zu heiraten. »Hässlich und buckelig passen zusammen«, meinte die Tante. »So eine Ehe ist gleichberechtigt und daher solide.«

Am Tag ihrer Hochzeit, zu der das ganze Dorf eingeladen war, floh die hässliche Zweta aus ihrem Elternhaus, um Vasko den Buckeligen zu ehelichen. Damit bescherte sie ihrem Stiefvater einen beinahe tödlichen Herzinfarkt. Denn zu der unsäglichen Schande, die sie über ihn gebracht hatte, kam auch der Verlust von fünf Ziegen, mit denen er die Familie des Bräutigams entschädigen musste.

Es sollte jedoch noch schlimmer kommen: Zweta war selbst Vasko dem Buckeligen zu hässlich. Eine Woche später brachte er sie ihren Eltern zurück. Völlig unbenutzt, versicherte er.

Mein Großvater, nun seiner Ziegen und seiner kompletten Würde beraubt, hängte über den dicksten Ast eines Birnenbaums ein Seil. Doch bevor er sich daraus einen Strick machen konnte, tauchte wieder die Tante auf und unterbreitete einen weiteren Vorschlag: Zweta sollte ein letztes Mal auf den Heiratsmarkt kommen, und zwar im Schwarzhandel. Nach Einbruch der Dunkelheit packte sie die hässliche Jungfer an der Hand, ging mit ihr von Tür zu Tür und erkundschaftete, wer sie zur Frau nehmen und was er dafür verlangen würde. Ein dreifacher Witwer und Altersgenosse meines Urgroßvaters erklärte sich bereit, die hässliche Zweta zu heiraten. Dafür kassierte er die gesamte Schafherde der Familie.

»Von nun an jedoch wendete sich Zwetas Leben zum Guten«, hellte sich Omas Gesicht an dieser Stelle auf. »Nie wieder wurde sie ihren Eltern zurückgegeben. Und warum wohl?«, guckte sie erwartungsvoll in meine Richtung.

»Weil ihr Mann steinalt war und noch hässlicher als sie selbst?«, mutmaßte ich.

»Falsch«, rief Oma. »Sie wurde nicht zurückgegeben, weil sie ein Muster einer Ehefrau wurde. Während ihr Mann die Schafe hütete, putzte und kochte sie von morgens bis abends. Von ihrem Fußboden konnte man essen. Ihre Fenster glänzten wie ein unberührter Bergsee. Die Wände ihres Hauses waren weiß wie die Milch einer Kuh, die gerade geworfen hat. Ihre Wäsche war rein wie der Körper der Heiligen Jungfrau.«

Ich lachte laut auf und gab Oma einen Kuss auf die Wange. Ihre poetische Ader, wenn es ums Putzen ging, liebte ich.

»Und was lernen wir aus Zwetas Geschichte?« Oma hob Augenbrauen und Zeigefinger.

»Dass deine Schwester nicht nur hässlich, sondern auch völlig bekloppt war«, lachte ich und schwor mir, nie zu heiraten.

»Sergej wird dich deinen Eltern *zurückgeben*«, hallten die Worte meiner Schwiegermutter in mir nach. Ich war starr vor Angst, und zwar nicht nur, weil Zwetas Geschichte tief in mir schlummerte. Hätte es mein Mann damals ernsthaft gewollt, hätte er mich tatsächlich meinen Eltern *zurückgeben* können: mit der bereitwilligen Hilfe der deutschen Ausländerbehörde. Denn Anfang der neunziger Jahre räumte das deutsche Ausländergesetz nichtdeutschen Ehemännern das Recht ein, sich ihrer ebenfalls nichtdeutschen Frauen zu entledigen. Und viele machten von dieser bequemen Möglichkeit Gebrauch. Sie heirateten, meistens dem Wunsch ihrer Familie folgend, eine Frau aus ihrer Heimat und ließen sie nach Deutschland kommen. Das Bleiberecht der Frau war ausschließlich an diese Ehe gebunden. Wurde der Mann seiner Gattin überdrüssig, konnte er der Ausländerbehörde mitteilen, die Ehe sei zerrüttet. Die Ausländerbehörde beeilte sich dann, die Verstoßene in ihre Heimat zurückzuschicken, wo diese in einigen Fällen zur Ehrenrettung ihrer Familie gesteinigt wurde. In Bulgarien drohte mir zwar keine Steinigung, aber Perspektivlosigkeit, Armut und postkommunistisches Chaos. In solchen Verhältnissen sollte meine Tochter auf keinen Fall aufwachsen.

Baltschik, Anfang der achtziger Jahre

»Bis mein Berufsverbot aufgehoben wird, muss ich mein Leben mit neuen Inhalten füllen«, verkündete Vater kurz nach seiner Rückkehr aus Sofia. »Schließlich bin ich ein denkender Mensch. Diese Primaten werden mich nicht kleinkriegen. In meiner Entwicklung bin ich ihnen Lichtjahre voraus.«

Letzteres versuchte Vater unter Beweis zu stellen, indem er kochen lernte. Als Erstes machte er sich daran, das nötige ideologische Fundament zu schaffen. Ohne ideologisches Fundament tat Vater so gut wie nichts. Kochen sei wesentlich, verkündete er, weil es ein menschliches Grundbedürfnis sei und somit den Kern unserer Existenz berühre. Kochen sei etwas Sinnliches, etwas Poetisches und etwas Philosophisches. Alles in allem sei Kochen etwas außerordentlich Bedeutsames. Aus diesem Grund sei nicht daran zu denken, das Handwerk des Kochens von Mutter zu lernen. Nein, das komme nicht in Frage. Mutters Verhältnis zum Kochen sei alltäglich und trivial. Mutter koche hauptsächlich aus Pflicht. Für seine erhabenen Ansprüche sei so eine Haltung geradezu beleidigend. Um kochen zu lernen, wolle er zu den Wurzeln zurückkehren, zu den alten Bäuerinnen nämlich. Die seien nicht nur die Wurzeln des bulgarischen Volkes, sondern auch die des Kochens.

Also bereiste Vater ein paar benachbarte Dörfer, sah dort Bauersfrauen beim Kochen zu und wurde enttäuscht. Bulgarische Küche ist derb und einfallslos, stellte er fest. Es fehle ihr an Raffinesse, Vielfalt, kulturellen Einflüssen und auch an aufregenden Gewürzen. Ob Gemüse oder Fleisch, alles würde in der gleichen Tomaten-Paprika-Pampe zerkochen. Das Einzige, was die Bäuerinnen wirklich gut hinkriegten, seien Brot und anderes Backwerk aus Hefeteig. Da seien die bulgarischen Bäuerinnen Weltklasse. Teigproduktion allerdings war nicht seine Sache, beschloss Vater. Teig sei ungesund. Teig erfordere

Geduld und Fingerspitzengefühl. Weibliche Energien also. Er selbst strebe an, männlich zu kochen: intelligent, mutig, entschlossen, innovativ. Seine neue Lebensaufgabe sei es also, die bäuerliche bulgarische Küche zu vervollkommnen – mit Elan und in westeuropäischem Stil, der den Werken westeuropäischer Literatur entfließen solle.

Nachdem er all das kundgetan hatte, schritt Vater zur Tat. Er band sich eine Schürze um, krempelte die Ärmel hoch, packte die Tüten mit Gemüse und Fleisch aus, die ihm die Bäuerinnen mitgegeben hatten, und schmiss sich ins Zeug: Er spülte, er schälte, er schnitt, er briet an, er wendete, er ließ anbrennen, er fluchte, er rauchte, er sang. Die Luft in der Küche vibrierte vor Spannung, die sich am Ende der Aktion allerdings in Frust entlud. Irgendwann musste Vater der Tatsache ins Auge sehen, dass seine Gerichte in keinem Verhältnis zu dem ganzen Aufwand und vor allem zu seinen Ansprüchen standen.

Das Hühnerfleisch zum Beispiel, das Vater nicht, wie in Bulgarien üblich, zahllose Stunden gekocht, sondern, einem englischen Rezept folgend, nur kurz angebraten hatte, dieses bulgarische Hühnerfleisch also, blieb nach dem Anbraten zäh, was überhaupt kein Wunder war. In englischen Rezepten waren englische Hühner gemeint, die mit Sicherheit weder so viele Jahre noch so viele Kilometer hinter sich hatten wie die Hühner der bulgarischen Bauern. Bei diesen bulgarischen Hühnern also ergaben bulgarische Garzeiten durchaus Sinn. Auch Vaters kurzgegarte deutsche Salzkartoffeln legten eine merkwürdige Konsistenz an den Tag: Außen waren sie mehlig, innen waren sie hart. Die Sorte »Linda festkochend« gab es in Bulgarien nicht. Deshalb kochten die bulgarischen Hausfrauen wohlweislich keine Salzkartoffeln, sondern nach ausgiebiger Garzeit Kartoffelpüree. Oder sie sahen von Kartoffeln ganz ab und ließen ihre Familien Weißbrot in die Paprika-Tomaten-Sauce tunken. Den Einsatz von Paprika wollte Vater aber um jeden Preis vermeiden. Seine Saucen sollten europäisch schmecken: nach Butter und Muskat, nach Weißwein und Pfeffer. Die Konsistenz der europäischen Saucen allerdings ging Vater nicht leicht von der Hand. Seine Saucen waren wässrig und klumpig zugleich. Auch die Gemüse-Cremesuppe, von einem französischen Roman inspiriert, schmeckte nicht, wie im Buch geschildert, milde und delikat, sondern lediglich fad.

Vater verlor die Nerven und schenkte sich das erste Glas Wein des Tages ein. Hier in Bulgarien könne man die Prinzipien gehobener Küche nicht anwenden, rief er. Die Hühner seien zu alt, die Butter zu wässrig, die Kartoffeln zu mehlig, die Möhren mickrig und ohne Geschmack. Hier in Bulgarien sei alles mit Sozialismus verseucht, klagte Vater und trank seinen Wein auf ex. Mit der Küche eines Landes sei es so wie mit seinen Politikern, schlussfolgerte er und schenkte sich ein zweites Glas ein. Jedes Volk habe die Politiker und die Küche, die es verdiene: Scheißland. Scheißvolk. Scheißpolitiker. Scheißküche. So sei es nun mal um Bulgarien bestellt. Ein drittes Glas wurde gefüllt und schwungvoll geleert. Wenn man phantasie- und stilvoll kochen wolle, dann müsse man nach Frankreich auswandern. Oder nach Italien. Jedenfalls in den Westen. In Bulgarien seien nur Tomaten, Schafskäse und Joghurt genießbar. Alles andere könne man vergessen.

Also vergaß Vater das Kochen und die Vervollkommnung der bulgarischen Küche. Allerdings nicht, ohne
den Schwund seines neuen Lebensinhalts mit etlichen
weiteren Weingläsern zu begießen.

Baltschik, Januar 1995

Am nächsten Morgen stand ich früh auf, joggte, duschte,
föhnte mir die Haare, tuschte mir die Wimpern und
legte Lipgloss auf.
»Wo gehst du hin?«, erkundigte sich Oma Denka.
»Ins Haus von Onkel Peter«, antwortete ich.
»Ins Haus von Onkel Peter?« Oma erhob Stimme und
Augenbrauen. »Was hast du im Geisterhaus verloren?«
»Geht dich nichts an«, sagte ich und knöpfte meinen
Mantel zu.
»Du fühlst dich deinem Onkel Peter sehr nah, nicht
wahr?«, keifte Oma. »Deshalb gehst du dahin. Du und
er, ihr seid aus dem gleichen Teig gemacht, nicht wahr?
Du bist kopflos und versponnen wie er. Heute Morgen
hast du wieder eine blutige Binde in der Toilette liegen
lassen. Völlig offen, als wärst du debil. Kein Wunder.
Den Schwachsinn hast du im Blut. Du bist so wie dein
Onkel Peter.«

Onkel Peter war Vaters älterer Bruder und dunkler
Schatten meiner Kindheit. Oma Denka setzte ihn ähnlich wie die dicke Tante Mira zur Abschreckung ein,
wenn ich kurz davor war, vom Pfad der Tugend abzu-
kommen. Aß ich als Kind mehr, als es Oma für richtig

hielt, drohte sie mit Tante Mira. Träumte ich vor mich hin, was sie, warum auch immer, ebenfalls als bedrohlich empfand, kam Onkel Peter zum Einsatz. Stets sollte ich wachsam sein, nicht so zu werden wie er: abwesend, verstört, verwirrt, unentwegt daneben.

In meiner Kindheit hasste ich Onkel Peters Besuche wie die Pest. Kündigte sich einer an, zitterte ich vor Angst und betete, Gott möge meinen Onkel mit einem Blitz erschlagen, bevor er über unsere Schwelle trat. Es war nicht Onkel Peters sprichwörtliche, von meiner Oma so oft angemahnte Zerstreutheit, die ich fürchtete. Sein nachhaltiges Ignorieren roter Ampeln oder durchaus notwendiger Toilettenspülungen, sein ewiges blindes Irren auf der Suche nach Brillen oder am Vorabend ausgezogenen Socken, die sich mal im Tiefkühlfach fanden, mal im Briefkasten, oder seine Gepflogenheit, mitten im Sommer mit Wollmütze und Handschuhen aufzukreuzen, als würden die Jahreszeiten völlig unbemerkt an ihm vorbeirauschen. Diese Merkwürdigkeiten fand ich nicht bedrohlich. Gespannt wartete ich darauf, was meinem Onkel als Nächstes einfallen würde, und half ihm öfter aus der Patsche. Öffnete ich zum Beispiel die Tür, guckte ich als Erstes auf seine Schuhe. Hatten diese wieder mal unterschiedliche Farben oder stach gar ein einziger giftgrüner Schnürsenkel ins Auge, sorgte ich schnell dafür, dass die Schuhe aus Vaters Blickfeld verschwanden.

Denn Vater verabscheute die Verstörtheit seines Bruders, gleichermaßen wie er diesen Bruder liebte. Zwischen ihm und Onkel Peter herrschte Hochspannung, ein emotionales Tiefdruckgebiet, das sich in kräftigen Gewittern entlud. Und diese Gewitter waren es, die ich fürchtete. Jeden zweiten Sonntag bestellte Vater seinen Bruder zum Mittagessen, um ihm spätestens nach dem dritten Schnaps seine zahlreichen Macken aufzuzählen, sie ins Unermessliche zu übertreiben, ihn zu provozieren, zu reizen und dann zu dem unvermeidlichen Schluss zu gelangen, dass Onkel Peter ein Idiot sei, der nicht auf freiem Fuß gehöre, sondern in die Klapse. Meinem Onkel, ein sonst friedfertiger Mensch und durchaus in der Lage, Vaters Beschimpfungen eine Weile über sich ergehen zu lassen, riss an dieser Stelle der Geduldsfaden und ein lautstarker Streit brach vom Zaun, schaukelte sich in kürzester Zeit hoch, explodierte und nahm ein abruptes Ende. Für das Ende gab es unterschiedliche Szenarien: Entweder stürmte mein Onkel fluchend und Türen knallend aus der Wohnung oder aber, von meinem Vater bis aufs Äußerste gereizt, er ballte die Fäuste, hämmerte mit aller Kraft gegen die Wand, hinterließ dort eine kleine Delle, fegte das Geschirr vom Tisch und ging auf Vater los. Doch kurz bevor er zuschlug, ließ er seine Faust wie einen abgeschossenen Vogel fallen und erstarrte. Die ganze Zerstörungskraft seiner Wut wahrnehmend und darüber zutiefst entsetzt, ließ er dann seine Schultern hängen und schleppte sich zerknirscht in Richtung Wohnungstür.

Während der Streit tobte, kauerte ich vor Angst zitternd und Sturzbäche heulend in einer Ecke, hielt mir die Ohren zu und war erfüllt von einem einzigen sehnlichen Wunsch: Vater und Onkel Peter mögen auf der Stelle tot umfallen. Noch mehrere Stunden nachdem Onkel Peter gegangen war, saß Vater schweigend auf der Terrasse, rauchte Kette und ließ seinen düsteren Blick über das endlose Wasser schweifen. Ein Zittern seines Kinns verriet, dass er in sich weinte.

Einige Mutige, die ihre Unterschriften für Vater gesetzt hatten, ließen sich durch die Strafen nicht abschrecken und besuchten ihn weiter.

Es waren lauter einfache, herzensgute Menschen, Bauern aus der Umgebung, Fischer, Taxifahrer, Putzfrauen. Abend für Abend kamen sie in kleinen Gruppen und hörten Vater andächtig zu. Ich schlich mich aus dem Bett und kauerte mich vor die Wohnzimmertür.

»Habt ihr heute Morgen im Radio die Rede unseres bulgarischen Führers gehört?«, fragte Vater eines Abends.

Seine Gäste schüttelten einträchtig die Köpfe. Der Sozialismus hatte nicht nur die Arbeitsmoral seiner Bürger getötet, sondern auch jegliches Interesse am politischen Geschehen.

»Heute Morgen habe ich zuerst die Deutsche Welle eingeschaltet«, erzählte Vater. »Es wurde berichtet, unsere Parteiführung plane, allen Türken in Bulgarien bulgarische Namen zu verpassen. Ihre Muttersprache wollen sie auch verbieten. Wer in der Öffentlichkeit Türkisch spricht, wird entlassen.«

»Ts, ts, ts, ts«, schnalzten Vaters Besucher und wiegten ungläubig die Köpfe. »Ist das wahr, Doktor Atanassov?«

»Und ob es wahr ist«, ereiferte sich Vater. »Die Rede unseres Obergenossen im Radio hat es bestätigt.«

»Was hat Schiwkow denn dazu gesagt?«, fragte jemand.

Vater zog an seiner Zigarette und blies nachdenklich Ringe in die Luft.

»Der Aufbau des reifen Sozialismus in Bulgarien sei so gut wie abgeschlossen, hat er gesagt. Der Abschluss dieser wichtigen Phase habe Energien freigesetzt, hat er auch gesagt. Nun gelte es, die freien Energien in die richtige Richtung zu lenken. Die Besinnung auf die nationale Identität sei jetzt die richtige Richtung. Die nationale Identität sei in den letzten Jahrzehnten zu kurz gekommen. Die sozialistische Identität sei wichtiger gewesen. Das habe leider zur Verwirrung mancher Genossen geführt. Diese Genossen würden nämlich glauben, sie seien keine Bulgaren, sondern Türken und Muslime. Dem sei aber nicht so. Übler Humbug sei das. Propaganda der Türkei und der NATO. Diese angeblichen Türken seien in Wirklichkeit ethnische Bulgaren, deren Vorfahren zwanghaft islamisiert wurden. Während der osmanischen Fremdherrschaft. Und Schiwkow hat gesagt, dass es jetzt an der Zeit sei, diesen historischen Missstand zu beheben und den blind irrenden Genossen eine Orientierung zu geben.«

Vater zündete sich die nächste Zigarette an und verschwand in einer Rauchwolke.

»Was hat die Partei nun vor?«, fragte eine der Besucherinnen ängstlich.

»An dieser Stelle war Genosse Schiwkow überaus deutlich«, meldete sich Vater aus dem Dunst. »Er kam schnell auf den Punkt. Genauer gesagt, er kam auf vier Punkte. Erstens: Alle bulgarischen Staatsangehörige, die auf Namen wie Hasan, Mehmed, Ayse oder Gül hören, sollen sich ab sofort bulgarische Namen zulegen. Zweitens: Alle bulgarischen Bürger, die irrtümlicherweise Türkisch für ihre Muttersprache halten, dürfen ab sofort ausschließlich Bulgarisch sprechen. Drittens: Die Ausübung religiöser Rituale, wie der Gang zur Moschee zum Beispiel, ist ab jetzt strengstens untersagt. Viertens: Alle Genossen, die weiterhin darauf bestehen, Türken und Muslime zu sein, würden die Freiheit bekommen, binnen achtundvierzig Stunden das Land zu verlassen.« Alle schwiegen.

Meine Mutter schaltete den Fernseher ein. Bulgarische Volksmusik erklang. Ich spähte durch den Türspalt und sah den Bildschirm, wo eine Menschenschlange Horo tanzte, einen Reigen, der bei Hochzeiten, Beerdigungen und sonstigen wichtigen Ereignissen getanzt wird. Die Musik wurde leiser, die Stimme einer Sprecherin erklang. »Unsere Genossen«, schwang sich die Stimme exaltiert in die Höhe, »unsere verirrten Landsleute, die bis jetzt glaubten, Türken zu sein, feiern nun die Befreiung von einer jahrhundertealten Illusion. Heute haben sie endlich zu ihrer wahren Identität zurückgefunden. Zu ihrer bulgarischen Identität. Und sehen Sie, liebe Zuschauer, was die Wahrheit bei diesen Menschen auslöst.«

Die Frau hielt für einen Moment den Mund, die Musik wurde lauter, auf dem Bildschirm wand sich der Reigen. Vaters Faust donnerte auf den Tisch. »Richte die Kamera auf die Gesichter, verdammt. Dann würde man nämlich sehen, wie groß die Freude ist. Ihr verdammten Mistkerle. Ihr Verbrecher. Ihr Pharisäer! Nicht nur, dass ihr den Menschen ihre Würde raubt, ihr zwingt sie auch noch dazu, vor Freude zu tanzen. Wo gibt es denn so etwas Infames? Warum schickt ihr sie nicht gleich ins Lager? Oder besser noch: Warum schickt ihr sie nicht direkt in die Gaskammer? Die Nazis waren ehrlicher als ihr!«

Durch den Türspalt sah ich, dass Vater weinte. »Es gibt keine Hoffnung«, sagte er. »Nicht für diese Menschen. Nicht für mich. Ich werde nie wieder operieren. Das habe ich heute Abend begriffen. Ohne meinen Beruf will ich nicht leben. Aber so leicht will ich es den Schweinen auch nicht machen. Ich werde ein Zeichen setzen, ein Fanal. Ich werde mich anzünden. Direkt vor dem Parteihaus. Die Deutsche Welle soll darüber berichten. BBC soll darüber berichten. Die ganze Welt soll erfahren, was in diesem Land passiert.«

»Papa!«, schrie ich, rannte ins Zimmer, warf mich auf den Boden und umklammerte seine Beine. »Papa, Papa!«

»Du verdammter Idiot«, schrie nun auch Mutter, warf sich auf Vater und schlug mit Fäusten auf ihn ein. »Du Egoist. Du Größenwahnsinniger. Was glaubst du, wer du bist? Wer gibt dir das Recht, dich dermaßen in den Mittelpunkt zu stellen? Wer gibt dir das Recht, Kinder in die Welt zu setzen und ihnen das anzutun? Hau ab. Geh mir aus den Augen. Geh zum Teufel. Bring dich um. Spreng dich in die Luft. Tu, was du willst. Verschwinde aus meinem Leben. Lass mich in Ruhe. Lass meine Kinder in Ruhe. Lass uns alle in Ruhe!«

Vater schüttelte mich ab und verließ die Wohnung. Meine Mutter gab mir eine halbe Schlaftablette und schickte mich ins Bett.

Am nächsten Tag wachte ich gegen Mittag auf. Ich taumelte in den Flur. Vor der Wohnzimmertür blieb ich stehen. Ich hörte leise Stimmen. Auch Vaters Stimme hörte ich. Vater war zurückgekehrt. Vater lebte.

Ich betrat den Raum. Meine Eltern saßen am Tisch und tranken Kaffee. Sie unterhielten sich leise und versöhnlich, als wäre gestern Nacht nichts geschehen. Als sie mich sahen, verstummten sie. Eine Weile guckten wir uns wortlos an.

»Zieh dir einen Bademantel an«, sagte Mutter. »Es ist kalt.«

»Ich mache dir ein Rührei«, sagte Vater.

Über das Drama der letzten Nacht – kein Wort.

In den nächsten Tagen stand Vater noch vor Sonnenaufgang auf und fuhr mit den Fischern zu ihren Netzen. Am Ende der Mole, am Ende der Bucht, kurz bevor sich Himmel und Wasser berührten, ragten Holzbalken aus dem Wasser. An diesem Balken hatten die Fischer ihre Netze gespannt, in der Hoffnung, möglichst viele Fische würden sich dahin verirren.

Die Fischer in Baltschik besaßen winzige weiße Ruderboote, einige mit einem kleinen Motor. Vor dem Sonnenaufgang fuhren sie hinaus aufs Meer. Die Boote umzingelten die Netze und fingen an, Kreise zu drehen. Die Motoren knatterten, die Männer schlugen mit ihren Rudern aufs Wasser und brüllten aus vollem Hals: »Aiideeee, Mehmeeed, Hassaaaan aiideee, uhhhaaaa, ahhhhhaaa...!«

Dieses ohrenbetäubende Spektakel galt den letzten Fischen, die aus dem Schlaf gerissen, in Angst versetzt, in die Netze getrieben werden sollten. Ob sich dadurch auch nur ein einziger Fisch täuschen und fangen ließ, weiß keiner. Einen Erfolg aber hatte die Aktion mit Sicherheit: Danach schlief in Baltschik niemand mehr.

Die Fischer in Baltschik waren Türken und Roma. Sie blieben auch nach Schiwkows Rede in der Stadt, anders als die türkischen Intellektuellen, die binnen achtundvierzig Stunden das Land in Richtung Türkei verließen.

Diese Fischer spannten ihre Netze weiterhin in bulgarischen Gewässern, nur dass sie nach Schiwkows Rede früh morgens die Fische nicht mehr mit türkischen Namen erschreckten, sondern mit neuen bulgarischen. Die Wahl dieser Namen hatte die Partei nicht dem Zufall überlassen. Es galt ja, die bulgarische Identität zurückzugewinnen. Also wurden in den Ämtern historisch bedeutungsvolle Namen angeboten – die Namen ruhmreicher Herrscher, die in vergangenen Jahrhunderten Bulgarien zu neuen Territorien, Macht und Einfluss verholfen hatten. Die Fischer von Baltschik hörten also nicht mehr auf Hassan, Mehmed oder Bülent, sondern auf Boris der Erste, Ivan-Asen der Zweite oder Simeon der Mächtige. Frühmorgens hallten diese geschichtsträchtigen Namen durch die Bucht, etwa so, als würde man hier in Deutschland Bismarck, Friedrich der Große oder Konrad Adenauer in die Morgendämmerung brüllen. Das historische Gewicht der neuerworbenen Namen war ihren schmächtigen, dunkelhäutigen Besitzern nicht im Geringsten bewusst. Bulgarische Geschichte und Identität interessierte sie keine Spur. Was diese Fischer interessierte, waren ihre Netze, die sie in ihre Boote verfrachteten, ans Ufer brachten, dort entleerten, entwirrten und auf der Promenade ausbreiteten, damit sie in der Sonne trockneten, während sie ihr Frühstück zubereiteten: eine dicke, reichhaltige Fischsuppe, deren Schärfe dank Peperoni, Knoblauch und Pfeffer nur mit literweise Schnaps zu ertragen war. Gegen zehn Uhr waren die Netze trocken und die neuen bulgarischen Könige sternhagelvoll. Irgendwie schafften sie es doch noch, die Netze zu rollen, in ihre Boote zu steigen, aufs Meer zu fahren und sie dort wieder zwischen die Balken zu spannen.

Dann verschliefen sie den Tag. Derweil verkauften ihre Frauen den Fisch auf dem kleinen fliegenumschwirrten, katzenumzingelten und äußerst übelriechenden Markt von Baltschik. Am nächsten Morgen fing das Ganze von vorne an.

Vater machte die Aktion mehrmals mit, brüllte die archaischen Namen in den morgendlichen Wind, kniete vor dem Sonnenaufgang nieder, aß die Fischsuppe, trank den Schnaps und fragte sich, ob ein Leben in dieser ursprünglichen Form für ihn in Frage käme.

So ein Leben kam für Vater nicht in Frage. Vier Monate später tat er, was die Partei von ihm verlangte: Er nahm die Stelle eines Dorfarztes an.

In dem kleinen bulgarischen Dorf Dropla wohnten eine Handvoll alter Frauen mit ihren Ziegen und Schafen. Vater versorgte sie mit Aspirin und blutdrucksenkenden Tabletten, lernte Ziegen melken, Schafe scheren, weiße Bohnen kochen und Brot backen. Abends kehrte er heim und verlangte manchmal, im Wohnzimmer allein zu sein. Er will nicht, dass ihm jemand beim Trinken zuschaut, dachte ich und blieb vor der Tür stehen. Durch den Spalt sah ich, wie Vater Gummihandschuhe anzog, ein Skalpell in die Hand nahm und versuchte, ein anderes Paar Gummihandschuhe, die in ihrer Beschaffenheit menschlicher Haut ähnelten, zu operieren. Er schnitt, er nähte zu. Eine Träne kullerte seine unrasierte Wange hinunter.

Onkel Peter wohnte in Vaters Familienhaus. Ein ver-
rosteter Draht hielt eine fadenscheinige, verwitterte
Gittertür geschlossen. Ich löste den Draht und betrat
den zugewucherten Garten.

»Verdammtes Schlangennest«, fluchte jemand hinter
dem Haus. »Dir mache ich heute den Garaus.«

Ich bog um die Ecke. Im hüfthohen Gestrüpp stand
eine kräftige Frau und wuchtete eine riesenhafte Sichel
herum. Sie drehte sich um: mohnrotes Tuch, Korn-
blumenaugen, ein kräftiges Kinn mit einem Grübchen.
Meine ehemalige Kunstlehrerin Frau Zwetkowa ließ ihre
Waffe fallen, strahlte, stürmte auf mich zu und schloss
mich in die Arme.

»Haben Sie den Kunstunterricht gegen einen Job als
Gärtnerin getauscht?«, erkundigte ich mich.

»Von wegen«, lachte sie. »Milka und ich helfen deinem
Onkel im Alltag. Du kennst ihn doch. Er spricht sechs
Sprachen und kann etliche Philosophen zitieren, an seinem morgendlichen Kaffee jedoch scheitert er. Heute
Morgen zum Beispiel fand er sein Kaffeepulver wieder
nicht und rief uns verstört an. Milka und ich brachten
ihm Kaffee und fanden dann seinen eigenen: im Siche-
rungskasten. Onkel Peter wollte sich einen, nach eigenen
Worten, exzellenten Mokka zubereiten und kam dabei
in eine Notlage: Er konnte nicht entscheiden, welche der
vier Herdplatten der Mokka-Qualität am zuträglichs-
ten wäre. Solche Entscheidungen quälen deinen Onkel
richtig, musst du wissen. Weil er sich nicht entscheiden
konnte, hat er alle vier Platten gleichzeitig eingeschaltet
und die Sicherungen rausgeknallt. Sie wieder umzulegen

ist ihm zwar gelungen, das Kaffeepulver jedoch – war verschwunden. Nun sind Kaffee und Strom wieder da, aber wer weiß, wie lange. Geh ins Haus, Kind, sprich mit deinem Onkel, und sorg dafür, dass Milka den Mokka kocht. Dann können wir tatsächlich welchen trinken.« Ich klopfte an die Tür. Eine Weile geschah nichts. Ich klopfte erneut, dann wieder und wieder.

Schlurfende Schritte kamen heran. Verstörte schlurfende Schritte. Denn selbst Onkel Peters Schlurfen klang abwesend und zerstreut. Ein Schlüssel drehte sich unentschlossen. Auf der Schwelle erschien Onkel Peter – in einer ehemals blauen Strickjacke, an der ein einziger ampelroter Knopf leuchtete, angenäht mit grünem Faden. Des Weiteren trug Onkel Peter eine schwarze Anzughose mit akkurat gebügelter Falte. Seine Füße steckten in Pantoffeln, die etlichen Zehen die Freiheit gewährten. Auf Onkel Peters Nase befanden sich zwei Brillen, die wie zwei Stockwerke aufeinandersaßen und erstaunlich gut Balance hielten. Ihren eigentlichen Zweck jedoch verfehlten sie. Onkel Peter blinzelte, versuchte mich vergeblich erst durch die eine, dann durch die andere Brille zu fokussieren, resignierte schließlich: »Verdammte Optik. Rausgeschmissenes Geld. Wer bist du?«

Absätze klackerten heran, hinter Onkel Peter erschien das Madonnengesicht von Milka, Frau Zwetkowas Geliebter.

»Gospodin Peter, Sie haben die falschen Brillen aufgesetzt«, erläuterte sie, nachdem sie mich begrüßt hatte, und reichte meinem Onkel eine dritte. »Hier, nehmen Sie diese.«

»Gut, dann nehme ich eben diese«, sagte Onkel Peter

schicksalsergeben und versuchte, ein drittes Stockwerk auf seine Nase zu bauen.

»Nein Gospodin Peter, Sie brauchen nur diese eine Brille hier. Sie ist die richtige«, sagte Milka und nahm ihm behutsam die ersten beiden Stockwerke ab.

»Meine Nichte aus Deutschland ist gekommen«, rief Onkel Peter freudig, als die richtige Brille auf seiner Nase saß. »Das Leben in Deutschland scheint dir gut zu bekommen, Kind. Du hast zugenommen. Hübsch und rund bist du geworden!«

»Onkel Peter, ich glaube, auch diese Brille ist nicht richtig«, rief ich verärgert.

»Mach dir nichts daraus, Süße«, flüsterte Milka. »Rund« ist für ihn ein Kompliment. Alle hübschen Frauen sind aus seiner Sicht rund.«

»Hereinspaziert, mein Kind«, flötete Onkel Peter. »Ich koche uns meinen berühmten Mokka.«

»Lass lieber, Onkel Peter«, warf ich schnell ein. »Milka kann den Mokka kochen. Führe mich lieber durchs Haus. Ich habe vergessen, wie es hier aussieht.«

Onkel Peter fasste mich scharf ins Auge. »Du traust mir den Mokka nicht zu, nicht wahr? Du denkst, dein Onkel ist schwachsinnig. Du denkst, ich merke nicht, dass du das denkst. Du musst lernen, tiefer zu schauen, Kind. Der Schein trügt meistens. Gleich gibt es den weltweit besten Mokka. Das Verfahren wird streng geheim gehalten. Wie das Coca-Cola Rezept. Ein Patent deiner Großmutter Yovka.«

Also ging ich allein durch Onkel Peters Haus. Es hatte zwei Stockwerke, die durch eine knarrende Wendeltreppe verbunden waren. Die kleinen und dunklen Räume zeugten von einer mir unbekannten, längst der Geschichte angehörenden Lebensart. Statt in einen Flur trat man bei diesem Haus in eine Art fensterlosen Vorraum. Eine offene Feuerstelle gab es hier, wo an einer rostigen Kette ein ebenfalls rostiger Kessel baumelte. Es gab in diesem Raum auch eine Art Esstisch, der sich nur zwanzig Zentimeter vom Fußboden abhob und um den herum die Familie auf bunten Kissen gesessen hatte. Dieser Raum, Kernzelle und Urzustand des Hauses, wurde nach und nach erweitert, als nächstes durch eine separate Küche mit zwei hellblauen Schränken, unter denen Mäuse flitzten. Davor stand Onkel Peter und suchte gedankenverloren nach Mokkatassen. Milka, die er »meine Assistentin« nannte, ließ ihn nicht aus den Augen.

An der Küche schloss sich ein kleines Esszimmer mit schiefen Wänden an, das mit einem ebenfalls winzigen Esstisch ausgestattet war, dafür aber mit einem überdimensionalen Gemälde in goldenem Rahmen.

»Trinken wir den Mokka im Esszimmer?«, rief Onkel Peter aus der Küche.

»Auf keinen Fall im Esszimmer«, rief ich zurück, den Blick immer noch an das Bild geheftet. Ein tosender Sturm war da abgebildet, und ein Schiff, das kenterte und zur Hälfte in den schwarzen schäumenden Wellen versunken war. Diese Tragödie in düsterem Öl erschlug den kleinen Raum, raubte ihm Luft und Licht und warf die Frage auf, ob die Familienangehörigen vor dieser infernalischen Kulisse tatsächlich freiwillig gespeist hatten oder ob es sich bei dem Bild um eine besondere Art Selbstbestrafung handelte, die an frühere Sünden erinnern sollte, indem sie Tag für Tag jeden Bissen im Hals stecken ließ.

Wesentlich freundlicher wirkte der so genannte Salon, der sich zusammen mit dem elterlichen Schlafzimmer im zweiten Stockwerk befand und von Zeiten zeugte, in denen die Familie es zu einer gewissen Bürgerlichkeit gebracht hatte. Seidentapeten in Altrosa schmückten den Raum, golddurchwirkte Gardinen schimmerten an den Fenstern. Ein Kanapee auf geschwungenen Beinen leuchtete türkisfarben in der Ecke, die Vitrinen der dunklen Anrichte zierten eingravierte Schneeflocken.

Trotz der ganzen Märchenhaftigkeit hatte auch dieser Raum etwas Unheimliches. Der Salon war erstarrt in Erwartung von Gästen. Für sie hatte Großmutter Yovka den kleinen Tisch mit silberverzierten Likörgläschen gedeckt und mit Stoffservietten, deren Ränder Häkelspitze säumte. Das Eintreffen dieser Gäste hatte meine Großmutter väterlicherseits nicht mehr erlebt, hieß es. Ein Schlaganfall soll sie kurz davor aus dem Leben gerissen haben und Onkel Peter, Sorgen- und Lieblingskind seiner Mutter, hatte ihr Tischarrangement, ihre letzte Lebenshandlung verewigt. Großmutter Yovka soll ihr Leben lang Onkel Peters Herzenskönigin geblieben sein. Ein einziges Mal in seinem Leben soll Onkel Peter eine Beziehung zu einer anderen Frau riskiert haben. Diese Frau namens Sonja habe er Hals über Kopf geheiratet, hieß es. Die Ehe allerdings sei von kurzer Dauer gewesen. Böse Zungen behaupteten, sie sei an Onkel Peters Gewohnheit gescheitert, sich zum Mittagsschlaf ins Bett seiner Mutter zu legen.

»In Mutters Salon nichts anfassen«, rief Onkel Peter warnend von unten. »Komm zu uns, Kind. Den Kaffee trinken wir im Vorraum.«

Den Vorraum erfüllte der Duft nach Kardamom. Auf

dem niedrigen Tisch dampften die goldenen Mokkatassen, die Onkel Peter offenbar gefunden hatte.

Wir setzten uns auf die bunten Kissen. An der Tür hämmerte es.

»Gospodin Peter, Gospodin Peter!«, schallte es von
außen.

Onkel Peter richtete sich umständlich auf, guckte nach
links, nach rechts, kratzte sich nachdenklich am Nacken
und schritt unentschlossen in Richtung Toilette.

»Gospodin Peter, an der Toilettentür klopft niemand«,
redete Milka geduldig auf ihn ein. »Du musst die *Außen-
tür* öffnen.«

Onkel Peter nickte langsam, putzte ausgiebig die Gläser
seiner richtigen Brille, schlurfte zur Haustür, betrachtete sie eine Weile eingehend und staunend, als sehe er
sie zum ersten Mal, und machte dann mit einem ver-
störten Gesichtsausdruck auf.

»Würde ich dich nicht kennen, Gospodin Peter«,
krächzte eine Frauenstimme »wäre ich längst wieder zu
Hause.«

An der Schwelle erschien Fikrie, Vaters OP-Schwester,
Mutterersatz und stadtweit begabteste Klatschbase.

»Gospodin Peter, ich habe Baklava für dich gemacht.«
Fikrie stellte das Blech ab, dann fiel ihr Blick auf mich.
Sie stutzte, klatschte dann kräftig in die Hände, warf
sich um meinen Hals und schrie: »Das Töchterchen von
Doktor Atanassov ist da. Mein Kükchen. Mein Gold-
stückchen! Wie oft warst du als Kind bei mir? Allen meinen Hühnern hast du einen Schreck eingejagt. Und den
Schweinen auch. Dein Papa guckt von oben und freut
sich, dass du wieder bei mir bist. «

»Komm, Tante Fikrie, trink einen Kaffee mit uns«, sagte

Frau Zwetkowa, legte einen Arm um Fikrie und drückte sie sanft auf ein Bodenkissen.

Fikrie nahm einen Schuck Mokka und wischte sich die Augen.

»Ich bringe Teller für die Baklava«, sagte Onkel Peter, ging in Richtung Küche, blieb allerdings auf halber Strecke stehen, kniete sich vor ein Radio mit langen Holzbeinen und fing an, an den riesigen gelblichen Tasten zu fuhrwerken, offenbar in der Hoffnung, dem Gerät – mindestens doppelt so alt wie er selbst – doch noch ein paar Töne zu entlocken. Die Kiste gab tatsächlich ein knisterndes Geräusch von sich. Onkel Peter strahlte über beide Ohren.

»Dieses Radio war die letzte Errungenschaft meines Vaters, deines Großvaters Stefan«, sagte er in meine Richtung und setzte gedankenverloren seine Reise in die Küche fort.

»Aus diesem Radio heulten im Krieg die Sirenen«, schwelgte auch Vater in Erinnerungen, wenn wir Onkel Peter gemeinsam besuchten. Vaters Erinnerungen, die voller Leben waren, solange es um englische Bomben über bulgarischen Köpfen ging, im Zweiten Weltkrieg, den die Bulgaren, genauso wie den Ersten, an der Seite der Deutschen verloren hatten. Kurz vor Kriegsende soll Großvater Stefan an Lungenkrebs gestorben sein. An dieser Stelle riss Vaters Erinnerungsfaden abrupt ab. Von seinem Vater sprach er nie. Onkel Peter auch nicht. Von diesem Vater sprach überhaupt niemand, denn in Vaters Familie fehlte eine Oma Denka, die Erinnerungen hortete, sie zu Geschichten zusammenfügte und dafür sorgte, dass sie hin und wieder ans Tageslicht kamen. Vaters Familie umhüllte der weiße Dunst der Vergessenheit.

Mein Wissen darüber war ein Flickenteppich aus Gerüchteschnipseln, zufälligen Erinnerungen entfernter Cousinen und aus Oma Denkas mürrisch in den Raum geworfenen Halbsätzen, um deren Vollendung zu bitten keinen Sinn ergab, da Oma Vaters Familie nicht wohlgesinnt war und daher sehr daran interessiert, keine Klarheit, sondern nebulöse, düstere Stimmung zu verbreiten. Oma war grundsätzlich nur sich selbst und ihren Blutsverwandten wohlgesinnt.

»Kannten Sie Großvater Stefan?«, fragte ich Fikrie, als die köstlichen Baklava-Stücke endlich auf den geistesabwesend gebrachten Tellern gelandet waren.

»Deinen Großvater Stefan?«, rief Fikrie. »Für wie alt hältst du mich, Küken? Deinen Großvater Stefan kannte meine Mutter. Aber das ist fast so, als würde ich ihn selbst kennen. Meine Mutter war bestens informiert und mit ihren Auskünften nicht geizig. Ihr Friseursalon war die beste Nachrichtenagentur der Stadt: zahlreiche Quellen, stündliche Aktualität, zügige, flächendeckende Verbreitung.«

»Dann erzählen Sie mir, was Sie von Ihrer Mutter über ihn wissen.«

Fikrie ließ sich kein zweites Mal bitten.

»Laut Auskunft meiner Mutter soll dein Großvater Stefan ein spielsüchtiger Alkoholiker gewesen sein«, sprudelte sie bereitwillig. »Ein wahlloser Schürzenjäger obendrein. Nesthäkchen und schwarzes Schaf in einer angesehenen, mit sieben Söhnen gesegneten Familie. Zwei dieser Söhne seien Ärzte gewesen«, fasste Fikrie die Auskünfte ihrer Mutter zusammen. Einer habe es zum Bankdirektor gebracht, ein Vierter zum Schulleiter. Ein anderer Sohn wiederum sei Chefredakteur der Zeitung

Zora gewesen, des Organs der bulgarischen Faschisten, die sich zeitgleich mit dem Einmarsch von Hitlers Truppen an die Macht geputscht hatten. Der älteste Sohn sei sogar zum Kulturminister ernannt worden, und zwar in der letzten bulgarischen Regierung vor Kriegsende. An dieser Stelle schaltete sich Onkel Peter ein. Das Studium verschiedener Geschichtsquellen gehörte neben Astrologie und Auswendiglernen von Wörterbüchern zu seinen täglichen Beschäftigungen.

»Diese Regierung, die sich demokratisch und antifaschistisch nannte, hatte im Juli 1944 die profaschistische abgelöst mit dem Ziel, wenn der Krieg vorbei ist, eine bulgarische Demokratie aufzubauen, und zwar mit der Hilfe der Alliierten, die sich bereits in Griechenland befanden. Alles kam allerdings anders, denn anstatt der erhofften Alliierten ist damals die Rote Armee ins Land marschiert und hat allen Demokratieplänen ein rasches Ende bereitet.«

Onkel Peter machte eine bedeutungsvolle Pause, bevor er fortfuhr. Dabei hätten sich die russischen Slawenbrüder nicht sonderlich anstrengen müssen. Es habe nämlich niemand Widerstand geleistet oder der bulgarischen Armee befohlen, die bestehende Gesellschaftsordnung zu verteidigen. Die Familie des bulgarischen Zaren habe sich rechtzeitig in Richtung Spanien aus dem Staub gemacht. Die entsetzten Regierungsmitglieder seien ihr gefolgt. Unter diesen günstigen Umständen hätten die bulgarischen Partisanen ungehindert ihre Verstecke in den Wäldern verlassen. Die bulgarischen Exilkommunisten seien in einer Blitzaktion aus der Sowjetunion ausgeflogen worden und mit Fallschirmen vom heimatlichen Himmel hinabgefallen. Die erfolgreich zurückgeschwebten Exilkommunisten also, fasste Onkel Peter zusammen, die ihnen gleichgesinnten Partisanen und einige gescheiterte Existenzen, zwar ohne Gesinnung, dafür mit sicherer Nase für die Gunst der Stunde, hätten ein paar Mal in die Luft geschossen, das Gebäude des nationalen Radiosenders gestürmt und den Anbruch einer neuen Zeit proklamiert. Die sowjetischen Panzer hätten alldem eine eindrucksvolle Kulisse geboten. Das bulgarische Volk, das bis zu diesem Moment seinem Schicksal aus der Sicherheit der eigenen vier Wände zugeschaut hätte, habe sich dann auf die Straßen getraut, ein paar Blumen auf die sowjetischen Panzer geworfen und den slawischen Brüdern Brot und Salz angeboten.

»Diese kümmerliche Aktion ging dann für die folgenden fünfundvierzig Jahre als Volksaufstand in die Geschichte ein, in dem sich das bulgarische Volk den Sozialismus erkämpft hatte«, funkte Frau Zwetkowa dazwischen. »Haargenau das gleiche Bild übrigens sollen die bulgarischen Straßen schon mal geboten haben. Und zwar 1939, als die Deutschen als Kriegsverbündete ins Land marschierten. Für sämtliche Befreier also, welche auch immer, hat das bulgarische Volk stets Brot, Salz und ein paar Blumen parat gehabt. Ist es bei dieser charakterlichen Flexibilität ein Wunder, dass es uns Bulgaren an Selbstbewusstsein mangelt?«

Alle Anwesenden fanden, dies sei kein Wunder. Darüber hinaus fand Onkel Peter, dass die Beschäftigung mit Geschichte – so sehr er das auch liebte – für heute lang genug angedauert habe und deshalb anstrengend sei. Er kündigte an, sich zu einem Nickerchen zurückzuziehen.

»Gospodin Peter, wir sind nicht fertig«, rief Frau Zwetkowa. »Das Wichtigste in Ihrer Familiengeschichte fehlt. Ihre Nichte sollte von den Morden in der neuen Welt erfahren, finden Sie nicht?« Das Leben in Onkel Peters Augen erlosch. Sein Gesicht nahm einen abwesenden Ausdruck an. »Morde? Von welchen Morden sprichst du? Ich glaube, ich muss mich tatsächlich hinlegen. Mein krankes Herz hält nicht viel aus.«

Erstaunlich zielgerichtet zog Onkel Peter von dannen.

»So ist er, Gospodin Peter«, seufzte Frau Zwetkowa. »Sein Herz ist weich, aber schwach. Es hält die eigene Geschichte nicht aus. Deshalb schaltet er sein Hirn ab. Deshalb vergisst er ständig. Du aber hast das Recht, die Geschichte deines Vaters zu erfahren, Mädchen.«

Die neue Gesellschaftsordnung musste sofort verteidigt werden, fuhr meine Kunstlehrerin fort. Und zwar nicht nur gegen die Mächte des Weltkapitalismus. Ein Abrechnen mit sogenannten Feinden in den eigenen Reihen fing an. Wahllos und flächendeckend. Ohne Gerichtsurteil und ohne Erbarmen.

»Bulgarien ertrank in Blut und erzitterte von den Schreien der Mütter, Schwestern und Ehefrauen«, schaltete sich Fikrie ein. »An dieser Stelle reißt der familiäre Erinnerungsfaden ab, Kind. Dein Onkel wird schläfrig, und wäre dein Vater noch am Leben, hätte er einen Streit angezettelt. Warum, denkst du, ist das so? Zu den zahllosen Hingerichteten gehörten nämlich die Brüder deines Großvaters Stefan und auch deren Kinder. Zuerst rollten die Köpfe des Kulturministers, seiner Frau und seiner Kinder«, spann Fikrie den Faden von Vaters Geschichte weiter. Anschließend sei der Chefredakteur samt Familie liquidiert worden, gefolgt von dem Bankdirektor, Gott sei Dank unverheiratet und daher allein.

Die beiden Ärzte und der Schuldirektor seien in ein sogenanntes Umerziehungslager auf der Donauinsel Belene gesteckt worden. Kurz nach ihrer Entlassung hätten die drei körperlich und seelisch völlig zerrütteten Männer auch das Zeitliche gesegnet. Ihren Kindern sei zwar das Leben in angeblicher Freiheit geschenkt, aber ein Studium versagt worden.

»Der Einzige, der ungeschoren davonkam, war dein Großvater Stefan«, erzählte Fikrie weiter. »Man hielt ihn sogar für einen treuen Sohn des bulgarischen Volkes.« Letzteres soll aus der Sicht von Fikries Mutter am folgenden Vorfall gelegen haben: In den letzten Augusttagen des Jahres 1944, als das ganze bulgarische Volk ängstlich den Atem anhielt und gespannt darauf wartete, welche Sorte Befreier wohl dieses Mal ins Land strömen würde – die Russen warteten bereits in Rumänien, die Briten und Amerikaner in Griechenland –, auch in dieser angespannten Zeit also, habe sich Großvater Stefan von seinem täglichen Besäufnis nicht abbringen lassen. Torkelnd soll er laut Fikries Mutter auf dem Marktplatz von Baltschik erschienen sein und auf die Vorwürfe seiner rechtschaffenen Mitbürger, dass er am helllichten Tag statt zu arbeiten trinke, folgende zukunftsweisende Antwort gelallt haben: »Gut, ich bin vielleicht ein Säufer und ein Taugenichts, aber nur deshalb, weil ich die ungerechte Gesellschaft bekämpfe. Keiner wird mir später vorwerfen können, dass ich für die Kapitalisten gearbeitet und mich damit an der Ausbeutung des bulgarischen Volkes beteiligt hätte. Im Unterschied zu euch Kleinbürgern, die durch hirnloses Schuften den Kapitalismus gestützt habt. Euer Schuften jedoch ist umsonst gewesen. Die Russen, unsere Bratuschki, schwenken schon die roten Fahnen an der Donau. Auch wenn ihr Spießer auf die Briten hofft: Die Bratuschki werden zuerst kommen, und dann werden die Karten neu gemischt. Die Ersten werden dann die Letzten sein. Wie beim Jüngsten Gericht. Nur gut, dass ich nie gearbeitet habe.«

Diese versoffene Prophezeiung soll ein paar in Lumpen gekleideten künftigen Parteifunktionären zu Ohren gekommen sein und damit Großvater Stefan nicht nur davor bewahrt haben, seinen Brüdern im Arbeitslager Gesellschaft zu leisten, sondern auch seinen Söhnen später ein Medizinstudium ermöglicht haben. Großvater Stefans Ruf eines zwar vorübergehend alkoholisierten, dennoch treuen Sohnes des bulgarischen Volkes hatte nur seinem ältesten Sohn Bontscho nichts genutzt, wischte sich Fikrie die Augen. Mit achtzehn Jahren soll dieser herausragend intelligente Junge gestorben sein, womöglich weil er sich eines Tages nicht zurückhalten konnte, in seine Rede als Abiturient mit bestem Zeugnis lauter unliebsame Fragen einzuflechten, wie etwa, warum in dem neuen, gerechten und hoffnungsfroh in eine strahlende kommunistische Zukunft blickenden Bulgarien Menschen spurlos verschwanden. Warum seine Onkel ohne Gerichtsurteil hingerichtet worden waren und für welche Verbrechen wohl deren Kinder mit ihrem Leben bezahlt hatten.

Ob das etwa die neue, gerechte und humane Welt sei, für die so viele Kommunisten ihr Leben hergegeben hätten?

»Am nächsten Morgen auf dem Weg zur Schule hat ihn ein Laster an einer Mauer zerquetscht«, sagte Fikrie. »Ein Laster der örtlichen LPG«, fügte sie hinzu. »Möglicherweise war es ein Unfall, möglicherweise einer der

Morde im Namen des Volkes, die in jenen Jahren in Bulgarien zum Alltag gehörten«, schloss Fikrie ab.

Die Wahrheit über Bontschos Tod werde ich wahrscheinlich nie erfahren, dachte ich auf dem Weg nach Hause. Ebenso wenig werde ich erfahren, wie es sich für meine Großmutter Yovka angefühlt haben musste, kurz nachdem sie ihren Mann an den Krebs verloren hatte, auch noch ihren ältesten Sohn zu verlieren. Was hat sie gemacht, als sie die grausame Nachricht erhielt? Ist sie ohnmächtig geworden? Ist sie auf die Knie gesunken? Hat sie sich auf den Boden geworfen, sich die Kleider vom Leib gerissen? Hat sie gebrüllt, sich die Haare gerauft, ihren Kopf gegen die Wand geschlagen? Hat sie die Heilige-Mutter-Gottes-Ikone, vor der in ihrem Haus stets ein Licht gebrannt haben soll, zertreten und den dicken Baby-Gott in ihren Armen mit Flüchen überschüttet? Hat sie sich von diesem Gott voller Zorn abgewendet, weil er samt seiner scheinheiligen Mutter zuließ, dass anderen Müttern die Söhne wegstarben? Wie sah das Leben dieser Großmutter danach aus? Hat sie nur noch geweint? Hat sie sich in Arbeit gestürzt, oder lag sie tagelang apathisch im Bett? Hat sie ihre anderen Söhne trösten können oder hat sie ihnen die Schuld gegeben, dass Bontscho gestorben ist und sie noch am Leben waren? Diese Schuld werden die Söhne so oder so empfunden haben. Wie fühlt sich das Leben mit einer solchen Schuld an?
Meine Großmutter ist tot, Vater ist tot, Onkel Peters Herz ist für die Wahrheit zu schwach. Auf meine zu spät gestellten Fragen wird es wahrscheinlich keine Antwort geben. Bleiben wird die Erinnerung an Vaters düste-

res, in Zigarettenrauch gehülltes Schweigen, wenn es um seine Familie ging. An die Heldentaten, die er vollbrachte, um zu beweisen, dass er – trotz aller Toten in seiner Familie – ein Recht auf Leben hatte. An seine Wut, die unweigerlich ausbrach, wenn Onkel Peter kam und seine Vergesslichkeit mitbrachte. Onkel Peters Vergesslichkeit – ein einziger Versuch vielleicht, den unerträglichen Schmerz zu betäuben, der die Herzen von zwei Jungs in Stücke gerissen hat.

Baltschik, achtziger Jahre

Ein Jahr später wurde Vater wie aus heiterem Himmel rehabilitiert. Eine Delegation aus der Kreisstadt traf ein, Vater wurde ins Parteihaus bestellt. Er habe sich in der Zeit seiner Strafe vorbildlich benommen, teilte man ihm dort mit. Deshalb sei die Zeit der Strafe nun um. Das Krankenhaus befinde sich in einem desolaten Zustand, eröffnete man ihm des Weiteren. Die Partei wünsche, dass Vater in die Chirurgie zurückkehre, darüber hinaus den Chefarztposten übernehme und die Dinge im Krankenhaus wieder richte.

»In die Chirurgie zurück will ich«, entfuhr es Vater. »Den Chefarztposten will ich nicht.«

Es sei nicht ratsam, die Partei ein zweites Mal zu provozieren, warnte man ihn. Es sei ratsam, Loyalität zu beweisen.

»Gut«, sagte Vater dann einer spontanen Eingebung folgend. »Ich übernehme die Leitung des Krankenhauses. Allerdings unter einer Bedingung.«

»Und die wäre?« Fünf Paar dunkle Augenbrauen schossen in die Höhe.

»Das Haus, in dem ich jetzt wohne, gehört der Partei«, erläuterte Vater. »Ich will die Genehmigung, dieses Haus zu kaufen. Einen günstigen Kredit bei der staatlichen Sparkasse will ich auch. Ihr wollt mit mir ins Geschäft kommen? Das sind meine Bedingungen.«

Man schickte Vater nach Hause. Man wolle sich beratschlagen und in ein paar Tagen antworten.

»Bist du von allen guten Geistern verlassen?«, rief Mutter, als sie von der Geschichte hörte. »Meinst du, sie werden es dulden, dass du so mit ihnen umspringst? Was glaubst du, wofür sie ein paar Tage brauchen? Um deine Deportation vorzubereiten, du Kindskopf. Ein Platz im Arbeitslager ist dir jetzt sicher. An uns hast du natürlich keinen Gedanken verschwendet. Nur dein Ego hast du im Blick gehabt, wie immer. Dein verfluchtes Ego ist dir das Allerwichtigste, nicht wahr?«

»Das Haus will ich nicht für mein Ego kaufen«, erwiderte Vater. »Das Haus will ich für meine Familie.«

»Du glaubst doch nicht im Ernst, dass sie dir ausgerechnet das schönste Haus der Stadt verkaufen. Warum sollten sie es tun?«

»Weil sie keine andere Wahl haben«, erläuterte Vater seelenruhig. »Sie stehen mit dem Rücken an der Wand. In der Deutschen Welle habe ich gehört, Bulgarien sei wirtschaftlich am Ende. Bald wird das Ganze zusammenbrechen. Genosse Schiwkow weiß das natürlich am besten und versucht, sich in Aktionismus zu retten. Er will das Land bereisen und sich die Realität des reifen Sozialismus mit eigenen Augen ansehen. Nach Baltschik will er auch kommen. Wenn er das Krankenhaus in diesem desolaten Zustand sieht, werden Köpfe rollen. Auch in der Kreisstadt. Das wissen die Genossen, deshalb brauchen sie mich. Ich soll das Krankenhaus wieder auf Vordermann bringen. Billig bin ich aber nicht zu haben. Dafür müssen sie das Haus rausrücken.«

Ein paar Tage später wurde Vater wieder ins Parteihaus zitiert. Dort unterschrieb er zwei Verträge. Mit dem einen verpflichtete er sich, das Krankenhaus sieben Jahre lang zu leiten. Mit dem anderen erwarb er das schönste Haus von Baltschik, dessen Fenster alle aufs Meer schauten.

14
Türkische Serien und Hitlers Winter

Das Schild an der Tür meines Elternhauses hing schief.
Ich kniff die Augen zusammen. »Familie Doktor Atanassov«, las ich mit geneigtem Kopf. »Chirurg«, las ich
weiter, griff nach dem Schild, doch bevor ich es gerade-
rücken konnte, wurde die Tür schwungvoll geöffnet und
eine zornige Oma Denka baute sich vor mir auf.

»Spar dir die Mühe«, wetterte sie. »Das Schild hängt
schief. Und der Haussegen – noch schiefer. Gerade-
rücken kann man hier nichts mehr. Vergiss es!«

»Was um Himmels willen ist so Schlimmes passiert?«

»Was so Schlimmes passiert ist? Von alleine ist nichts
passiert, meine Liebe. Frag dich lieber, was *du* Schlimmes getan hast!«

»Was habe ich also Schlimmes getan? Oder soll ich lieber
fragen: Was habe ich *dir* Schlimmes getan?«

»Mir?« Omas Augen schlugen Blitze. »Dir selbst hast du
etwas getan. Und das ist wesentlich schlimmer. Mein
Leben ist vorbei. Deins allerdings liegt noch vor dir, und
du bist auf dem besten Weg, es zu ruinieren. Wie soll ich
jetzt in Ruhe sterben?«

»Sterben?«, tönte Mutter im Hintergrund. »Wer spricht
hier vom Sterben und vor allem, warum? Dafür gibt es
nicht den geringsten Grund.«

»Einen Grund dafür gibt es schon, meine Teuerste«, ent-
gegnete Oma. »Ihn allerdings kenne ich ganz allein.
Aber Schwamm drüber. Du hast jetzt andere Sorgen.
Kümmere dich lieber um die gelungene Überraschung

deiner Tochter. Pflück die Früchte deiner Erziehung. Wie oft habe ich euch gesagt: Du und dein Mann, ihr erzieht dieses Mädchen nicht. Nur eure Kranken habt ihr im Kopf. Nun erntest du, was du gesät hast.«

»Mit der Ernte bin ich durchaus zufrieden«, flötete Mutter weiterhin bester Dinge. »Jeder ist seines Glückes Schmied, um eine deiner geschätzten Weisheiten zu bemühen. Ich glaube, meine Tochter ist gerade dabei, ihr Glück selbst zu schmieden. Allerdings nicht das Glück, das *du* für sie vorgesehen hast. Deshalb verbreitest du Untergangsstimmung.«

»Was ist hier eigentlich los?«, rief ich. »Darf ich euch daran erinnern, dass ich inzwischen erwachsen bin und bei dieser seltsamen Unterhaltung durchaus anwesend?«

»Erwachsen bist du noch lange nicht«, schnitt Oma mir das Wort ab. »Mit Alter hat diese Sache nichts zu tun. Guck dir deine Mutter an. Im Pass – weit über sechzig, im Kopf – pubertär. Und anwesend? Anwesend bist du in der Tat. Leider Gottes nicht allein. Du hast Besuch bekommen.«

Ich begab mich ins Wohnzimmer und erstarrte.

Auf der Couch, mit einem bulgarischen Reiseführer auf dem Schoß, saß Robin.

»Du hast Besuch bekommen«, wiederholte Mutter überflüssigerweise, knetete verlegen ihre Finger und strahlte, als hätte man sie angeknipst.

Ich rührte mich nicht vom Fleck.

»Deine Wiedersehensfreude hält sich wahrlich in Grenzen«, sagte Robin, richtete sich auf und breitete die Arme aus.

Ich warf mich hinein. »Was um Himmels willen hast du hier verloren?«

»Dich, was sonst?«, sprach Robin in meine Haare. »Meinst du, ich lasse mich mit feigen Zetteln abspeisen? Meinst du, ich lasse dich ein weiteres Mal gehen? Ich bin manchmal unentschlossen, aber kein Idiot.«

»Wie hast du mich überhaupt gefunden?«, fragte ich in meiner Verwirrung auf Bulgarisch.

»Der ehemalige Parteisekretär hat ihn vorbeigebracht«, erwiderte Mutter. »Dieser Robin hat ihn auf der Straße angehalten und gefragt, wo dein Elternhaus ist. Der Parteisekretär hat auf Anhieb verstanden. Dass der Deutsche ausgerechnet ihn um Hilfe gebeten habe, sei kein Zufall gewesen, meinte er. Ein Wink des Schicksals sei es gewesen. Mit dem Berufsverbot deines Vaters habe er schwere Schuld auf sich geladen. Nun habe er die Chance, etwas wiedergutzumachen. Nun könne er Doktor Atanassovs Tochter zu ihrem Glück verhelfen.«

»Ihr Glück hat Doktor Atanassovs Tochter bereits gefunden«, krähte Oma Denka im Hintergrund. »Sie ist bereits verheiratet, wenn ich alle Beteiligten daran erinnern darf. Der Parteisekretär ist dabei, die Last seiner Schuld noch schwerer zu machen. Wie kommt er darauf, dass dieser Deutsche Glück bringt?«

»Er hat es gespürt, und ich spüre es auch«, entgegnete Mutter.

»Dann wollen wir mal sehen, wohin euer so genanntes *Spüren* führt«, wetterte Oma. »Ich wette, direkt ins Verderben. Meine Enkelin setzt ihre Ehe aufs Spiel für jemanden, den keiner kennt. Nicht mal sie selbst. Sie hat diesen Mann drei Mal gesehen. Das hat er uns gerade radebrechend erklärt. Von Liebe hat er gequasselt, der Spinner. Liebe! Dass ich nicht lache. Ich bin doch nicht seit gestern auf der Welt. Heute verlässt er seine Frau, morgen ist meine Enkelin dran. Solche Kerle suchen keine Beziehung, die Jagd allein interessiert sie. Dieser Luftikus wird meine Enkelin nie heiraten. Dann wird Madame Dickschädel in Bulgarien landen, ohne Mann, ohne Job, ohne Geld. Dabei lebt sie bereits in Deutschland. Verheiratet und wohlsituiert. Halb Bulgarien würde morden, um in ihre Lage zu kommen, sie jedoch schmeißt alles aus dem Fenster. Einen solchen Leichtsinn verzeiht das Schicksal nicht. Eine *Tragödie* bahnt sich an. Das ist es, was *ich* spüre.«

»Deiner Großmutter gefällt es nicht, dass ich hier bin, nicht wahr?«, bemerkte Robin, als wir etwas später am winterlichen Meer entlangliefen. »Sie hat wohl Angst um dich.«
»Alle Achtung. Dein Bulgarisch wird immer besser.«
»Man braucht kein Bulgarisch, um deine Großmutter zu verstehen. Wärst du meine Enkelin, würde ich wahrscheinlich ähnlich fühlen.«
»Glaube ich dir aufs Wort. Schließlich hast du dich damals in Berlin ganz im Sinne meiner Großmutter verhalten. Ein vorbildlicher Ehemann. Deine Familie hat dich gebraucht, und du hast uns sofort aufgegeben. Schade, dass es meine Großmutter nicht erfahren hat. Sie hätte dich auf der Stelle adoptiert.«
Robins Gesicht verfinsterte sich. »Nach dem Unfall hing das Leben meiner Kinder am seidenen Faden. Wie hätte ich mich da auf eine neue Liebe einlassen können?«
»Warum bist du jetzt hier? Unsere Liebe würde das Unglück unserer Kinder bedeuten, auch ohne dass sie in Lebensgefahr schweben. Wie willst du damit leben?«
»Ich weiß es nicht«, sagte Robin. »Was ich allerdings

weiß: Ohne Liebe will ich nicht mehr leben. Deshalb bin ich hier. Ohne Liebe sind auch Kinder unglücklich.«

»Kinder brauchen ihre Eltern«, sagte ich. »Ihre beiden Eltern.«

»Kinder brauchen Eltern, die sich lieben«, erwiderte Robin. »Kinder spüren, wenn die Liebe fehlt, und entwickeln sich nicht gut.«

Ich schwieg und schaute einem schwarzen Wasserhuhn nach, das sich immer wieder ins eisige Bleiwasser versenkte, unerschrocken der Hoffnung hinterhertauchend, dort etwas Wohltuendes zu entdecken.

»Liebst du deinen Mann noch?«, fragte Robin.

»Ich weiß es nicht«, sagte ich beklommen. »Ich weiß momentan nichts mehr. Seit mein Vater tot ist, ist mir mein Leben völlig entglitten.«

Eine Weile schwiegen wir.

»Es wirkt so, als würdest du pendeln, zwischen deinem alten und einem neuen Leben«, sagte Robin irgendwann. »Das alte Leben erträgst du nicht mehr, vor einem neuen Leben hast du Angst. Du hast Angst, etwas zu verändern.«

»So, Mister Neunmalschlau?«, rief ich. »Du weißt also, wie es in meinem Inneren aussieht, besser als ich selbst? Lehnst du dich nicht ein bisschen zu weit aus dem Fenster? Selbst wenn es so sein sollte, wie du sagst: Hätte ich nicht ein Recht auf meine Ängste? Deine eigenen hast du damals in Berlin nach Herzenslust ausgelebt, stimmt's? Oder hast du etwa auf dein Herz gehört?«

»In Berlin habe ich auf meine Angst gehört und danach gehandelt. Im Unterschied zu dir. Du handelst nicht. Du leidest und du hältst es aus. Dazu gehört auch Mut. Eine andere Sorte Mut. Manchmal bedeutet Mut Handeln. Manchmal bedeutet es, auszuhalten, bis sich die Dinge im Inneren klären. Wer schnell handelt, spürt keine Angst. Du hingegen stellst dich der Angst. Du gibst den Dingen die Zeit, die sie brauchen. Du hast Zeit. Ich werde warten.«

Ich kehrte in mein Elternhaus zurück, rückte das Schild an der Tür gerade und begab mich ins Wohnzimmer.

Wir hatten Besuch. Genau genommen, Oma Denka hatte Besuch.

In einem hellblauen Hausmantel, mit rosafarbenen Lockenwicklern in den Haaren saß sie inmitten einer Frauengruppe, die in einer ähnlich häuslichen Aufmachung auf den Fernseher starrte, wo sich zwei Herren in Anzügen prügelten. Eine dunkelhaarige Schönheit schrie im Hintergrund um Hilfe.

»Guck, guck, guck«, rief Oma in Richtung Mutter, die etwas abseits in einen Gobelin vertieft saß und das Geschehen auf dem Bildschirm ignorierte. »Lass das blöde Sticken und guck mit. Da spielt sich das wahre Leben ab!«

Omas Zeigefinger vollzog einen Bogen und blieb am Bildschirm heften. »Mustafa hat keine Vorderzähne mehr«, fuhr sie fort und ihre Lockenwickler zitterten vor Erregung. »Lütfi hat sie ihm ausgeschlagen. Mit einem einzigen Schlag. Guck, wie das Blut das weiße Hemd ruiniert. Schade um das gute Stück. War bestimmt nicht billig. Lütfi und Mustafa sind nämlich Banker. Steinreich, kultiviert, aber leider tief gefallen. Prügeln sich wie Steinzeitmenschen. Wegen der Schlampe da. Mit der großen Oberweite. Das männliche Geschlecht ist primitiv, nicht wahr?«

Die Lockenwickler der Besucherinnen wackelten zustimmend.

»Primitiv sind die Filme, die du täglich guckst«, warf Mutter trocken ein.

»Was sind das für Filme?«, erkundigte ich mich.

»Türkische Serien.« Mutters Stimme bekam eine abfällige Tonlage. »Fester Bestandteil der postkommunistischen bulgarischen Kultur. Um nicht zu sagen, ihr einziger Bestandteil. Seit der Wende gibt es in Bulgarien nämlich keine andere Kultur mehr. Unseren Kulturschaffenden fehlen sowohl Zeit als auch Nerven. Der Existenzkampf schluckt sie alle. Deshalb importieren wir Kultur aus der Türkei. Ähnlich wie Brot, Tomaten und gefälschte Jeans. Mit einem Unterschied: Für Tomaten, Brot und gefälschte Jeans bezahlen wir, die Serien bekommen wir kostenlos. Momentan laufen fünf davon. Deine Großmutter verfolgt sie alle. Und schreibt die Handlungsstränge auf, damit sie nicht durcheinanderkommt. Siehst du das Heftchen da? Ihr fünftes. Die Türken sind nämlich äußerst produktiv. Heute zum Beispiel läuft *Jung, reich, schön und vom Schicksal geschlagen*. Folge eintausend. Zur Feier des Tages hat deine Großmutter die Nachbarinnen eingeladen.«

»Gehören Lockenwickler auch zu der bulgarischen Kultur im Postkommunismus?«, erkundigte ich mich.

»Höre ich da etwa Überheblichkeit heraus, junge Frau?«, schwang sich Mutters Stimme drohend in die Höhe. »Du denkst wohl, ihr am Nordpol habt die Zivilisation mit Löffeln gefressen. In deinem Deutschland besucht man sich dreimal im Jahr, nicht wahr? Wenn's hochkommt. Und dafür wirft man sich in Schale. Weil es etwas Besonderes ist. Und weil der Schein wichtiger ist als die Beziehung. Hier in Bulgarien ist es anders. Gott sei Dank auch im Postkommunismus. Die Menschen besuchen sich täglich. Sie teilen ihren Alltag. Auch die Zeiten, in denen sie Lockenwickler tragen.«

Die Herren auf dem Bildschirm erstarrten inmitten der Prügelei. Die Stimme einer orientalischen Sängerin verkündete Unheil im Allgemeinen und das Ende der Folge eintausend im Konkreten. Oma Denkas Besucherinnen ließen sich erschöpft in die Sofakissen fallen.

»Immer an der spannendsten Stelle aufhören«, schimpfte Oma. »Typisch Kapitalismus. Macht immer Hunger auf mehr. Mehr Jeans, mehr Schokolade, mehr Fernsehfolgen. Das Prinzip ‚Immer mehr‘ ist wichtiger als der Inhalt. Im Sozialismus war alles anders. Auch die Filme dauerten länger. So lange nämlich, bis die *tiefere* Botschaft an die Oberfläche kam und von *allen* verstanden wurde.«

Mutter, die gerade ein Tablett mit Mokkatassen aus der Küche brachte, lachte schallend auf.

»Jetzt verstehe ich!«, rief sie und stellte das Tablett ab. »Jetzt verstehe ich, warum ihr Tag für Tag vor der Glotze hockt mit ausgestreckten Hälsen wie hungrige Gänse. Ihr wartet, dass die *tiefere Botschaft* an die Oberfläche kommt, stimmt's?«

»Dass es hier keine tiefere Botschaft gibt, wissen wir auch ohne deine scharfsinnigen Beobachtungen«, konterte Oma. »Trotzdem gucken wir nicht, um Zeit totzuschlagen. Wir gucken, um uns zu bilden.«

»Und wie genau bilden euch Kitsch und Stumpfsinn?«, erkundigte sich Mutter.

»Türkische Serien informieren über Beziehungen und Alltagskultur in der Türkei«, schaltete sich eine Nachbarin ein. »Für Reisen dahin fehlt uns das Geld. Deshalb gucken wir Serien.«

»Und es gibt doch eine tiefere Botschaft«, warf Oma ein. »Genauer gesagt eine Mission. Türkische Serien wirken einem historischen Hass entgegen. Die Türken hassen wir nämlich. Schließlich haben sie uns im Mittelalter fünf Jahrhunderte lang geschlachtet.«

»Die Osmanen, nicht die Türken«, korrigierte ich. »Und ob sie uns tatsächlich so geschlachtet haben, wie es in den kommunistischen Geschichtsbüchern steht, wäre die Frage. Uns Bulgaren gibt es noch, samt Sprache, Religion und Kultur. Hätten es die Osmanen ernsthaft gewollt, hätten sie uns komplett ausrotten können. Schließlich waren wir fünf Jahrhunderte Teil ihres Reiches.«

»Wie dem auch sei«, winkte Oma ab. »Gegen die Türken haben wir nichts mehr. Seitdem wir ihre Serien gucken, fühlen wir uns ihnen sehr nah.«

»Die Türken sind uns nicht nur nah«, pflichtete ihr eine zweite Nachbarin bei. »Sie sehen auch gut aus. Sie sind hervorragend frisiert, tragen hübsche Kleider und die Fußböden ihrer Häuser funkeln wie Edelsteine. Deshalb gucken wir ihre Serien. Aus ästhetischen Gründen. Wie sollen wir sonst unsere hässliche bulgarische Realität ertragen? Und außerdem: Die Türken wissen noch, wo es im Leben langgeht. Sie haben noch *Werte*. Und was haben wir Bulgaren? Sittenverfall, Armut und Chaos. Die alten Werte gelten nicht mehr, neue haben wir noch nicht. Deshalb gucken wir türkische Serien und sticken Gobelins. Die Serien für Orientierung, die Gobelins für die Nerven.«

Die anderen Nachbarinnen wackelten zustimmend mit den Lockenwicklern und ergriffen synchron ihre Tassen.

»Auf die türkischen Filme, Werte, Frisuren und Fußböden«, prosteten sie, schlossen die Augen, spitzten die
Lippen und schlürften andächtig den Mokka – das süße,
heiße, wohltuende Erbe des osmanischen Jochs im Mittelalter.

»Ist der Deutsche nun weg?«, erkundigte sich Oma,
nachdem der Mokka ausgetrunken, alle Mutmaßungen
über den Verlauf der Folge Nummer eintausendundeins
ausgetauscht und alle Nachbarinnen überschwänglich
verabschiedet worden waren.
»Der Deutsche heißt übrigens Robin«, erwiderte ich.
»Und nein, er ist nicht weg. Er ist in sein Hotelzimmer
gegangen. Nach dem warmherzigen Empfang in meinem Elternhaus hat er beschlossen, in einem Hotel zu
übernachten, bevor er morgen nach Sofia fliegt. Gast-
freundschaft scheint kein Bestandteil postkommunis-
tischer bulgarischer Kultur zu sein.«
»Das hätte uns gerade noch gefehlt«, erwiderte Oma.
»Dass dieser Deutsche in unserem Haus auch noch über-
nachtet. Und in welcher Rolle, bitte schön? Als Liebhaber
meiner verheirateten Enkelin? Was hätten die Nachbarinnen dazu gesagt?«
»Geht es die Nachbarinnen etwas an, wer bei uns über-
nachtet?«, erkundigte ich mich.
»Durchaus, meine Teuerste«, keifte Oma. »Schließlich
leben wir nicht in der Wüste, sondern in einem sozialen
Gefüge, in dem es – postkommunistische Zügellosigkeit
hin oder her – Regeln gibt. Und eine davon besagt: Im
Elternhaus einer verheirateten Frau darf nur ihr Ehemann übernachten. Punkt. Und wie sieht es bei uns
aus? Der Ehemann lässt sich nicht blicken, der Lieb-

haber hingegen geht ein und aus. Wäre dein Vater noch am Leben, hätte er solche Zustände niemals geduldet. Er hätte dir den knochigen Hintern versohlt, dich an den unfrisierten Haaren gepackt und zu deinem Ehemann geschleift.«

»Jetzt mach mal halblang.« Mutter sprang auf und ließ ihren Gobelin fallen. »Lass das Mädchen in Ruhe und die Toten aus dem Spiel. Was ist in letzter Zeit in dich gefahren? Wie eine wütende Wespe flitzt du durchs Haus und stichst jeden, der dir über den Weg läuft. Nachts schläfst du nicht, geisterst herum, kratzt deinen Hals blutig, stöhnst, fluchst, raufst dir die Haare, machst uns alle verrückt. Geh endlich zum Arzt und lass den verdammten Ausschlag angucken. Kümmere dich endlich um dich selbst, und lass uns alle in Frieden!«

»So? Ich soll mich um mich selbst kümmern?«, schrie Oma. »Während meine Enkelin dabei ist, ihr Leben zu ruinieren? Ist mir meine Enkelin etwa egal? Habe ich etwa ein kaltes Herz?«

»Tu nicht so altruistisch«, sagte Mutter kühl. »Du hast Angst, deinen Ausschlag untersuchen zu lassen. Das ist dein Problem, nicht deine Enkelin.«

»Meine verheiratete Enkelin hat einen deutschen Liebhaber, der sich auch noch erdreistet, unser Haus zu betreten«, schrie Oma. »Und das soll kein Problem sein? Ich frage noch einmal: Was hätten die Nachbarinnen gedacht, wenn sie ihn gesehen hätten? Dass wir in einem Bordell leben?«

»Was hätte der Deutsche gedacht, wenn er die Nachbarinnen gesehen hätte?«, schoss Mutter zurück. »Dass wir in einem Friseursalon leben? So viele Lockenwickler hat er in seinem ganzen Leben nicht gesehen.«

»Der Freund deiner Tochter?«, äffte Oma sie nach. »So weit sind wir schon? Du gibst dem Deutschen einen Status? Du *legitimierst* ihn? Du magst diesen Deutschen, nicht wahr? Warum in Gottes Namen?«

»Sein Blick gefällt mir«, sprudelte es aus Mutter heraus. »Er guckt so unschuldig.«

»Prima«, fauchte Oma. »Meine Enkelin steuert auf eine Tragödie zu, und ihre eigene Mutter hilft ihr dabei. Beste Verhältnisse. Bald wird meine Enkelin bei ihrer Mutter landen: ohne Geld, ohne Mann, ohne Kind.«

»Ohne Kind?«, schaltete ich mich ein. »Wir leben doch nicht in einer deiner türkischen Serien. Wir leben in Europa, wo die Rechte der Frauen geschützt sind. Niemand kann mir das Kind wegnehmen.«

»Ah ja?«, wetterte Oma. »Werfen wir mal einen nüchternen Blick auf deine Lage. Ausländische Ehefrauen haben in Deutschland keine Arbeitserlaubnis, hast *du* uns erzählt. Drei Jahre lang nicht. Zugang zum berühmten deutschen Sozialsystem haben sie auch nicht. Das heißt, ausländische Frauen sind in Deutschland auf Gedeih und Verderb ihren Ehemännern ausgeliefert. Und das soll dein frauenfreundliches Europa sein? In meinen türkischen Serien sind die Rechte der Frauen wesentlich besser geschützt. Aber zurück zu deiner aussichtsreichen Lage: In Bremen arbeitest du zwar, aber illegal, wie ich verstanden habe. Du arbeitest, weil dein Arbeitgeber nicht auf die Idee kommt, nach deiner Arbeitserlaubnis zu fragen. Ein bulgarischer Scheidungsrichter jedoch wird auf diese Idee kommen. Und was willst du ihm dann sagen? Was deine Schwiegermutter sagen wird, weiß ich jetzt schon. Sie wird ihre Stelle an der Hochschule aufgeben und sich um Sophie kümmern. Leben wird sie von dem Geld, das ihr Sohn aus Deutschland schickt.«

»Dummes Zeug«, fiel ihr Mutter ins Wort. »Hirngespinste deiner Angst. Unser Bedarf an Horrorgeschichten ist für heute gedeckt. Wir gehen jetzt ins Bett und morgen früh zum Arzt. Dann wirst du dich hoffentlich deiner eigentlichen Angst stellen. Meine Tochter wird ihren Weg finden. Da bin ich mir sicher.«

Als ich am nächsten Morgen das Wohnzimmer betrat, saß Mutter gebeugt über ihrem Gobelin.

»Wolltet ihr nicht längst beim Arzt sein?«, fragte ich und goss mir Mokka ein.

»Davor braucht deine Großmutter eine Henkersmahlzeit und ich meine morgendliche Meditation in Form dieses Gobelins«, sagte Mutter und hielt mir eine winterliche Landschaft entgegen.

»Hitlers Winter«, verkündete sie. »Ein neues Motiv auf dem bulgarischen Markt. Schau dir diese prächtige Farbgebung an. Euer Hitler hatte Talent.«

Ich verschluckte mich am Kaffee.

»Du meinst also tatsächlich Adolf Hitler«, brachte ich mühsam heraus. »Du nennst ihn euer Hitler und bewunderst sein künstlerisches Talent?«

Mutter nickte.

»Ob es dir gefällt oder nicht: Hitler war nun mal ein Deutscher. Und was seine Bilder angeht: Er konnte halt malen. Das wussten wir im Kommunismus nicht.«

»Diese Bildungslücke habt ihr offenbar rasch gefüllt.«

»Eine Errungenschaft der Wende«, erläuterte Mutter. »Im Unterschied zu früher schreibt uns heute keiner mehr vor, wie wir diese oder jene historische Persönlichkeit zu bewerten haben. Jetzt können wir *eigenständig* urteilen. Wir haben uns von ideologischen Schranken *befreit*.«

»Und ihr habt euch dermaßen befreit, dass ihr Hitler jetzt als Künstler seht?«

»Auf jeden Fall sehen wir ihn nicht nur als Monster. Dieses Bild zum Beispiel hat er gemalt, bevor die Deutschen in Russland einmarschiert sind. Weil er Angst hatte, Angst vor dem russischen Winter. Mit anderen Worten: Auch Hitler war ein Mensch. Auch er hatte Gefühle.«

»Mir kommen die Tränen«, erwiderte ich. »Hitlers Winter und türkische Serien. Wenn das die geistigen Errungenschaften der Wende sind, bin ich für die sofortige Rückkehr des Kommunismus. Langsam beschleicht mich der Verdacht, dass manche Völker keine Demokratie vertragen. Dafür sind sie zu dumm.«

»Schon wieder deine arrogante Großklappe«, brauste Mutter auf. »Wir Bulgaren sticken vielleicht Hitlers Bilder. Die Deutschen jedoch haben Hitler *hervorgebracht*. Sie haben ihn der Welt *geschenkt*. Und sie sollen ›demokratietauglicher‹ sein als wir Bulgaren?«

»Hitler war kein Künstler, sondern ein Mörder, Punkt«, meldete sich Oma Denka zu Wort, die aus der Küche mit einem Frühstückstablett gekommen war. »Das haben wir im Kommunismus so gesehen, und das ist die einzig richtige Sichtweise. Jemand, der Menschen zu Seife macht, ist kein Künstler. Künstler schaffen Kunst. Kunst ist die Essenz des Lebens. Hitler hat gemordet, also Leben vernichtet. Deshalb kann er kein Künstler sein. Punkt.«

»Kommen diese pointierten Gedanken in deinen türkischen Serien vor?«, erkundigte ich mich. »Und was das

Morden angeht: Es war nicht Hitler allein, der in diesen Zeiten gemordet hat. Ein paar deiner Gleichgesinnten haben es auch getan. Und es hat lange gedauert, bis jemand einen Punkt gemacht hat.«

»Fängst du als Nächstes an, Stalin mit Hitler zu vergleichen?«, rief Oma. »Dann steige ich aus. Das ist kein Gespräch mehr, sondern einer deiner ständigen Versuche, Streit anzuzetteln.«

»Ich war gestern in Onkel Peters Haus«, sagte ich und betonte jedes Wort.

»Onkel Peter hat nicht alle Tassen im Schrank«, warf Oma schnell ein. »Was er dir auch immer erzählt hat: Es stimmt nicht.«

»Ich habe mit Fikrie gesprochen und mit meiner ehemaligen Kunstlehrerin«, fuhr ich fort.

In Omas Blick blitzte Unruhe auf.

»Deine ehemalige Kunstlehrerin hat auch einen an der Waffel. Und einen moralisch fragwürdigen Lebenswandel obendrauf. Und was Fikrie angeht: Die Alte lügt wie gedruckt. Den ganzen Tag macht sie nichts anderes als lügen. Mittlerweile glaubt sie ihren Lügen auch selbst. Die Wahrheit also kannst du in Onkel Peters Haus unmöglich erfahren haben.«

»Vaters Familie ist fast vollständig ausgerottet worden, und zwar von deinen geschätzten Kommunisten. Das habe ich gestern in Onkel Peters Haus erfahren. Ist es etwa nicht die Wahrheit?«

»Du hast gestern mit ein paar Knalltüten und gescheiterten Existenzen gesprochen«, redete Oma ohne aufzublicken. »Haben dir deine Informanten etwa nicht erzählt, wofür deine Großonkel ihre Todesurteile bekamen? Wie viele Partisanen haben sie liquidiert? Wie viele ihrer Helfer haben sie gefoltert? Wie viele Familienmitglieder? Die Onkel deines Vaters gehörten zu den bulgarischen Faschisten. Und die waren weiß Gott nicht zimperlich.«

»Nicht alle Onkel meines Vaters waren Faschisten«, erwiderte ich. »Einer war Kulturminister in einer faschistischen Regierung. Ja. Ein anderer Chefredakteur einer faschistischen Zeitung. Ja. Der Rest jedoch hatte mit Politik nichts zu tun. Es waren Schuldirektoren, Ärzte und Bankleute. Ja, zum Weltproletariat gehörten sie nicht. Ist das ein Grund, sie zu liquidieren?«

»Nicht alle deine Großonkel sind liquidiert worden«, erwiderte Oma.

»Stimmt«, sagte ich. »Einige sind in Arbeitslagern zugrunde gegangen. Das ist wesentlich besser.«

Oma knallte Schälchen mit Oliven, Schafskäse und Tomaten auf den Tisch.

»Dein Großvater und ich, wir wussten nicht alles, was in jenen Jahren geschah, verdammt!«, schrie sie. »Und außerdem: Es waren andere Zeiten. Kurz davor hat ein Krieg gewütet. Im Krieg gehört Morden zur Normalität. Muss ich dir das erklären? Und noch etwas: Die bulgarischen Faschisten haben als Erste gemordet. Jeden, der ihnen nicht gepasst hat, haben sie liquidiert. Die Kommunisten haben im Kampf für eine bessere Welt gemordet.«

»Morden ist sicherlich der kürzeste Weg zu einer besseren Welt«, entgegnete ich. »Die Faschisten übrigens haben auch für eine bessere Welt gemordet. Aus ihrer eigenen Sicht. Wo ist da der Unterschied?«

»Wie kannst du Hitlers judenfreie, arische Welt mit der Idee einer gerechten, humanen Welt vergleichen, in der jeder einen Platz hat, der ihm gebührt?«, brüllte Oma.

»Die Methoden sind ähnlich«, erwiderte ich. »Die Methoden, mit denen Faschisten und Kommunisten versuchten, ihre Ideen umzusetzen. Und was den Sozialismus angeht – das war keine Idee an sich, sondern ein Konzept für eine Gesellschaftsordnung. Und wo auf der Welt hat diese Idee bitte funktioniert? In ihrem Namen sind überall Diktaturen entstanden. Und das Volk, in dessen Namen alles geschah, hat in Armut gelebt. Gleiche Armut für alle. Die gleiche Partei für alle. Die gleichen Gedanken für alle. Andernfalls droht der politische Knast. Oder das Arbeitslager. Oder der Tod. Das ist die Realität deiner geschätzten Idee gewesen. Und außerdem lass dir gesagt sein: Die sozialistischen Staaten sind pleite. Die Idee des Sozialismus ist wirtschaftlich gescheitert. Kein Wunder, Kreativität hat im Kommunismus nicht gezählt, Qualifikation hat nicht gezählt. Parteitreue allein bringt leider keinen Fortschritt.«

»Ist deine Demokratie etwa fortschrittlicher?«, schrie Oma. »Leben die Bulgaren heute besser als im Kommunismus?«

»Was wir in Bulgarien momentan haben, ist noch keine Demokratie«, mischte sich Mutter ein. »Wir erleben die Folgen von fünfzig Jahren Kommunismus. Sie müssen erstmal bewältigt werden. Dann haben wir Demokratie. Eventuell. Irgendwann. Und jetzt hört bitte mit dieser völlig nutzlosen Debatte auf. Lasst uns frühstücken und dann zum Arzt gehen. Das ist momentan unsere Realität.«

»Debatten über Politik waren nicht mein Anliegen«, sagte ich. »Mir brennt eine andere Frage auf der Seele.«

Mutter und Oma hoben synchron die Augenbrauen.

»Bontscho, Vaters ältester Bruder, ist kurz nach Kriegsende von einem LKW überfahren worden«, sagte ich.

»Ein tragischer Unfall«, warf Mutter schnell ein.

»Ein seltsamer Unfall«, entgegnete ich. »Ein Unfall auf einer Straße, die für Fahrzeuge gesperrt war.«

»Ah«, winkte Oma ab. »Wie viele Fahrzeuge gab es damals in einer Stadt wie Baltschik? Wie viele Verkehrsregeln? Und wen haben sie interessiert?«

»In der Tat«, sagte ich. »Es gab damals so wenige Fahrzeuge in Baltschik, dass jedes einzelne auffiel. Auch der LKW, der meinen Onkel tötete.«

»Worauf willst du hinaus?«, fragte Oma misstrauisch.

»Der LKW, der Bontscho überfahren hat, gehörte der örtlichen LPG, dessen Vorsitzender mein Großvater war.«

»Und?« Oma kratzte sich heftig am Dekolleté. »Willst du deinen Großvater auch für unfähige Fahrer verantwortlich machen?«

»Das ist ja die Frage, die mir auf der Seele brennt: War der Fahrer tatsächlich unfähig oder hatte er einen Auftrag? Der seltsame Unfall passierte, unmittelbar nachdem Bontscho die Morde an seinen Onkel und Cousins angeprangert hat. Ein bisschen viel Zufall, findet ihr nicht?«

»Genau«, schmetterte Oma. »Kein Zufall. Nichts auf der Welt ist Zufall. Alles hängt zusammen und eine böse Kraft steckt dahinter. Vor der Wende waren es die Amerikaner, jetzt sind es die Kommunisten. Wenn ich etwas an uns Bulgaren hasse, dann ist es unser Hang zu Verschwörungstheorien. Offenbar hat dieser Hang in der deutschen Kultur überlebt. Meine ansonsten deutsch gewordene Enkelin glaubt nicht an tragische Zufälle. Sie glaubt, dass ihr eigener Großvater ein Mörder ist.«

»Ich glaube gar nichts«, sagte ich. »Ich will die Wahrheit erfahren.«

»Die Wahrheit?«, schrie Oma. »Ich glaube nicht, dass du tatsächlich nach der Wahrheit suchst. Du suchst nach einem Grund, warum es dir schlecht geht. Tief von innen schlecht. Ein blutiges Drama inmitten der Familie wäre ein guter Grund, nicht wahr? Pech für dich. Es gibt kein Drama. Dein Großvater konnte nicht mal einer Fliege etwas antun. Geschweige denn einem Jungen. Bontscho ist durch Zufall gestorben. Die Onkel deines Vaters sind gestorben, weil sie selbst gemordet haben. Und diejenigen, die nicht gemordet haben, sind an der Grausamkeit der Zeit gestorben. Da hast du deine Wahrheit. Ob sie dir passt oder nicht. Und hier ist eine weitere Wahrheit für dich: Dir geht es schlecht, weil du deine Familie in den Dreck ziehst und damit dich selbst auch. Du sägst an dem Ast, auf dem du sitzt. Du nimmst dir den Halt, den Rückzugsort, die Identität. Du weißt nicht mehr, wer du bist. Deshalb schlägst du um dich und zerstörst alles: Deine Ehe zerstörst du, unseren Ruf zerstörst du, das Gedenken an meinen Mann zerstörst du! Mir reicht es jetzt. Dein Leben ist meinetwegen deine Sache. Was du allerdings mit dem Gedenken an meinen Mann machst, verzeihe ich dir nicht. Du bist eine verfluchte, verzogene Egoistin. Eine Nestbeschmutzerin! Ich verbanne dich aus meinem Herzen. Ich verfluche dich, ich verstoße dich.«

Das Leben wich aus Omas Gesicht. Ihre Augen verließen ihre Höhlen und erstarrten. Aus ihrem Mund quoll Schaum hervor. Sie schmatzte laut, griff nach der Stuhllehne, wackelte und fiel wie ein Brett zu Boden.

Oma Denkas Ausschlag sei die Begleiterscheinung eines Karzinoms in der Brust, erzählte Mutter abends. Der epileptische Anfall wiederum liege womöglich an Metastasen im Kopf. Oma werde erstmal ins Krankenhaus der Kreisstadt gebracht. Dort sehe man weiter.

15
Wut

Am nächsten Morgen suchte ich Vaters Grab auf. Ich lief zu Fuß. Die Luft stach winzige Nadeln in die Haut, die Kraft der Sonne allerdings verhieß das Eintreffen des Frühlings.

Die steile Straße zum Friedhof wand sich an Steinmauern vorbei, die zweistöckige Häuser umschlossen – alte, bunt gestrichen und verwittert und neuere, zu sozialistischen Zeiten gebaut – quadratisch, grau, unverputzt. Zwischen den Fenstern im oberen Stock spannten sich Wäscheleinen, die offenherzig die komplette Unterwäsche der Familie der Außenwelt präsentierten: Geblümte Schlüpfer flatterten im Wind, Wäscheklammer an Wäscheklammer mit riesigen Büstenhaltern, winzigen Tangaslips und gestreiften Pyjamas. Hin und wieder klaffte eine Lücke zwischen den Häusern und ließ das Meer aufblitzen: herzzerreißend blau, golddurchwirkt, Ewigkeit versprechend.

Der Winter hatte die Disteln auf dem Friedhof gezähmt. Die meisten lagen zertreten auf dem Boden. Die wenigen noch aufrecht gebliebenen waren saft- und kraftlos und anders als bei der Beerdigung im Sommer nicht in der Lage, mein Fortkommen zu verhindern.

Die Zeder an Vaters Grab war von weitem zu sehen. Da sich das sommerliche Dickicht gelichtet hatte, war auch ein Mann zu sehen, der an Vaters Grab herumwuselte. Ich kam näher und erkannte ihn – es war der dicke Elektriker, der gegen die trockenen Disteln kämpfte und gegen seine vielen Pfunde, die ihm die Arbeit sichtlich erschwerten: Er bückte sich schwerfällig, riss ein paar Disteln heraus, schmiss sie auf einen Haufen, versuchte sich aufzurichten, verlor dabei das Gleichgewicht, plumpste zu Boden, versuchte es erneut, scheiterte wieder, fluchte, winkte resigniert und zündete sich schicksalsergeben eine Zigarette an. Dann blickte er auf und ein breites Lächeln entflammte inmitten seines verschwitzten Gesichts.

»Jetzt verstehe ich, warum ich heute Nacht nicht schlafen konnte«, rief er. »Ich bin aufgewacht mit einem einzigen Gedanken im Kopf: Ich muss Doktor Atanassovs Grab vom winterlichen Gestrüpp befreien. Der Allmächtige wollte, dass ich dir begegne, Mädchen. Den alten Säufer hättest du sonst nicht aufgesucht, stimmt's? Komm her, mein Kuchenstück.«

Der Elektriker richtete sich nun unfallfrei auf, breitete die Arme aus und presste mich so fest an seine Brust, dass mir die Luft wegblieb.

»Ich habe gehört, Gosposha Denka ist gestern ins Krankenhaus gekommen«, sagte er nach einer Weile. »Was ist passiert, mein Zuckerstück?«

»Oma hatte einen epileptischen Anfall. Kurz davor hat sie mich verflucht, verstoßen, aus ihrem Herzen verbannt. Aufrecht, theatralisch, mit erhobenem Zeigefinger. So wie es zu ihr passt.«

»Dich? Du trägst doch den Namen ihres verstorbenen Mannes. Niemanden liebt sie mehr als dich.«

»Ihre Lebenslügen liebt sie wohl am meisten. Ich habe Onkel Peter besucht, Fikrie und Frau Zwetkowa, meine ehemalige Kunstlehrerin. Jetzt weiß ich, wie Vaters Bruder Bontscho gestorben ist. Der Laster, der ihn überfahren hat, gehörte der LPG, dessen Vorsitzender mein Großvater war. Ich wollte wissen, ob es ein Zufall war. Daraufhin ist sie ausgerastet.«

»Du denkst also, dein Großvater hat den Mord an Bontscho in Auftrag gegeben«, fasste der Elektriker zusammen.

»Ich weiß nicht, was ich denken soll«, erwiderte ich. »Ich will wissen, warum Vaters Inneres einem Minenfeld glich und warum Onkel Peter durchs Leben schlafwandelt. In Onkel Peters Haus habe ich den Grund erfahren: Vaters Familie ist fast vollständig ausgerottet worden, und zwar von den Kommunisten, zu denen die Eltern meiner Mutter gehörten. Opfer und Täter, in einer Familie vereint.«

»Und du fragst dich, was es für dich bedeutet?«

Ich nickte.

Der Elektriker schwieg, zog an seiner Zigarette und versank in Gedanken.

»Ich schätze, nichts Besonderes, weil es so nicht stimmt«, tauchte er nach einer Weile wieder auf. »So sieht die Oberfläche aus, die Wahrheit jedoch liegt bekannterweise darunter. Ja, die Kommunisten haben die Onkel deines Vaters getötet. Auch ihre Kinder. Ja, dein Vater und Onkel Peter sind dadurch beschädigt worden. Und ja, dein Großvater mütterlicherseits war ein Kommunist. Ein Mörder jedoch war er nicht. Dein Großvater Anton war ein Idealist, Mädchen, der die Realität nicht vertrug. Von den Verbrechen im Namen seiner Ideale wollte er nichts wissen. Bis zum Schluss nicht. Gestorben ist er so, wie er gelebt hat – im Schlaf. Mit Bontschos Tod allerdings hatte er nichts zu tun. Bontschos Tod war ein Unfall. Vertrau mir, mein Kind. Du weißt doch, wie ich

die Kommunisten hasse. Du weißt auch, was ich deinem Vater schulde. Meinst du, ich würde dich anlügen?«
Der Elektriker zog an seiner Zigarette.
»Dein Großvater war ein fähiger Agronom, Mädchen. Die Menschen in Baltschik haben ihn in guter Erinnerung. Selbst die ehemals Reichen, die noch leben, verlieren kein böses Wort über ihn. Mit ihrer Enteignung übrigens hatte dein Großvater auch nichts zu tun. Als er und Gosposha Denka nach Baltschik kamen, war diese Sache bereits erledigt. Deine Großmutter hat bei den Gewerkschaften gearbeitet. Man könnte denken, sie hat eine Nomenklatura-Stelle gehabt. Eine von den vielen im Kommunismus, deren Inhalt hauptsächlich Kaffeetrinken war. Und überhaupt: Wozu brauchte man im totalitären System Gewerkschaften? Als hätten sie etwas ausrichten können. Deine Großmutter jedoch hat etwas ausgerichtet. Sie hat Menschen tatsächlich geholfen. Sie war eine Art Sozialarbeiterin. Brauchte jemand zum Beispiel eine neue Wohnung, ging er zu ihr und sie überlegte, wen sie im Wohnungsamt kannte. Hatte ein Kind Probleme in der Schule, gingen seine Eltern zu ihr. Gosposha Denka rief dann die Lehrerin an. Hatte jemand den Verdacht, seine Frau betrügt ihn, suchte er Rat bei Gosposha Denka. Deine Großeltern waren keine Verbrecher, Mädchen. Hör auf, Dreck zu suchen, wo keiner ist. Schließ endlich Frieden. Mit deiner Familie und mit dir selbst.«

Der Tumor in Omas Brust sei in einer Kapsel, stellte man im Krankenhaus der benachbarten Kreisstadt fest. Metastasen seien weder im Kopf noch woanders geortet worden. Omas Ohnmacht sei kein epileptischer Anfall gewesen, sondern ein Kreislaufkollaps und auf einen starken seelischen Aufruhr zurückzuführen. Würde man Omas linke Brust abnehmen, hieß es des Weiteren, würde es Überlebenschancen geben.

Oma wolle keine Operation, berichtete Mutter am Telefon. Was Oma wolle, sei jedoch unerheblich. Entscheidend sei, was die Ärzte denken. Sie seien die Spezialisten. Sie wüssten am besten, was zu tun sei, damit Oma am Leben bleibe. Und darauf komme es schließlich an. Oma habe sich also zu fügen. Warum sich denn Oma zu fügen habe, fragte ich. Schließlich ginge es um ihre Brust und um ihr Leben. Ich solle gefälligst meinen Mund halten, sagte Mutter. Oder hätte ich bereits vergessen, wo Omas seelischer Aufruhr hergekommen sei? Sie sei die Ärztin in der Familie. Die Entscheidung über Omas OP würde sie fällen. In Absprache mit ihren Kollegen.

Man nahm also Omas linke Brust ab und hoffte auf baldige Besserung. Um Letzteres nicht zu gefährden, wurde ich von ihr ferngehalten. Die Besserung traf ein. Zwei Wochen später hielt man Omas Zustand für stabil genug, um sie ins Krankenhaus von Baltschik zu verlegen. Dort angekommen, äußerte sie den Wunsch nach einem Mokka. Auch danach, mich zu sehen.

Oma war zur Hälfte ihrer selbst geschrumpft. Nur ihre Augen hatten sich vergrößert. Überraschend grün und von einer wütenden Lebendigkeit blitzten sie inmitten ihres ausgezehrten Gesichts wie zwei Fetzen stürmischen Märzhimmels.

»Kinder soll man lieben und nicht verfluchen«, gab sie statt einer Begrüßung von sich. »Egal, was sie sagen.« Die Himmelfetzen liefen über.

»Ich weiß jetzt, dass Bontschos Tod ein Unfall war«, sagte ich.

Omas Augenbrauen schnellten in die Höhe.

»Ich war auf dem Friedhof. An Vaters Grab habe ich den dicken Elektriker getroffen. Er hat es mir erzählt.«

Die Tür ging zögerlich auf, eine Krankenschwester mit kurzen, scharfkantig geschnittenen Haaren und einer gewinnenden Milde in den Augen schlich hinein mit einem Tablett, auf dem etwas Rotes, Dickflüssiges hin- und herschwappte.

»Rote Bete«, verkündete sie ohne echte Überzeugung. »Roh püriert. Schmackhaft. Eine Rakete für das Immunsystem. Schließlich wollen wir alle, dass Sie möglichst bald wieder auf die Beine kommen, Gosposha Denka.«

»Ach ja?«, fauchte Oma. »Fragt denn jemand, ob *ich* auf die Beine kommen möchte? Ich finde, ich bin genug gelaufen in meinem Leben. Es reicht. Ich will einen Mokka. Mehr nicht. Habe ich mich vorhin nicht klar genug ausgedrückt?«

»Mokka haben die Ärzte ausdrücklich verboten, Gosposha Denka«, stammelte die Krankenschwester.

»Die Ärzte?«, krächzte Oma. »Sie meinen wohl meine Tochter, nicht wahr?«

Die Krankenschwester schielte hilfesuchend in meine Richtung.

»Doktor Atanassova ist in die Kreisstadt gefahren«, murmelte sie. »Sie hat eine Liste hinterlassen, mit klaren Anweisungen.«

»Machen Sie meiner Großmutter einen Mokka«, sagte ich. »Niemand wird davon erfahren.«

Die Krankenschwester watschelte von dannen.

»Ich werde bald sterben«, ließ Oma nüchtern fallen.

»Deine Mutter lehnt sich dagegen auf. Sie kämpft. Sie verbietet alles, was mir Freude bereitet. Stattdessen zwingt sie mich, Kotze zu trinken. Roh püriert. Sie kann es nicht tatenlos ertragen, dass sie ihre Mutter verliert. Ihre Seele braucht Zeit. Ihretwegen habe ich in die OP eingewilligt. Dir jedoch möchte ich nichts vormachen. Dir will ich auf den letzten Metern helfen.«

Oma berührte die Stelle, wo einst ihre Brust war, und verzerrte das Gesicht.

»Du suchst ernsthaft nach etwas, was du ‚die Wahrheit‘ nennst, nicht wahr?«, fuhr sie dann gequält fort. »Das habe ich auf dem OP-Tisch begriffen. Und noch etwas habe ich begriffen: Durch die Wahrheit geht nichts kaputt. Nichts, was gesund ist.«

Die Krankenschwester brachte den Kaffee, zwinkerte uns verschwörerisch zu und entfernte sich geräuschlos.

»Die Wahrheit, die du suchst, ist keine einzelne«, sagte Oma. »Es sind viele Wahrheiten. Lauter winzige Steine, die das Mosaik deiner Geschichte ergeben. Ein prächtig buntes Mosaik mit einigen dunklen Stellen. Für diese Stellen fehlen dir die Steine. Deshalb bist du nach Baltschik gekommen. Nicht wahr?«

Oma nahm einen Schluck von ihrem Mokka, der in einem türkisfarbenen Tässchen dampfte und duftete.

»Als du auf die Welt kamst, haben deine Eltern noch bei uns gewohnt, in unserem Familienhaus. Damals gab es nicht die heutige Mode, dass Kinder sofort ausziehen, wenn sie heiraten. Was für ein Blödsinn aber auch. Als ob eine junge Familie im Stande wäre, ganz allein mit dem Leben fertigzuwerden. Das Leben ist reichlich kompliziert und junge Menschen brauchen die Lebenserfahrung Älterer.«

Oma Denka griff nach meiner Mokkatasse, drehte sie ein paar Mal behutsam im Kreis, legte die Untertasse darauf und drehte beide mit einem Ruck um.

»Eine Menge guter Kaffeesatz«, murmelte sie. »Eine Sünde, ihn einfach austrocknen zu lassen, wo er uns die Zukunft verraten kann.«

Mit ihrer rechten Hand zeichnete sie ein Kreuz auf dem Boden der Tasse, lehnte sich zurück und fuhr etwas ermüdet fort.

»Als du auf die Welt kamst, war dein Vater sechsundzwanzig und bereits Assistenzarzt in der Chirurgie. Von morgens bis abends hockte er im OP-Saal. Als hätte er da Wurzeln geschlagen. Manchmal vergaß er zu essen und fiel vor Erschöpfung um. Am nächsten Morgen jedoch stand er wieder da. So war er halt. Er kannte kein Maß. In der Beziehung zu dir auch nicht. Wenn er einmal in der Woche Zeit fand, an deine Wiege zu kommen, konnte er seine Freude nicht im Zaum halten. Seine Kraft auch nicht. Wie ein junger Hund ist er um die Wiege getänzelt, hat gegrinst, Grimassen geschnitten, dich irgendwann gepackt, heftig geschaukelt, in die Luft geworfen. Gebrüllt hat er auch. Genau genommen habt ihr beide gebrüllt. Er vor Freude, du vor Schreck. Denn diese überbordende, überschäumende Aktion einmal in der Woche jagte dir hauptsächlich Schrecken ein. Deinen Vater wiederum entmutigte sie. Er ließ dich los und zog sich wieder in seinen OP-Saal zurück.«

Eine Weile verstummte Oma. Wir starrten auf die umgedrehte Mokkatasse, unter der sich die Wolken der Zukunft zusammenbrauten.

»Von deiner Mutter hast du übrigens auch nicht viel

gehabt«, fuhr sie fast genüsslich fort. »Zwanzig Tage nach deiner Geburt fing sie ihr Studium an. Medizin.« Oma hob die Untertasse, kniff die Augen zusammen und spähte auf die bizarren Spuren, die der halbflüssige Kaffeesatz hinterlassen hatte.

»Hier, schau. Ich sehe dich schon. Dieses kleine Wesen mit den zerzausten Haaren, das bist du. Lauter verschiedene Wege liegen vor dir. Du aber wählst den holprigsten. Das ist typisch für dich und deinen Vater. Am Rande deines Weges steht ein Mann. Guck, er ist dir zugewandt. Er läuft dir regelrecht hinterher. Der Mann deiner Mokkatasse ist dieser Deutsche, nicht wahr? Um deine Ehe ist es geschehen, nicht wahr?«

»Ich weiß es nicht. Du sagst selbst – der Kaffeesatz zeigt die Zukunft, und in die Zukunft kann ich im Unterschied zu dir nicht schauen. Du wolltest mir aber etwas aus der Vergangenheit erzählen.«

Oma versank in sich selbst.

»In Gyueschevo hast du nur die halbe Wahrheit erfahren«, tauchte sie wieder auf. »Mit siebzehn schmiss ich das Gymnasium, um deinen Großvater zu heiraten. Meine Eltern waren dagegen. Mich fanden sie zu jung, vor ihm – einem so exponierten Kommunisten – hatten sie Angst. So waren damals die Zeiten. Ich allerdings habe sein Herz gespürt. Kommunist oder Faschist – es war mir egal.

Wir heirateten und mieteten im Nachbarsdorf ein Zimmer. Für damalige Verhältnisse war das eine Revolution. Die meisten jungen Paare in Bulgarien wohnten bei den Eltern. In jenem gemieteten Zimmer also kam deine Mutter zur Welt. Gleich nach ihrer Geburt wurde dein Großvater zum Militärdienst einberufen. Ich war erst siebzehn und lebte mit meiner kleinen Tochter allein. Das hieß in jenen Zeiten, Holz für den Ofen spalten, Wasser vom Brunnen holen, Wäsche mit der Hand waschen, im Morgengrauen aufstehen, Teig kneten, Brot backen. Nachts brüllte deine Mutter wie am Spieß. Sie wollte gestillt und getragen werden. Wie hätte ich das machen sollen? Mit der ganzen Hausarbeit am Hals? In der Nacht brauchte ich dringend Schlaf. Meine Eltern wollte ich auf keinen Fall um Hilfe bitten. Also nahm ich die Sache selbst in die Hand: Abends stillte und wickelte ich meine Tochter, stellte ihre Wiege in die Diele, ging selbst ins Bett und stand nicht mehr auf. Sie schrie, ich zog mir die Decke über den Kopf, drehte mich zur Wand und schlief weiter. Nach ein paar Nächten hörte das Schreien auf. Deine Mutter hatte die Hoffnung aufgegeben, ihre Not würde jemanden berühren.«

Die Krankenschwester stürmte ins Zimmer, rief »Doktor Atanassova parkt gerade«, sammelte hastig die Mokkatassen ein und stürmte wieder hinaus.

»Wir lebten in einer Umbruchszeit«, fuhr Oma hastig fort. »Ein sozialistischer Staat ersetzte das alte System und alles änderte sich: politische Strukturen, Eigentumsverhältnisse, Gesetze, Bildung, medizinische Versorgung. Alles. Unser Weltbild natürlich auch. Kommunistische Ideale ersetzten die alten Werte. Selbst in die Mutter-Kind-Beziehung griff die Partei ein. Die bulgarischen Bäuerinnen stillten ihre Babys, wenn sie schrien. Kommunistische Pädagogen erklärten das für rückständig. Sozialistische Mütter sollten sozialistische Persönlichkeiten erziehen, und zwar von der ersten Minute an. Stillen sollten sie nicht nach Bedarf, sondern nach der Uhr. Alle vier Stunden. Gleich nach der Geburt sollten die Mütter lernen, ihren Alltag zu planen. So sollte später die Balance zwischen Beruf und Familie gelingen. Deine Mutter wurde nicht gestillt, wenn sie Hunger hatte, sondern wenn es die Uhr vorgab. Das erleichterte meinen Alltag und zerrüttete ihr Verhältnis zum Essen. Später, im Kleinkindalter, hat sie sich wie eine Weihnachtsgans vollgestopft. Sie wusste nicht, wann sie aufhören soll. Wie denn auch? Selbstbestimmung an diesem Punkt hat sie nie gehabt. Ich wusste damals nicht, wie ich mir helfen sollte. Also band ich um den Bauch meiner kleinen Tochter ein Seil. Wenn das Seil spannte, sollte sie aufhören zu essen. Ist es denn ein Wunder, dass deine Mutter bis heute auf Diät lebt?«

»Ich lebe bis heute auf Diät?«, tönte es aus dem Vorraum.

»Wovon sprecht ihr?«

Mutter schob einen Infusionswagen in den Raum.

»Einen Vormittag nur bin ich weg und schon laufen die Dinge aus dem Ruder. Seltsame Gespräche werden geführt und die Infusion wird vergessen. Bei euch hilft nur engmaschige Kontrolle. Meine Tochter geht jetzt nach Hause und du bekommst deine Infusion: Mineralien, Salze, Vitamine. Damit wird man mindestens hundert.«

Mutter legte die Infusion und verließ den Raum.

Am nächsten Morgen betrat ich die Küche und blinzelte. Gleißendes Licht flutete durch die großen Fenster und tauchte den Raum in Gold. In der verschwenderischen Helligkeit hinter den Fenstern lag das Meer, sanftmütig an jenem Morgen, einladend und im Gold der Sonne, feierlich.

Als sich meine Augen an die Helligkeit gewöhnt hatten,

sah ich auf dem Küchentisch einen Zettel, auf dem ich Mutters Schrift erkannte.

Sie fahre ins Krankenhaus zu Oma Denka, ließ sie mich wissen, in Buchstaben, die Süßwasserperlen ähnelten, gleichmäßig und eigenwillig zugleich.

Heute stünden Omas letzte Untersuchungen an. Morgen käme sie nach Hause. Im Ofen seien frische Pfannkuchen. Ich könne sie zum Frühstück essen.

Sehnsucht – ein kurzer, entschlossener Stich – riss mein Herz auf. Schmerz tröpfelte in mein Inneres, wühlte es auf und erfüllte es mit Leben. Am Meer, im südlichen Licht meiner Kindheit, sehnte ich mich danach, wieder ein Kind zu sein. Das Kind einer Mutter, die duftende Pfannkuchen im Backofen ließ und auf dem Küchentisch Zettel in wohlgeformter, eigenwilliger Schrift. Eine Schrift, die ein goldenes Herz verriet. Meine Augen liefen über.

Ein Gespräch mit Mutter stand bevor. Ein Gespräch zwischen erwachsenen Frauen. Wie sollte ich ein solches Gespräch führen mit einer Mutter, nach der ich mich noch kindlich sehnte? Solche Gespräche hatte es zwischen Mutter und mir nie gegeben. Auch keinen Streit. Bisher hatte es eine Kugel gegeben. Ein undurchdringliches Mutter-Tochter-Gewebe. Eine Verschmelzung, wortlos und selbstverständlich wie die Schwerkraft.

Ich nahm eine Decke, ging auf die Terrasse, ließ mich auf einem Liegestuhl nieder, streckte die Nase in die Sonne, schloss die Augen, döste ein und träumte einen kurzen, aufwühlenden Traum. Es war ein seltsamer, bilderloser Traum, in dem nichts anderes geschah, als dass ich innerlich in zornige Flammen aufging.

Nach kurzer Zeit wachte ich auf, stieg benommen aus dem Stuhl, lehnte mich an die Brüstung und suchte nach Bildern für die geträumte Wut. Als Erstes fiel mir Vater ein, der für Wut reichlich Angriffsfläche bot.

Bulgarien, achtziger Jahre

Es war ein Abend, wenige Jahre, nachdem Vaters Parteistrafe aufgehoben wurde. Wir erwarteten Vater zu Hause, denn wir erwarteten Besuch. Der Besuch kam, Vater kam nicht.

Erst als die ersten Gäste gehen wollten, traf er sturzbetrunken ein. Er torkelte ins Zimmer, ließ sich auf einen Stuhl fallen und verlangte nach einem Mokka. Ich guckte ihn an und versank im Boden: An seinen Haaren klebte frische Farbe, an seiner Hose vertrockneter Schlamm. Trotz seiner Trunkenheit bemerkte Vater das Entsetzen in meinem Blick.

»Du schämst dich meinetwegen, nicht wahr?«, lallte er und bekam Schluckauf.

»Ja. Ich bin dreckig. Ich bin gestürzt. Auf dem Weg nach Hause. Ich habe mich beeilt. Euretwegen. Der ganze Dreck, der an mir klebt, ist eure Schuld.«

Schluckauf.

Ich funkelte ihn zornig an.

»Guck nicht so böse. Ich will eine liebenswürdige Tochter. Eine fügsame und sanfte und zärtliche. Was hat mir das Schicksal stattdessen beschert? Eine Widerspenstige. Eine Furie. Eine, die sich auch noch für ihren Vater schämt.«

Schluckauf.

»Und wofür schämst du dich, bitte?«, schwafelte Vater weiter. »Dafür etwa, dass dein Vater den ganzen Tag Gutes tut, dann abends einen über den Durst trinkt und vor lauter Müdigkeit kaum etwas verträgt? Dafür schämst du dich? Du sollst dich schämen, dass du dich schämst.«

Schluckauf.

Wie ich Vaters Unvermögen hasste, Maß zu halten. Wie ich sein Talent hasste, jedes Fest in eine Orgie zu verwandeln! Und ich schwor mir, ich schwor mir zum unzähligen Mal, ich schwor mir beschämt und abgrundtief verzweifelt, ich schwor mir um welchen Preis auch immer, einen Mann zu heiraten, der Vater in nichts ähnelte.

Meine Mutter kam mit dem Mokka.

Vater trank ihn, ernüchterte ein bisschen und wurde, wie immer in solchen Fällen, vom unwiderstehlichen Bedürfnis überwältigt, seine Umgebung über die Missstände im kommunistischen Bulgarien aufzuklären.

»In der Kneipe bin ich mit unserem Bürgermeister gewesen«, setzte er an. »Er hat mich eingeladen.«

Schluckauf.

»Ich habe letzte Woche seine Mutter operiert. Die Mutter ist eine einfache, herzensgute Frau. Von ihrem Sohn allerdings kann man das nicht behaupten.«

Schluckauf.

Der Bürgermeister sei ein kommunistischer Emporkömmling, kam Vater in Fahrt. Er sei ungebildet, faul, ehrgeizig, machtbesessen, skrupellos. Ein Apparatschik. Ein Prolet. Wie alle Kommunisten.

Schluckauf.

»Und warum sitzt du mit ihm in der Kneipe?«, erkundigte sich Mutter.

»Er wollte etwas Wichtiges mit mir besprechen«, erwiderte Vater, richtete sich auf, kramte in seiner Hosentasche und holte ein zerknülltes Papier heraus.

»Hier. Ein Dekret!«, rief er und wedelte mit dem Papier. »Mal vom Inhalt ganz abgesehen – allein die Unterschrift unseres Bürgermeisters enthält zwei orthographische Fehler. Was soll ich dazu sagen? Im Westen würde man so einen nicht mal einen Stall fegen lassen. Bei uns ist er Bürgermeister.«

Schluckauf.

»Was steht in diesem Dekret?«, fragte Mutter beunruhigt.

»Es ist ein altes Dekret«, sagte Vater. »Es verbietet die türkische Sprache in öffentlichen Einrichtungen. Der Bürgermeister wollte mich daran erinnern. Ihm sei zu Ohren gekommen, dass man im Krankenhaus Türkisch spricht und ich in solchen Fällen die Person nicht sofort rausschmeiße. Außerdem wollte er wissen, warum ich zwei bulgarische Krankenwagenfahrer entlassen und stattdessen türkische eingestellt habe.«

»Und warum haben Sie es getan, Doktor Atanassov?«, fragte dann einer unserer Gäste.

»Weil Türken aus religiösen Gründen keinen Alkohol trinken«, erwiderte Vater. »Sehr im Unterschied zu ihren bulgarischen Kollegen, die ich wegen mehrfacher Trunkenheit am Steuer entlassen musste. Auch bulgarische Krankenschwestern habe ich entlassen müssen, weil sie unpünktlich sind, faul, unfreundlich und weil sie hygienische Vorschriften missachten. Im Gegensatz zu den Türkinnen, die pünktlich sind und belastbar und sauber und auch keine Patienten beschimpfen.«

»Womit hat der Bürgermeister ein Problem?«, fragte der Gast.

»Damit, dass er seine Arbeit nicht ordentlich macht«, erläuterte Vater. »Das ist sein Problem. Guck dir bloß den desolaten Zustand unserer Stadt an: Es gibt keine einzige Straßenlampe, die nicht kaputt ist. Es gibt keinen einzigen Müllkorb. Jeder schmeißt seinen Dreck, wann und wohin er gerade Lust hat. Kaputte Plastiktüten fliegen herum, Joghurtbecher, fettige Zeitungsblätter. Es gibt keinen einzigen Kinderspielplatz, dessen Boden nicht mit Beton übergossen ist. Dieser Beton ist unzerstörbar, sehr im Unterschied zu unseren Bürgersteigen. Ihren zahlreichen Schlaglöchern verdanken wir die zahlreichen Knochenbrüche, die wir tagtäglich behandeln. Die schweren Durchfallerkrankungen wiederum verdanken wir der Qualität des Meerwassers. Das Schwarze Meer ist eine Kloake. Kneipen, Hotels, Behörden, private Haushalte, alle schütten ihr Abwasser direkt ins Meer. Um eine Kläranlage kümmert sich keiner. Unser Bürgermeister bohrt den ganzen Tag in der Nase oder liegt im Bett seiner Sekretärin. Für mehr hat er weder Antrieb noch Hirn. Wehe aber, jemand anders versucht, seinen Job vernünftig zu machen. Dann fällt sein Nichtstun unangenehm ins Auge. Um davon abzulenken, droht er mit Strafen. Ich würde als Chefarzt das Verbot der türkischen Sprache nicht konsequent genug umsetzen, hieß es neulich. Ich solle mich hüten, die Partei wieder zu ärgern. Davor wolle er mich in aller Freundschaft warnen.«

»Was willst du jetzt machen?«, fragte Mutter beklommen.

»Ja, was soll ich machen?«, fragte Vater zurück. »Soll ich meine besten Krankenschwestern entlassen, weil sie ihre Muttersprache sprechen? Oder soll ich sie demütigen

und ihnen die Muttersprache verbieten? Dann würden
sie sich äußerlich fügen, aber genauso schlecht arbeiten wie ihre bulgarischen Kolleginnen. Wie soll ich das
diesem Idioten erklären? Und interessiert es ihn überhaupt?«
Schweigen, in Zigarettenrauch gehüllt. Verzweiflung, in
Alkohol ertränkt. Ein Kind, das am Türspalt lauschte und
keinen Ausweg wusste. Ein pubertierendes Mädchen, das
im Zimmer blieb und auch keinen Ausweg wusste. Vaters
Nähe fühlte sich schon immer an wie eine sozialistische
Dusche mit unberechenbaren Güssen: mal kochend heiß,
mal eiskalt. Wohltemperiert war Vaters Nähe nie.
Unerträglich.
Die Nähe des Vaters – unerträglich.

Baltschik, Januar 1995

Als ich ins Haus ging, saß meine Mutter am Esstisch,
über eine dampfende Tasse gebeugt, tief und resigniert,
als könnte sie unter der Schwere einer unsichtbaren Last
jeden Augenblick zerbrechen.
»Hallo Mama.«
Mühsam hob sie den Kopf und wandte mir ein fahles,
aufgedunsenes Gesicht zu, in dessen Mitte zwei glanz-
lose Augen ins Leere blickten.
»Die Blutwerte deiner Großmutter sind katastrophal«,
sprach sie matt durch mich hindurch. »Keine nennenswerte Besserung. Die OP, die Medikamente ... nichts hat
wirklich geholfen. Trotzdem führen wir die medikamentöse Behandlung weiter. Ab morgen zu Hause.«

»Oma will keine medikamentöse Behandlung«, sprudelte es aus mir heraus. »Sie wollte auch keine OP. Was sie will, ist Ruhe. Warum respektierst du es nicht?«

Die Leere in Mutters Augen wich einem harten Glitzern. »Wenn wir sie in Ruhe lassen, stirbt sie«, sagte sie kalt. »Ist es das, was du willst?«

Ein Knäuel aus Wut und Schuld ballte sich in meinem Inneren, pulsierte und wuchs.

»Oma stirbt so oder so«, sagte ich und erstickte beinah an der Spannung in mir. »Das weiß sie, und du weißt es auch. Warum gibst du nicht auf? Du siehst es selbst – die Qualen sind umsonst.«

»Ah ja?«, zischte Mutter. »Bist du dir da so sicher? Kennst du dich so gut mit den neuesten medizinischen Methoden aus? Möchtest du eines Tages am Grab deiner Großmutter stehen und wissen, du hast nicht ALLES getan, um ihren Tod zu verhindern? ALLES, was in deiner Macht steht?«

»In meiner Macht steht nicht sonderlich viel«, entgegnete ich. »Ich fürchte, in deiner auch nicht. Und außerdem: Geht es darum, wie *wir* uns fühlen? Wie *du* dich fühlst, *nachdem* Oma gestorben ist? Oder geht es darum, wie *sie* sich fühlt, *bevor* sie gestorben ist?«

»Wie sich deine Oma fühlt?«, fragte Mutter drohend. »Schlecht, wenn ich mich schlecht fühle. So einfach ist das. Meine Mutter möchte nicht, dass ich leide. Deshalb macht sie, was ich will.«

»Prima«, erwiderte ich. »Oma nimmt sinnlose Qualen auf sich, damit du dich gut fühlst. Sie gibt ihre Selbstbestimmung auf. Sie überlässt dir ihren Körper, damit du nicht leidest. Damit du später kein schlechtes Gewissen hast. Und das nimmst du hin?«

»Meine Beziehung zu meiner Mutter geht dich nichts an«, sagte Mutter. »Halte dich gefälligst raus oder fahr zurück in dein Deutschland. Daher kommt dieses verstiegene, überdrehte Zeug, nicht wahr? Selbstbestimmung aufgeben. Körper überlassen. Gequirlte Scheiße. Als ob das nicht bei jedem Arztbesuch passieren würde. Jeder Patient überlässt sich ein Stück seinem Arzt und verliert dabei ein Stück seiner Selbstbestimmung. Oder ist es in deinem kalten Deutschland etwa anders?«

Die Wut in mir gewann an Kraft, pulsierte, glühte, strebte mit einem gewaltigen Druck nach außen.

Was Wut betraf, hatte ich in meinen Eltern keine leuchtenden Wegweiser. Im Gegenteil: Was ihre eigene Wut anging, waren meine Eltern hilflos und verharrten unfreiwillig in zwei extremen, entgegengesetzten Modellen. »Lässt man die Wut nicht raus, so explodiert sie im Inneren und sprengt die Seele in Fetzen«, behauptete Vater immer. »Unterdrückte Wut verursacht bösartige Tumore«, behauptete er des Weiteren. Und: »Lässt man der Wut freien Lauf, dann verpufft und verschwindet sie.«

So gesehen, hätte Vater mindestens hundert werden müssen, denn er war weder von einer Seelenexplosion bedroht, noch von wutbedingten Tumoren. Mit seiner Wut tat er sich nicht den geringsten Zwang an. Stets ließ er ihr freien Lauf, koste es, was es wolle. Allerdings verpuffte Vaters Wut nie. Im Gegenteil. Sie plusterte sich auf, gewann an Zerstörungskraft, fegte seinen Verstand weg, nahm Besitz von seinem ganzen Wesen. Übrig blieben dann bittere Leere, Erschöpfung und Scham.

Anders meine Mutter: Sie schien fest daran zu glauben, ihre Wut würde verschwinden, wenn man sie nur hartnäckig genug ignorierte. Am besten sogar gänzlich vermied. Was Wutprävention betraf, gab Mutter stets ihr Bestes. Gespräche zum Beispiel, die das Potential zu Konflikten hatten, versuchte sie mit aller Kraft zu vermeiden. Das wusste ich von den zahlreichen Auseinandersetzungen, die Vater anzettelte, jedoch nie zu Ende führte, denn dafür fehlte ihm ein Gegenüber. Mutter blockte Konflikte ab, denn sie fürchtete ihre Zerstörungskraft.

Mit meiner eigenen Wut hatte ich es bisher ähnlich wie Mutter gehandhabt – ich ignorierte sie, ich vermied sie, ich verpackte sie in Schuld. Insbesondere wenn sich die Wut gegen Mutter selbst richtete.

Anders allerdings an jenem Sonntag. Die Wut in mir wuchs, bebte, schüttelte mein Inneres, wirbelte Bilder hoch, die sie noch mehr aufheizten. Ich sah mich als junges Mädchen vor dem Spiegel im Schlafzimmer meiner Eltern, sah Mutters schwangeren Bauch, sah die Stummel meiner in ihrem Auftrag abgeschnittenen Haare, spürte, wie ich mir selbst verloren ging und ich in ein Vakuum kalter Selbstentfremdung glitt: ungeliebt, wertlos, haltlos. Von meinem Inneren getrennt. Aufgeschmissen, mutterseelenallein. In dieses Vakuum sollte ich in meinem Leben öfters geraten – unerwünscht, unausweichlich, zwanghaft.

Die Wut in mir rang die Schuld nieder.

»Du hast kein Recht, über den Körper eines anderen Menschen zu verfügen«, hörte ich mich brüllen. »Mir hast du als Kind die Haare abgeschnitten. Gegen meinen Willen, ohne mein Wissen. Jetzt machst du etwas Ähnliches mit Oma. Was erlaubst du dir eigentlich? Was glaubst du, wer du bist?«

Nun warf auch Mutter die Wutprävention über Bord. »Was haben die kurzen Haare deiner Kindheit mit dem Krebs meiner Mutter zu tun?«, brüllte sie zurück. »Ja, ich habe dir die Haare abgeschnitten. Ja, aus Gründen, die mich allein betrafen. Und ja, ich habe versucht, es mir leichter zu machen. Ich war blutjung, verdammt, und ich hatte eine Menge in Balance zu halten – eine Familie, ein Kind, ein Medizinstudium. Entschuldige, dass ich es versäumt habe, dich zu fragen, welche Frisur du am liebsten hättest. Wie konnte ich nur? Du warst ja in einem Alter, das für weise Entscheidungen bekannt ist. Und außerdem: Es ging dabei um Haare, verflucht. Um Haare, die wieder wachsen. Bei meiner Mutter geht es um Leben und Tod. Wo ist da die Verbindung?«

»Du hast dich damals meines Körpers bemächtigt«, schrie ich weiter. »Als ich abhängig von dir war. Du wolltest es leichter haben, praktischer. Jetzt bemächtigst du dich des Körpers deiner alten Mutter, die auch abhängig von dir ist. Weil es *für dich* so erträglicher ist. Kapierst du es endlich? Gott bewahre einen davor, abhängig von dir zu werden. Da ist die Verbindung.«

Ich sprang auf, knallte die Tür, ging in mein Zimmer, griff nach meinem Koffer, warf ein paar Sachen hinein, zwang die schreiende Sophie in ihre Jacke, kehrte meiner bleichen Mutter den Rücken und verließ mein Elternhaus. Ein Taxi fuhr uns zum Flughafen von Varna. Wir kauften zwei Tickets nach Sofia, ein Eis für Sophie und ließen uns in der Wartehalle nieder.

Ich bin gerade auf der Flucht, schoss es mir durch den Kopf, als ich am Passschalter meine Handtasche nach unseren Pässen durchwühlte. Auf der Flucht vor einer Erinnerung, die Oma Denkas nahender Tod geweckt hatte.

Ihre eigene Mutter starb, und das stürzte Mutter in Panik. Sie bäumte sich dagegen auf. Sie handelte, sie kämpfte, sie versuchte zu beherrschen – ihre Verzweiflung, ihre sterbende Mutter, den Tod. Sie versuchte alles, um das Leben ihrer Mutter zu verlängern, und missachtete dabei, was die alte Frau selbst wollte. Denn wenn man alles versuchte, fühlten sich Sackgassen an, als wären sie keine. Wer alles versuchte, den traf später keine Schuld.

Mich selbst hatte Mutter ähnlich praktisch gehandhabt. Ein Schnipp der Schere hatte sie kurzerhand von den Mühen befreit, Mutter eines Mädchens zu sein. Ein Schnipp gegen die Hilflosigkeit, wenn die Dinge drohten, kompliziert zu werden.

Das hatte ich durch Omas nahenden Tod begriffen. Es tat weh und ich – die Tochter meiner Mutter – ergriff die Flucht.

Allerdings scheiterte ich: Der Flug nach Sofia ging ohne uns, in meiner Handtasche fand ich keine Pässe. Ich hatte sie in meinem Elternhaus vergessen.

Die allerschlimmste Sorte Wut ist bekanntermaßen jene auf sich selbst. Aus guten Gründen behalten sie die meisten Menschen nicht bei sich, sondern verlagern sie auf andere. Es gibt kein Entrinnen, tobte ich voller Hass auf mich selbst. Ein Teil meines Inneren wollte offensichtlich keine Eigenständigkeit. Ohne mein Wissen hielt dieser Teil daran fest, dass ich ein Mädchen blieb. Ein praktisch gehandhabtes, seelisch unversorgtes Mädchen, in seinen Locken und sonstigen Bedürfnissen beschnitten.

Deshalb war mein Pass, das Symbol meiner Eigenständigkeit, auf dem Schoß meiner Mutter geblieben. Ich ballte die Fäuste zusammen und weinte hilflose, zornige Tränen.

Meine Tochter berührte meinen Arm. Ich guckte sie an und sah, dass ihre rote Mütze fehlte. Dann schloss ich die Augen und sah, wo die Mütze geblieben war: Sie lag auf dem Couchtisch meiner Schwiegereltern. Und neben der Mütze lagen unsere Pässe. Das Symbol meiner Eigenständigkeit war also nicht auf dem Schoß meiner Mutter geblieben. Es war schlimmer. Es lag in den Händen meiner Schwiegermutter. Sie wiederum war nach Baltschik gekommen, um mich in den Schoß der Familie zurückzuholen, allerdings ohne meinen Pass. Was nur eins bedeutete: Ich sollte zurück, aber nicht als eigenständiges Individuum, sondern so, wie sie sich die Frau an der Seite ihres Sohnes wünschte: gefallsüchtig, angepasst, bestens manipulierbar und bestens geeignet, Kinder in die Welt zu setzen und das Fortbestehen der Familie zu sichern. Ohne die Scherereien, die ein gefestigter Charakter mit sich brachte. Diese Erkenntnis befreite mich auf der Stelle von der lähmenden Wut auf mich selbst.

Ich sprang auf, schleppte Sophie in ein Taxi und fuhr zum Haus meiner Schwiegereltern.

16
Die Polin

Vor Sergejs Elternhaus stand seine neunzigjährige Großmutter.

Mit einer riesenhaften Sonnenbrille auf der Nase und
einem Fuchsfell samt Augen und Pfoten um den Hals,
wippte sie auf Zehenspitzen und winkte engagiert in
unsere Richtung.

Von dieser unverhofften Zuwendung überrascht, winkte
ich zurück, zahlte und stieg aus dem Taxi.

»Ich habe nicht dir, sondern dem Taxifahrer gewinkt«,
stellte die alte Frau ungeduldig klar und schritt zum
Wagen. Der Fahrer allerdings, der die Situation ähnlich
wie ich missverstanden hatte, fuhr mit quietschenden
Reifen davon.

»Verflucht!« Die alte Dame stampfte den Absatz ihrer
Stiefelette in den Boden. »Diesen Wagen hätte ich nicht
verpassen dürfen. Ich muss zum Hafen, möglichst
schnell.«

»Was willst du am Hafen?«, fragte ich höflichkeitshalber.
Denn ich wusste genau, was sie am Hafen wollte.

»Mich umbringen«, kam wie aus der Pistole geschossen,
und es überraschte mich, wie gesagt, kein bisschen.

Es verhielt sich nämlich so, dass übers Jahr gerechnet Sergejs Großmutter im Schnitt sechs Selbstmordversuche
unternahm. Wenn der Rest der Familie nicht tat, was
sie wollte, packte sie je nach Jahreszeit eine Strickjacke
oder ihren Pelzmantel, stürmte auf die Straße, winkte
ein Taxi herbei und begab sich zum Hafen. Dort an-

gekommen, kletterte sie über die Brüstung der Mole, setzte sich auf die Steine, ließ die Beine über das dunkle Wasser baumeln und vertiefte sich in eingehende Beobachtungen der Schiffe, die – monsterhafte Kolosse – in einer beängstigenden Stille in den Hafen glitten, um dann irgendwann ohrenbetäubend und bedrohlich aus tiefsten Bäuchen zu hupen und damit kundzutun, dass sie in Kürze diese riesenhaften Bäuche aufreißen würden, um eine geräuschvoll aufprallende, eine tödlich wuchtige Flut von Getreidekörnern in sich aufzunehmen und für immer verschwinden zu lassen. Dieses eindrucksvolle Spektakel beobachtete Sergejs Großmutter aus nächster Nähe und füllte damit die Zeit, bis entweder die Polizei eintraf und sie darauf hinwies, dass sie sich im Sperrgebiet des Hafens aufhielt, um sie dann doch aus Respekt vor ihrem Alter gewähren zu lassen, oder aber auch – und das war wesentlich häufiger der Fall – der reumütige Rest der Familie schneller als die Polizei mit einem zweiten Taxi zum Hafen raste, sich ebenfalls über die Brüstung schwang, sich auf die Knie schmiss, die alte Diva um Vergebung bat und sich verpflichtete, ihr künftig jeden Wunsch von den Lippen abzulesen. Danach begab sich die Familie – durch diese Feuerprobe fester zusammengeschweißt – wieder nach Hause, und Sergejs Großmutter bekam ihren Willen.
Beim letzten Selbstmordversuch allerdings, der meines Wissens sechs Monate zurücklag, war die Sache etwas aus dem Ruder gelaufen: Sergejs Mutter hatte für die ganze Familie eine Wanderung in den bulgarischen Bergen geplant und dabei die körperliche und charakterliche Beschaffenheit ihrer Mutter außer Acht gelassen. Mit neunzig konnte die alte Frau unmöglich wandern.

Darüber hinaus war ihr Wandern abgrundtief verhasst. Die unerhörte Provokation ihrer Tochter hatte die alte Dame dermaßen aus dem Häuschen gebracht, dass sie beim darauffolgenden Selbstmordversuch ihre Strickjacke vergaß, was zu einer Erkältung führte, die wiederum zu einer Lungenentzündung führte, die ihrerseits dazu führte, dass Sergejs Großmutter am echten Tod roch und es für ganze sechs Monate unterließ, damit zu spielen. Nun zu ihrer gewohnten Form zurückgekehrt, spähte sie nach einem Taxi, um ihre liebgewonnene Fahrt in Richtung Hafen anzutreten.

»Ich komme gerade vom Flughafen«, warf ich vorsichtig ein. »Von dort aus ist die ganze Bucht zu sehen. Heute sind keine Schiffe im Hafen. Du wirst dich langweilen.«

»Tatsächlich?«, rief Sergejs Großmutter aufrichtig besorgt, fing sich aber schnell wieder: »Wen kümmern irgendwelche Schiffe? Hast du nicht richtig zugehört? Ich will mich *umbringen*. Und ich brauche Hilfe. Wink mir ein Taxi herbei! Junge Frauen werden eher gesehen als alte.«

»Gut«, sagte ich einer spontanen Eingebung folgend, »ich helfe dir. Allerdings, nur, wenn du mir auch hilfst.«

»Und wie?«

»Indem du unsere Pässe aus der Wohnung holst. Ich habe sie vergessen. Sie liegen auf dem Couchtisch.«

»Auf dem Couchtisch?«, lachte die alte Dame auf. »Da liegen sie längst nicht mehr. Meine Tochter hat sie natürlich an sich genommen. Zum Glück kenne ich alle ihre Verstecke. Ich könnte dir also helfen. Allerdings wäre das eine riesige Hilfe, im Gegenzug musst du mir mindestens die Fahrt zum Hafen bezahlen. Und ein paar Runden heiße Schokolade im Hafencafé. Umbringen will ich mich ja nicht sofort, sondern erst, wenn meine Tochter eingetroffen ist, um meinem Selbstmord bei- zuwohnen. Schließlich ist sie ganz allein daran schuld. Ich warte also, allerdings nicht in der Kälte. Im Warmen und heiße Schokolade trinkend.«

Die alte Frau trippelte ins Haus. Zehn Minuten später kam sie wieder und hielt mir die Pässe samt Sophies roter Mütze entgegen.

»Hier, mein Teil der Abmachung. Jetzt bist du dran. Wo ist das Taxi? Wo ist das Geld für die heiße Schokolade?«

Als jedoch ein Fahrer direkt vor den Spitzen ihrer Stiefe- letten scharf bremste, schlug ihre Stimmung um.

»Kannst du nicht mitkommen?«, fragte sie.

»Da unten könnte es in der Tat langweilig werden. Auch mit heißer Schokolade. Und außerdem: Wir beide hätten noch etwas zu besprechen. Sich umzubringen, ohne die weltlichen Dinge geregelt zu haben, ist unverantwortlich. So eine bin ich nicht.«

Zu dritt stiegen wir also ins Taxi und fuhren zum Hafen.

»Du musst meinen Enkelsohn verlassen«, sagte Sergejs Großmutter, als wir im Hafencafé saßen. »Sergej selbst schafft den Absprung nicht. Obwohl er mit dir tod- glücklich ist. Er liebt dich nämlich nicht.«

Ich starrte sie perplex an.

»Was du heute von mir erfährst, wird dir wahrscheinlich wehtun«, fuhr sie unbeirrt fort. »Deine Befindlichkeit jedoch ist mir egal. Was mich interessiert, ist das Glück meines Enkelsohnes. Mit dir wird er dieses Glück nicht finden, denn wie gesagt: Er liebt dich nicht.«

»Das hast du aber nett ausgedrückt«, hörte ich mich sagen.

»Nett?«, erwiderte Sergejs Großmutter. »Was zum Teufel bedeutet ‚nett‘? Kurz vor dem Tod zeigen sich die Dinge so, wie sie im Kern sind. Und der Kern der Dinge lässt sich nicht in leere Worten fassen.«

Die alte Frau verlangte nach ihrer heißen Schokolade.

»Mein Herz ist nicht besonders groß, weißt du?«, fuhr sie fort, als der Kellner weg war. »Nur zwei Menschen hatten darin Platz: mein Mann und mein Enkelsohn. Mein Mann starb, und unmittelbar darauf kam Sergej auf die Welt. Ohne ihn wäre ich umgekommen vor Kummer. Kurz nach der Geburt ging seine Mutter nach Moskau, um zu promovieren. So war das in jenen Zeiten. Die jungen Frauen sollten sich beruflich verwirklichen. Die Mutterrolle überließen sie dann ihren eigenen Müttern. Mir war diese Rolle damals mehr als willkommen. Ich habe mich Tag und Nacht um Sergej gekümmert, ihn wie ein rohes Ei behandelt. Dennoch hat das Weggehen seiner Mutter in ihm eine Wunde hinterlassen, die durch nichts zu heilen ist. Deshalb wird er sich nie von dir trennen. Obwohl er weiß, dass es das Richtige wäre. Dafür fehlt ihm die Kraft. Die Kraft der Mutterliebe. Deshalb musst du gehen. Tue es für euch beide. Wie gesagt: Sergej liebt dich nicht. Er liebt eine andere. Eine Polin.«

»Eine Polin?«

»Ja, eine Polin. Kurz bevor er dich traf, hatte Sergej eine andere Freundin. Bestell mir noch eine Schokolade und ich erzähle dir die ganze Geschichte.«

Sergej habe die Polin in Deutschland kennen- und lieben gelernt, setzte seine Großmutter an, als die zweite heiße Schokolade vor ihr dampfte. Und er sei bei ihr geblieben, trotz aller Versuche seiner Mutter, sie wegzubeißen. »Konflikte kultureller Art können eine junge Ehe zerstören«, habe Sergejs Mutter immer behauptet, sagte die alte Dame. »Die Ehe mit einer Polin, die mit Sergej auch noch Deutsch spricht, kann ich nicht kontrollieren«, habe sie damit in Wirklichkeit gemeint. Also habe Sergejs Mutter der Polin den Krieg erklärt. Zuckersüß und lammfromm habe sie ihren verloren geglaubten Sohn aufgefordert, seine Freundin im Sommer nach Bulgarien einzuladen. Ein Feind in direkter Nähe sei weniger bedrohlich als ein Feind in weiter Ferne, habe sie dabei sicherlich gedacht. Einem Feind in weiter Ferne könne man keinen tödlichen Schlag verpassen.

Dass die Einladung nicht koscher sei, habe Sergej sofort gespürt, sprach seine Großmutter weiter. Dennoch sei die Vorstellung, die Liebe der Polin *und* die seiner Mutter zu haben, viel zu verlockend gewesen, um irgendeinem ungemütlichen Realitätssinn das Feld zu räumen. Also habe Sergej den Realitätssinn über Bord geworfen und die Polin nach Bulgarien eingeladen. »Am Abend bevor sie eintreffen sollte, hat meine Tochter zugeschlagen«, sagte die alte Frau. Die Polin könne doch nicht in ihrem Haus übernachten, habe sie Sergej mitgeteilt. Geld für ein Hotelzimmer gebe es auch nicht. Das eiskalte Kalkül habe sie ihrem Sohn als einen spontanen Ausbruch mütterlicher Eifersucht verkauft. »Natürlich habe ich versucht, meinem Enkelsohn zu helfen«, sagte Sergejs Großmutter. »Mit einem Zimmer bei einer Bekannten, wo seine Freundin übernachten konnte. Leider Gottes hat es nicht viel gebracht. Meine Tochter ist nämlich mit einer blühenden Phantasie gesegnet. Und mit der Energie eines Atomkraftwerks.«

Pünktlich zu der Ankunft der Polin habe Sergejs Mutter

das Umgraben eines entlegenen Weinbergs angeordnet und die Proteste ihres Sohnes mit der Frage quittiert, ob er die Absicht habe, seinen Vater zu töten. Schwere körperliche Arbeit bei vierzig Grad Hitze sei für den blutdruckkranken Mann lebensbedrohlich.

Sergej habe den Weinberg umgegraben und seine Freundin alleingelassen. Als er am dritten Tag endlich bei ihr aufgetaucht sei, habe er ein leeres Zimmer gefunden und einen Brief, in dem sie ihm viel Glück mit seiner bulgarischen Verlobten wünschte.

Von der Bekannten, der die Wohnung gehörte, habe Sergej erfahren, dass die Polin in Windeseile und unter Tränen gen ihre Heimat abgereist sei, nachdem ihr seine Mutter mit einer Dolmetscherin im Schlepptau einen kurzen, entschlossenen Besuch abgestattet hatte. Sicherlich hätte Sergej der Frau, die er liebte, folgen können, meinte seine Großmutter. Sicherlich hätte er einer derartig übergriffigen Mutter den Rücken kehren können. Sergej jedoch habe nichts dergleichen getan, denn er sei zu jung gewesen und die Macht seiner Mutter über ihn zu groß. Außerdem handele es sich dabei um eine Mutter, die ihn verlassen habe. Und einer Mutter, die einen verlassen hat, bleibt man lebenslang hörig. Zu Sergejs Ehrenrettung dürfe an dieser Stelle nicht unerwähnt bleiben, dass die Macht seiner Mutter keinesfalls pures Kalkül sei, fügte seine Großmutter hinzu. Die Macht seiner Mutter sei mit Liebe vermengt, wie es mit Müttern so sei. Und welche andere Liebe wäre bitte so stark, dass sie eine solche Gravitation überwindet? »Es siegte also die Mutter«, schloss die alte Frau ab. »Sergej machte ihr zwar eine Szene, aber nur eine halbherzige, die nicht in einem Zerwürfnis endete, sondern mit dem versöhnlichen Beschluss, am nächsten Tag mit der ganzen Familie nach Sofia zu fahren. In Sofia bist du Sergej begegnet. Oder besser gesagt, du bist seiner Mutter begegnet. Oder noch besser gesagt, seine Mutter ist dir begegnet und hat sofort das Mittel erkannt, das sie benötigte, um ihren Sohn von dummen Gedanken abzulenken. Warum ihre Wahl ausgerechnet auf dich fiel? Du warst ja eine Bulgarin und obendrein völlig charakterlos. Deine entscheidende Qualität in den Augen meiner Tochter allerdings war die schlichte Tatsache, dass dich Sergej nicht liebte. Das hatte seine Mutter von der ersten Sekunde an gespürt. Und eine ungeliebte Schwiegertochter ist einer machtvollen Sohnesmutter tausendfach lieber als ein Sechser im Lotto.«

Ja, ja. Es gebe in der Tat Mütter, für die das Herrschen die einzig denkbare Daseinsform sei. Und ihre Tochter gehöre leider Gottes zu dieser Sorte Mütter. »Warum meine Tochter so viel Macht benötigt?«, schwang sich die Stimme der alten Frau in die Höhe. »Wie gesagt: Mein Herz ist nicht sonderlich groß. Nur mein Mann und mein Enkelsohn hatten darin Platz. Für meine Tochter muss es unerträglich gewesen sein. Sie lebt bis heute in dem Glauben, gegen einen solchen Schmerz helfe Macht.«

Zwei weitere heiße Schokoladen später bat mich die alte Dame, ihr ein Taxi zu bestellen. Umbringen wolle sie sich doch nicht an diesem Tag, meinte sie, sondern erst später, wenn sich ihre Verdauung beruhigt hätte. Wegen der ganzen Milch habe sie einen aufgeblähten Bauch. Und welche Frau mit Stil bringe sich bitte mit einem aufgeblähten Bauch um?

17
Mutters Liebe

Baltschik, Januar 1995

Sophie und ich fuhren samt Pässen zum Flughafen. Zehn Minuten später stürmte Mutter in die Wartehalle.
»Wo wollt ihr hin?«
»Nach Sofia.«
»Und was wollt ihr da?«
Ich zuckte die Schultern.
»Bitte bleibt. Kehr mir nicht den Rücken. Wende dich nicht von mir ab. Meine Kinder sind mir das Allerwichtigste.«
Mutters Augen füllten sich mit Licht.
»Ich weiß, dass ich dir nicht immer eine gute Mutter war«, sagte sie nach einer Weile. »Wie denn auch? Als du zur Welt kamst, war ich selbst noch ein Kind, verliebt in einen Mann mit einer schwierigen Geschichte. Du weißt, wie dein Vater war. Ständig hat er provoziert. Ständig hat er mit einem Bein im Gefängnis gestanden. Nie hat er sich verziehen, dass er etwas geworden ist, in einem System, in dem seine Familie umgekommen ist. Nie hat er sich Ruhe erlaubt. Mir auch nicht. Ständig hatte ich Angst um ihn. Schreckliche Angst, die mein ganzes Herz besetzte. Man kann nicht lieben, wenn man Angst hat. Nicht ein Kind. Nicht einen Mann. Nicht sich selbst. Nicht das Leben.«
Das Licht in Mutters Augen verflüssigte sich.
»Hinzu kam das Medizinstudium. Du warst erst zwanzig Tage alt, als ich zu Vorlesungen ging. Ich stillte dich ab und überließ dich komplett deinen Urgroßeltern in Varna.«

Mutter verstummte für einen Moment und guckte gedankenverloren in etwas, das sie allein sah.

»Du und ich, wir haben uns zu früh getrennt«, sagte sie nach einer Weile. »Das ist die Sache, die schiefgelaufen ist. Mein Verstand hatte es damals nicht begriffen, mein Herz aber wusste es. Ein Kind im Studium war damals keine Ausnahme. Wir waren die neuen sozialistischen Mütter, die Studium und Ehe, Beruf und Kinder unter einen Hut bringen wollten.«

Mutter verstummte für einen Moment und guckte gedankenverloren auf etwas, das sie allein sah. »Wir waren den Männern gleichgestellt. Wir hatten Rechte. Wir hatten die Chance, es anders zu machen als unsere Mütter. Wir haben studiert, Berufe ergriffen, die früher nur Männern vorenthalten waren. Kinder jedoch haben wir früh, im Alter unserer Mütter, bekommen.«

Mutter setzte sich neben Sophie und vergrub das Gesicht in ihre Honig-Haare.

»Es gibt da noch eine Sache am Anfang deines Lebens, die du wissen solltest«, tauchte sie irgendwann wieder aus ihren Gedanken auf. »Ein Jahr bevor du zur Welt kamst, hatten dein Vater und ich einen kleinen Jungen. Kalojan. Damals wollte ich kein Kind. Ich wollte studieren. Die Schwangerschaft war ein Unfall. Trotzdem trug ich das Kind aus. Sechs Wochen vor dem Termin bekam ich Wehen. Eine lange, quälende Geburt setzte an. Am Ende schwanden die Herztöne, ein Kaiserschnitt wurde angeordnet. Als ich aus der Narkose aufwachte, war ich nicht mehr schwanger, aber ich hatte auch kein Kind. Während ich schlief, war unser Sohn gestorben. Seine Lungenflügel waren nicht vollständig entwickelt. Dein Vater und ich, wir haben unseren

Sohn nicht gesehen, nicht beerdigt, nicht betrauert. So war das damals in Bulgarien. Man fackelte nicht lange in solchen Fällen. Für Babys, die bei der Geburt starben, gab es die sogenannte Dienstbeerdigung. Dienstverbrennung, genauer gesagt. Ohne Eltern, ohne Angehörige. Sie wurden in Kenntnis gesetzt, als alles vorbei war. Kein Abschied. Keine Trauerfeier. Dein Vater hat wie ein Schlosshund geheult. Ich hingegen – kein bisschen. Mein Sohn musste sterben, weil ich die Schwangerschaft nicht wollte. So fühlte es sich für mich an. Die Erleichterung der Tränen habe ich mir nicht erlaubt. Stattdessen wurde ich sofort wieder schwanger. Mit dir.«

»Und mich? Habt ihr mich denn gewollt?«, fragte ich und hielt den Atem an.

»Dich haben wir gewollt«, kam es wie aus der Pistole geschossen.

»Und wie wir dich gewollt haben. Du bist in einen Ozean aus Liebe gefallen. Eine ganze Großfamilie hat dich bewacht, beschützt, wie ein rohes Ei behandelt. Du hast auch unsere Liebe für deinen toten Bruder bekommen. Du hast aber auch meine ungeweinten Tränen bekommen. Meine Angst, dass du uns ebenfalls wegstirbst. Meinen Hass auf meinen Körper, der kein gesundes Kind austragen konnte. Die Schwere meiner Schuld.«
Mutters Stimme zitterte.

»Nach dir wurde ich wieder schwanger. Etliche Male. Acht Schwangerschaften. Acht Abtreibungen. Alles schien erträglicher zu sein, als ein Kind auszutragen und wieder zu verlieren. Im Schlaf.«
Ich legte die Arme um meine Mutter und Sophie.
Wir weinten alle drei.

Wir weinten um den kleinen Kalojan, der starb, noch bevor er leben konnte.

Wir weinten um die Kinder meiner Mutter, die starben, noch bevor sie geboren wurden.

Wir weinten um Vater, der starb, noch bevor seine Wunden heilen konnten.

Wir weinten um Bontscho, der starb, weil er zur falschen Zeit am falschen Ort war.

Wir weinten um Vaters Onkel und Cousins, die starben, weil Menschen glaubten, die Idee einer humaneren Welt ließe sich durch Morden umsetzen.

Wir weinten um Großmutter Yovka, deren Herz ihrem Sohn Bontscho ins Grab gefolgt war.

Wir weinten, weil Vater und Onkel Peter niemanden mehr hatten, der sie lieben, halten und beschützen konnte.

Wir weinten Mutters ungeweinte Tränen.

Wir weinten Vaters ungeweinte Tränen.

Wir weinten um ihre Wunden. Wir weinten um unser aller Wunden.

Wir weinten, weil wir spürten, dass sich Oma Denka auf den Weg gemacht hatte, uns zu verlassen.

Wir weinten, weil das Leben so lächerlich kurz war und der Tod so sicher.

Wir weinten um die vielen Augenblicke, die sich kalt und einsam anfühlten, weil die Liebe fehlte.

Wir weinten aber auch, weil wir in jenem Augenblick doch Liebe spürten. Liebe, die die Wut überlebt hatte. Liebe, die mit unseren Tränen floss, in unsere Herzen flutete, sie wärmte und weitete und versprach, sämtliche Wunden zu heilen.

Alte, neue und künftige.

Epilog

Baltschik, Januar 1995

Am Nachmittag trafen wir in Baltschik ein. Ich ging auf die Promenade, setzte mich auf die steinerne Brüstung. In der Luft hing der Abschied des Winters. Der harzige Geruch nach Holz, das in den Öfen der Häuser brannte und deren Einwohner vor der winterlichen Kälte schützte, dieser rauchige, nussige, träge, verlässliche Duft mischte sich mit einem anderen Geruch, der ungestüm und verheißungsvoll aus den Untiefen der Bucht stieg und Unruhe stiftete. Eine salzige, fischige, lustvolle Vorahnung des Frühlings. Eine neue Jahreszeit brach an, und das Meer wusste Bescheid.

Ich fühlte mich erleichtert wie die Sommerluft nach einem heftigen Gewitter. Die unterdrückte Wut – ein hartes Etwas zwischen Mutter und mir, war aufgebrochen und verpufft. Nähe war möglich geworden. Die Liebe hatte die Zerstörungskraft der Wut überlebt. Zwischen Mutter und mir gab es eine neue Erfahrung: Durch die Wut war unsere Liebe spürbar geworden. Ich hatte eine Mutter, die mich liebte.

In meinem Inneren perlte und sprudelte es. Ich musste nicht länger das entsetzliche Gefühl bekämpfen, ungeliebt zu sein. Ohne Wert und ohne Bedeutung. Nicht liebenswert.

Ich begab mich ins Haus meiner Eltern, umarmte Oma Denka, die aus dem Krankenhaus zurückgekehrt war, rief am Flughafen an und erkundigte mich nach dem nächsten Flug.

411

»Willst du zurück nach Deutschland?«, fragte Mutter.

»Ich fliege nach Sofia, übermorgen. Ich habe noch etwas zu erledigen. Kann Sophie noch ein paar Tage bei dir bleiben?«

Mutter nickte und sagte nichts mehr.

Am besagten Übermorgen fuhr ich mit Mutter und Oma Denka zum Flughafen. Die Straße dorthin führte mitten durch Baltschik. Im Zeitlupentempo holperte das Auto durch unzählige Schlaglöcher hindurch, an alten Mauern vorbei, hinter deren großen, unverputzten Steinen sich Häuser erhoben: zweistöckig und ebenfalls alt, mal dunkelrosa oder goldgelb gestrichen, mal völlig vergraut oder gänzlich unverputzt. Vor einem dieser Häuser, direkt auf dem Bürgersteig, stand ein Tischchen mit weißer Decke, das späte Mittagessen eines alten Mannes darbietend: eingelegte rote Paprikaschoten in Streifen geschnitten, mit Olivenöl beträufelt, mit schwarzen Oliven und Schafskäsebrocken bestückt. Dazu dicke Scheiben Weißbrot.

Vor einem besonders tiefen Schlagloch blieb das Auto stehen und ich sah, wie der alte Mann ein Stückchen Brot abbrach, es andächtig in das Öl seines farbenprächtigen Mahls tunkte, den triefenden Happen in einem weiten Bogen zum Mund führte, dabei seine Jacke bekleckerte, mit seiner freien Hand philosophisch winkte, dann die Augen schloss und gottergeben kaute. Wir passierten ein weiteres Schlagloch, so dass ich die alte Frau sah, die von Kopf bis Fuß schwarzgekleidet auf einer winzigen selbstgezimmerten Bank hockte, einer einsamen Krähe ähnelte, die vorbeischlendernde Passanten mit einem scharfen, misstrauischen Blick bedachte, um ihnen dann aus heiterem Himmel ein breites, grund-, sinn- und zahnloses Lächeln zu schenken. Ihr künstliches Gebiss hatte sie offenbar vergessen.

Die winterliche Sonne machte sich daran, ins Meer zu versinken, und steckte den alten Mann und die alte Frau, die Steinmauern, die Häuser, die Passanten, die Paprikaschoten und die Oliven in Flammen.

FSC
www.fsc.org

MIX

Papier aus ver-
antwortungsvollen
Quellen

FSC® C014496

© Frankfurter Verlagsanstalt GmbH,
Frankfurt am Main 2021
Alle Rechte vorbehalten
Lektorat © Frankfurter Verlagsanstalt
Herstellung und Umschlaggestaltung: Laura J Gerlach
Unter Verwendung eines Motivs von © amiloslava/iStockphoto.com
Satz: psb, Berlin
Druck und Bindung: GGP Media GmbH, Pößneck
Printed in Germany
ISBN 978-3-627-00290-9